SV

Sonderdruck
edition suhrkamp

Die große Regression

Eine internationale Debatte über die geistige Situation der Zeit

Herausgegeben von Heinrich Geiselberger

Suhrkamp

Erste Auflage 2017
edition suhrkamp
Sonderdruck
Originalausgabe
© Suhrkamp Verlag Berlin 2017
Alle Rechte vorbehalten, insbesondere das
der Übersetzung, des öffentlichen Vortrags
sowie der Übertragung durch
Rundfunk und Fernsehen, auch einzelner Teile.
Kein Teil des Werkes darf in irgendeiner Form
(durch Fotografie, Mikrofilm oder andere Verfahren)
ohne schriftliche Genehmigung des Verlages reproduziert
oder unter Verwendung elektronischer Systeme verarbeitet,
vervielfältigt oder verbreitet werden.
Satz: Satz-Offizin Hümmer GmbH, Waldbüttelbrunn
Druck: CPI – Ebner & Spiegel, Ulm
Printed in Germany
ISBN 978-3-518-07291-2

Inhalt

Vorwort 7

Arjun Appadurai
Demokratiemüdigkeit 17

Zygmunt Bauman
*Symptome auf der Suche nach ihrem Namen und
Ursprung* 37

Donatella della Porta
*Progressive und regressive Politik
im späten Neoliberalismus* 57

Nancy Fraser
*Vom Regen des progressiven Neoliberalismus in die
Traufe des reaktionären Populismus* 77

Eva Illouz
*Vom Paradox der Befreiung zum Niedergang der
liberalen Eliten* 93

Ivan Krastev
Auf dem Weg in die Mehrheitsdiktatur? 117

Bruno Latour
Refugium Europa 135

Paul Mason
Keine Angst vor der Freiheit 149

Pankaj Mishra
Politik im Zeitalter des Zorns.
Das dunkle Erbe der Aufklärung 175

Robert Misik
Mut zur Verwegenheit 197

Oliver Nachtwey
Entzivilisierung. Über regressive Tendenzen in
westlichen Gesellschaften 215

César Rendueles
Globale Regression und
postkapitalistische Gegenbewegungen 233

Wolfgang Streeck
Die Wiederkehr der Verdrängten als Anfang vom
Ende des neoliberalen Kapitalismus 253

David Van Reybrouck
Lieber Präsident Juncker 275

Slavoj Žižek
Die populistische Versuchung 293

Die Beiträgerinnen und Beiträger 315

Textnachweise 319

Vorwort

> »Wenn eine Weltordnung zusammenbricht,
> beginnt das Nachdenken darüber.«
> *Ulrich Beck, 2011*[1]

Die Idee zu diesem Buch entstand im Spätherbst 2015, nachdem am 13. November eine Serie von Anschlägen Paris erschüttert hatte und als in Deutschland die Diskussion über die Ankunft Hunderttausender Flüchtlinge immer heftiger wurde. Der politische, mediale und diskursive Umgang mit diesen Ereignissen ließ den Eindruck aufkommen, als fiele die Welt plötzlich hinter hart erkämpfte und für gesichert gehaltene Standards zurück.

In unmittelbarem Zusammenhang mit Terrorismus und Migration steht die Tatsache, dass sich rund um den Globus die Gebiete ausdehnen, in denen es keine Staatlichkeit mehr gibt. Die drei Herkunftsländer, aus denen im Jahr 2016 die meisten Menschen in Deutschland Asyl beantragten – Syrien, Afghanistan und der Irak –, rangieren im »Fragile State Index« 2016 der NGO Fund for Peace auf vorderen Plätzen.[2] Waren die weißen Flecken auf den Landkarten jahrhundertelang immer kleiner geworden, scheint es nun in die andere Richtung zu gehen: Im Zeitalter von Google Maps wachsen paradoxerweise die Gebiete, über die man wenig weiß und die Kartografen früherer Zeitalter wohl mit der Phrase »hic sunt leones« gekennzeichnet hätten.

Viele politische Reaktionen auf die Terroranschläge und die Migrationsbewegungen passten sich wiederum in ein Muster ein, das man als »Versicherheitlichung« (*securitization*) und als postdemokratische Symbolpolitik bezeichnen könnte: Rufe nach Zäunen, ja sogar nach Schießbefehlen an den Grenzen wurden laut; der französische Präsident verhängte den Ausnahmezustand und erklärte, das Land befinde sich im Krieg. Unfähig, die globalen Ursachen von Herausforderungen wie Migration, Terrorismus oder wachsender Ungleichheit mit nationalen Mitteln anzugehen oder ihnen mit langfristigen Strategien zu begegnen, setzen immer mehr Politiker auf Law and Order im Inneren und das Versprechen, das jeweilige Land wieder »groß« zu machen.[3] In ihren Rollen als Arbeitnehmerinnen, Mit-Souveräne, Schüler oder Nutzerinnen der öffentlichen Infrastruktur kann man den Bürgerinnen und Bürgern im Zeitalter der Austerität offenkundig nicht mehr viel bieten. Also verlagert sich der Schwerpunkt des politischen Handels auf die Dimension der nationalen Zugehörigkeit, auf das Versprechen von Sicherheit und der Wiederherstellung des (vermeintlichen) Glanzes vergangener Zeiten.

Man könnte die Liste der Symptome des Rückfalls fast beliebig verlängern: um die Sehnsucht nach einer anarchischen, unilateralen Deglobalisierung oder das Entstehen der Identitären Bewegung zum Beispiel in Frankreich, Italien und Österreich, um die zunehmende Fremdenfeindlichkeit und Islamophobie, um eine Welle der sogenannten Hasskriminalität und natürlich um den Aufstieg autoritärer Demagogen wie Rodrigo Duterte, Recep Tayyip Erdoğan oder Narendra Modi.

All dies ging bereits im Spätherbst 2015 mit einer Hysterisierung und Verrohung des öffentlichen Diskurses und einem gewissen apokalyptischen Herdentrieb seitens der

Vorwort 9

etablierten Medien einher. Anscheinend konnte man nicht länger über Flucht und Migration reden, ohne Begriffe aus den Wortfeldern »Naturkatastrophen« und »Epidemien« zu verwenden.[4] Anstatt zu Gelassenheit und Pragmatismus aufzurufen oder die Ereignisse historisch zu kontextualisieren und damit zu relativieren, wurden Terrorgefahr und Migration nicht nur in Deutschland zur größten Herausforderung seit – wohlgemerkt nicht der Wiedervereinigung, sondern – dem Zweiten Weltkrieg stilisiert. Und bei Demonstrationen sowie im Internet kursierten plötzlich Begriffe wie »Lügenpresse«, »Kanzlerinnendiktatur« und »Volksverräter«.

Symptome wie diese werden im vorliegenden Buch unter dem Begriff der »großen Regression« diskutiert. Jenseits aller – von dem Begriff möglicherweise implizierten – naiven Fortschrittsgläubigkeit soll er zum Ausdruck bringen, dass in den unterschiedlichsten Bereichen Sperrklinkeneffekte außer Kraft gesetzt scheinen und wir Zeugen eines Zurückfallens hinter ein für unhintergehbar erachtetes Niveau der »Zivilisiertheit« werden.[5] Der Terminus soll aber zugleich ein weiteres rätselhaftes Phänomen bezeichnen: den Umstand, dass die Debatte über die Auswirkungen der Globalisierung phasenweise ihrerseits hinter den Stand zurückgefallen ist, den sie vor fast zwanzig Jahren schon einmal erreicht hatte. An zwei aus heutiger Sicht prophetische Mahnungen wurde bereits unmittelbar nach der Wahl Donald Trumps vielfach erinnert: An Ralf Dahrendorfs Satz, das 21. Jahrhundert könne das »Jahrhundert des Autoritarismus« werden.[6] Und an Richard Rortys Buch *Stolz auf unser Land*, in dem er die Auswirkungen der Globalisierung (und die Rolle der »kulturellen Linken«) problematisiert und eine ganze Reihe möglicher Rückschritte auflistet: den Aufstieg »ordinärer Demagogen«, eine Zunahme der sozialen und ökonomischen Ungleichheit, den Anbruch einer »Orwellschen Welt«, ein Aufbegehren der Abgehängten, eine Rückkehr des »Sadismus«, des Ressentiments sowie der abwertenden Bemerkungen über Frauen und Angehörige von Minderheiten.[7]

Der Sammelband, in dem sich der zitierte Ausblick Dahrendorfs findet, erschien 1998 und damit auf dem Höhepunkt einer ersten Welle des Nachdenkens über die Globalisierung. Blättert man Bücher aus diesen Jahren durch, stößt man auf weitere Sätze, die sich als Kommentare zu Ereignissen im Jahr 2016 lesen lassen. Wilhelm Heitmeyer warnte vor »einem autoritären Kapitalismus«, »staatlicher Repressionspolitik« und »rabiatem Rechtspopulismus«.[8] Dani Rodrik prophezeite, die Globalisierung werde zu »sozialer Desintegration« führen, und mahnte, ein »protektionistischer Rückschlag« sei kein unrealistisches Szenario.[9]

Viele der entsprechenden Einschätzungen basieren auf so etwas wie der »polanyischen Mechanik« einer Zweiten Großen Transformation. Der österreichisch-ungarische Wirtschaftshistoriker Karl Polanyi zeichnet in seinem 1944 erschienenen Klassiker *The Great Transformation* nach, wie die kapitalistische Industriegesellschaft im 19. Jahrhundert aus kleineren, feudalen, agrarisch geprägten, politisch, kulturell und institutionell integrierten Zusammenhängen ausbricht, was zu einer Reihe von Nebenfolgen und Gegenbewegungen führt, bis die Ökonomie auf der Ebene nationaler Wohlfahrtsstaaten wieder eingebettet wird.[10] Diese geografisch wie sozial raumgreifende Entwicklung wiederholt sich nun, da der Kapi-

Vorwort

talismus die Grenzen des Nationalstaates hinter sich lässt – erneut mit vielerlei Nebenfolgen und Gegenbewegungen.[11] Man denke nur an die Gründung von Attac 1998, die sogenannte »Battle of Seattle« 1999 und das erste Weltsozialforum 2001 in Porto Alegre auf der linken[12] beziehungsweise die ersten Erfolge globalisierungskritischer Populisten auf der rechten Seite: an Pat Buchanans überraschend starkes Abschneiden bei den Vorwahlen der US-Republikaner 1996 (auf das sich Rorty und Rodrik bezogen) oder den Erfolg von Jörg Haiders FPÖ, die 1998 bei den österreichischen Parlamentswahlen die zweitmeisten Stimmen holte.

Fasst man die damaligen Lösungsvorschläge zusammen, so wurde – im Anschluss an die von Polanyi beschriebene Bewegung – eine Wiedereinbettung der entfesselten Ökonomie auf globaler Ebene gefordert: Durch den Aufbau transnationaler Institutionen sollte die Politik in die Lage versetzt werden, globale Lösungen für globale Probleme zu suchen. Parallel dazu sollte eine entsprechende Geisteshaltung entstehen, ein kosmopolitisches Wir-Gefühl.[13]

Die bittere Ironie besteht darin, dass die seinerzeit skizzierten Globalisierungsrisiken in den folgenden Jahren allesamt real wurden – internationaler Terrorismus, Klimawandel, Finanz- und Währungskrise, schließlich große Migrationsbewegungen –, man aber dennoch politisch nicht darauf vorbereitet war. Und auch auf der subjektiven Seite ist es offenbar nicht zur Etablierung eines robusten kosmopolitischen Wir-Gefühls gekommen. Vielmehr erleben wir heute eine Renaissance ethnischer, nationaler und konfessioneller Wir/sie-Unterscheidungen. Nach dem vermeintlichen »Ende der Geschichte« hat die Logik eines »Kampfes der Kulturen« überraschend schnell die Freund-Feind-Schemata des Kalten Krieges ersetzt.

Hatte man die um sich greifende Regression vor diesem Hintergrund im Spätherbst 2015 einmal im Blick, fügten sich die nächsten Ereignisse – der Konflikt in Syrien, das Ergebnis der Brexit-Abstimmung, der Anschlag in Nizza, die Erfolge der AfD in Deutschland, der Putschversuch in der Türkei und die politischen Reaktionen darauf, der Wahlsieg Trumps etc. – zu einem düsteren Panorama.

War bislang vor allem von *Globalisierungs*risiken die Rede, betonen viele der Essays in diesem Band, dass es sich um eine *marktradikale* Form der Globalisierung handelt, weshalb man mit gleichem Recht von *Neoliberalismus*risiken sprechen könnte. Insofern lassen sich die hier versammelten Beiträge auch als Studien zu der Frage lesen, in wie vielen verschiedenen Hinsichten – um Ernst-Wolfgang Böckenförde variierend zu zitieren[14] – neoliberale Demokratien von Voraussetzungen leben, die sie selbst nicht garantieren können: Medien, die einen gewissen Meinungspluralismus bieten, intermediären Assoziationen wie Gewerkschaften, Parteien oder Vereinen, in denen Menschen so etwas wie Selbstwirksamkeit erfahren können; von wirklich linken Parteien, denen es gelingt, die Interessen unterschiedlicher Milieus zu artikulieren, und von einem Bildungssystem, das Bildung nicht auf die Bereitstellung von »Humankapital« und das Auswendiglernen von Pisa-Aufgaben reduziert.

Möglicherweise ist die große Regression, die sich derzeit beobachten lässt, also das Ergebnis eines *Zusammenwirkens* von Globalisierungs- und Neoliberalismusrisiken: Die Probleme, die sich aufgrund mangelnder politischer Steuerung der globalen Interdependenz ergeben, treffen Gesellschaften, die darauf institutionell und kulturell nicht vorbereitet sind.

Dieses Buch will an die Globalisierungsdiskussion der neunziger Jahre des vergangenen Jahrhunderts anknüpfen und sie fortführen. Wissenschaftlerinnen und öffentliche Intellektuelle äußern sich hier zu drängenden Fragen: Wie sind wir in diese Situation geraten? Wo stehen wir in fünf, zehn oder zwanzig Jahren? Wie kann man die globale Regression stoppen und wieder umkehren? Es handelt sich um den Versuch, im Angesicht einer Internationale der Nationalisten auf drei Ebenen so etwas wie eine transnationale Öffentlichkeit herzustellen: auf der Ebene der Beiträgerinnen und Beiträger, auf der Ebene der untersuchten Phänomene und auf der Ebene der Distribution: Der Band erscheint zeitgleich in mehreren Ländern.

Mein erster Dank gilt natürlich den Beiträgerinnen und Beiträgern für ihre Bereitschaft, an diesem Unterfangen mitzuwirken und in relativ kurzer Zeit substanzielle Texte zu verfassen. Des Weiteren danke ich den internationalen Partnerverlagen für ihr Vertrauen in das Projekt sowie Mark Greif und John Thompson für ihre Ratschläge. Dieser Band ist auch ein Verlagsprojekt, das ohne meine Kolleginnen und Kollegen bei Suhrkamp nicht möglich gewesen wäre. Ein besonderer Dank geht daher an Edith Baller, Felix Dahm, Andrea Engel, Eva Gilmer, Petra Hardt, Christoph Hassenzahl, Christian Heilbronn, Nora Mercurio und Janika Rüter.

Berlin, im Dezember 2016
Heinrich Geiselberger

Anmerkungen

1 Ulrich Beck, »Kooperieren oder scheitern. Die Existenzkrise der Europäischen Union«, in: *Blätter für deutsche und internationale Politik* 2 (2011), S. 41-53.

2 J. J. Messner, *Fragile State Index 2016*, Washington: The Fund for Peace 2016, S. 7.

3 Vgl. dazu Zygmunt Bauman, *Die Angst vor den anderen. Ein Essay über Migration und Panikmache*, Berlin: Suhrkamp 2016.

4 Was visuell noch dadurch unterstrichen wurde, dass die entsprechenden Fotos oft Menschen mit Mundschutz (wofür es pragmatische Gründe geben mag) zeigten, wie auch die ungarische Kamerafrau einen trug, die im September 2015 nach Flüchtlingen trat.

5 Vgl. dazu und zum Begriff der »regressiven Modernisierung« Oliver Nachtwey, *Die Abstiegsgesellschaft. Über das Aufbegehren in der regressiven Moderne*, Berlin: Suhrkamp 2016.

6 Ralf Dahrendorf, »Anmerkungen zur Globalisierung«, in: *Perspektiven der Weltgesellschaft*, herausgegeben von Ulrich Beck, Frankfurt am Main: Suhrkamp 1998, S. 41-54, S. 52f.

7 Richard Rorty, *Stolz auf unser Land. Die amerikanische Linke und der Patriotismus*, Frankfurt am Main: Suhrkamp 1999, insbesondere Kapitel 4 »Eine kulturelle Linke«, S. 43-103, S. 81ff.

8 Wilhelm Heitmeyer, »Autoritärer Kapitalismus, Demokratieentleerung und Rechtspopulismus. Eine Analyse von Entwicklungstendenzen«, in: *Schattenseiten der Globalisierung. Rechtsradikalismus, Rechtspopulismus und separatistischer Regionalismus in westlichen Demokratien*, herausgegeben von Dietmar Loch und Wilhelm Heitmeyer, Frankfurt am Main: Suhrkamp 1998, S. 497-534, S. 500 (dort kursiv).

9 Dani Rodrik, *Grenzen der Globalisierung. Ökonomische Integration und soziale Desintegration*, Frankfurt am Main/New York: Campus 2000 [1997], S. 86. Nennen könnte man in diesem Zusammenhang außerdem u. a. Benjamin Barber, *Coca-Cola und Heiliger Krieg. Wie Kapitalismus und Fundamentalismus Demokratie und Freiheit abschaffen*, Bern/München/Wien: Scherz 1996; Noam Chomsky, *Profit Over People. Neoliberalismus und globale Weltordnung*, Hamburg/Wien: Europa Verlag 2000; Viviane Forrester, *Der Terror der Ökonomie*, Wien: Zsolnay 1997; Robert B. Reich, *Die neue Weltwirtschaft. Das Ende der nationalen Ökonomie*, Berlin/Frankfurt: Ullstein 1993; Harald Schumann und Hans-Peter Martin, *Die Globalisierungsfalle. Der Angriff auf Demokratie und Wohlstand*, Reinbek bei Hamburg: Rowohlt 1996; Joseph E. Stiglitz, *Die Schatten der Globalisierung*, Berlin: Siedler 2002.

Vorwort

10 Karl Polanyi, *The Great Transformation. Politische und ökonomische Ursprünge von Gesellschaften und Wirtschaftssystemen*, Frankfurt am Main: Suhrkamp 1978 [1944].

11 Vgl. dazu – mit explizitem Bezug auf Polanyi – Philip G. Cerny, »Globalisierung und die neue Logik kollektiven Handelns«, in: *Politik der Globalisierung*, herausgegeben von Ulrich Beck, Frankfurt am Main: Suhrkamp 1998, S. 263-296.

12 Seinerzeit begleitet von weiteren einflussreichen publizistischen und theoretischen Diagnosen, man denke nur an Bücher wie Naomi Kleins *No Logo! Der Kampf der Global Players um Marktmacht – ein Spiel mit vielen Verlierern und wenigen Gewinnern* (München: Riemann 2001) oder *Empire. Die neue Weltordnung* von Michael Hardt und Toni Negri (Frankfurt am Main/New York: Campus 2002).

13 Vgl. dazu u. a. Ulrich Beck, *Der kosmopolitische Blick oder: Krieg ist Frieden*, Frankfurt am Main: Suhrkamp 2004.

14 Bei Böckenförde heißt es, wenngleich in einem anderen Kontext: »*Der freiheitliche, säkularisierte Staat lebt von Voraussetzungen, die er selbst nicht garantieren kann.*« (Ernst-Wolfgang Böckenförde, »Die Entstehung des Staates als Vorgang der Säkularisation«, in: ders., *Staat, Gesellschaft, Freiheit. Studien zur Staatstheorie und zum Verfassungsrecht*, Frankfurt am Main: Suhrkamp 1977 [1967], S. 42-64, S. 60)

Demokratiemüdigkeit
Arjun Appadurai

Die entscheidende Frage unserer Zeit ist, ob wir gerade die weltweite Ausmusterung der liberalen Demokratie und ihre Ersetzung durch irgendeine Form des populistischen Autoritarismus erleben. Deutliche Anzeichen für eine solche Entwicklung lassen sich in Trumps Amerika, Putins Russland, Modis Indien und Erdoğans Türkei beobachten. Und auch in vielen EU-Ländern sind autoritäre Regierungen entweder bereits an der Macht, wie Orbán in Ungarn oder Duda in Polen, oder autoritäre rechte Parteien haben, wie in Frankreich und Österreich, gute Chancen, demnächst an die Macht zu kommen. Die Bevölkerung dieser Länder macht zusammen fast ein Drittel der Weltbevölkerung aus. Angesichts dieses globalen Rechtsrucks wächst das Unbehagen, doch gute Erklärungen sind bislang Mangelware. Im Folgenden möchte ich mich an einer Erklärung versuchen und das Programm für eine von Europa ausgehende Gegenoffensive skizzieren.

Führer und Anhänger

Wir müssen uns einen neuen Begriff von dem Verhältnis machen, das in den heutigen populistischen Bewegungen zwischen Führern und Anhängern besteht. Den herkömmlichen analytischen Rastern zufolge haben wichtige gesellschaftliche Entwicklungen im Bereich des Politischen mit Dingen wie Charisma, Propaganda, Ideologie etc. zu tun, die eine starke Verbindung zwischen Führern und Anhängern voraussetzen. Natürlich stehen Führer und Anhänger auch heutzutage in einer Verbindung zueinander, doch diese Verbindung muss man eher als zufällige Schnittmenge zwischen den Ambitionen, Visionen und Strategien der Anführer und den Ängsten, Wunden und Ressentiments ihrer Anhänger betrachten. Die Führer, die durch die neuen populistischen Bewegungen hochgekommen sind, pflegen typischerweise einen fremdenfeindlichen, patriarchalischen und autoritären Stil. Während einige dieser Tendenzen auch bei ihren Anhängern vorhanden sein mögen, sind Letztere doch zudem ängstlich, wütend und empört über das, was ihre Gesellschaften ihnen beschert oder angetan haben. Dennoch passen ihre Profile zueinander und kommen insbesondere bei Wahlen, so gesteuert und manipuliert diese auch möglicherweise sind, zur Deckung. Das ist nicht ganz leicht zu verstehen. Warum gibt es in Indien und den Vereinigten Staaten Muslime, die für Modi beziehungsweise für Trump stimmen? Warum gibt es amerikanische Frauen, die Donald Trump vergöttern? Warum gibt es gesellschaftliche Gruppen in der ehemaligen DDR, die jetzt rechtsextreme Politiker wählen? Wenn wir Antworten auf diese Fragen finden wollen, müssen wir die Führer der neuen populistischen Bewegungen und ihre Anhänger ein Stück weit getrennt voneinander betrachten.

Die Botschaft von oben

Die neuen populistischen Führer erkennen, dass sie in einer Zeit nach der nationalstaatlichen Macht greifen, in der die nationale Souveränität in einer Krise steckt. Das auffälligste Symptom für diese Krise der Souveränität ist, dass kein moderner Nationalstaat mehr die Kontrolle über das besitzt, was man seine Volkswirtschaft nennen könnte. Von diesem Problem sind die reichsten Nationen ebenso betroffen wie die allerärmsten. Ein beträchtlicher Teil der US-amerikanischen Wirtschaft ist in chinesischem Besitz, die Chinesen sind elementar auf Rohstoffe aus Afrika, Lateinamerika und anderen Teilen Asiens angewiesen, in gewissem Maße sind wir alle vom Öl aus dem Nahen Osten abhängig, und praktisch kein moderner Nationalstaat kann auf die hoch entwickelten Rüstungsgüter einer Handvoll wohlhabender Länder verzichten. Ökonomische Souveränität als Grundlage für die nationale Souveränität war immer ein zweifelhaftes Prinzip. Heute aber verliert es zunehmend an Plausibilität.

Angesichts der Tatsache, dass es keine Volkswirtschaften mehr gibt, deren Schutz und Entwicklung moderne Staaten zu ihrer Aufgabe erklären könnten, muss man sich nicht wundern, dass real existierende Staaten und aufstrebende populistische Bewegungen auf der ganzen Welt versuchen, die nationale Souveränität auf dramatische Art und Weise zu reinszenieren, indem sie eine die Mehrheit repräsentierende chauvinistische Leitkultur und einen Ethnonationalismus ausrufen und innenpolitisch jeden intellektuellen und kulturellen Widerspruchs unterdrücken. Der allgemeine Verlust der ökonomischen Souveränität führt, mit anderen Worten, zu einer Aufwertung der kulturellen Souveränität. Diese Besinnung auf Kultur als den Hort nationaler Souveränität hat viele Gesichter.

Nehmen wir Russland unter der Herrschaft Wladimir Putins. Im Dezember 2014 unterzeichnete Putin ein Dekret, in dem für Russland eine staatliche Kulturpolitik nach der Devise »Russland ist nicht Europa« festgeschrieben wurde. Unverhohlen bringt das Dekret Putins Feindseligkeit gegenüber der westlichen Kultur und dem europäischen Multikulturalismus zum Ausdruck, den er selbst mit zwei sexuell abfälligen Ausdrücken als »kastriert und unfruchtbar« charakterisiert,[1] und erklärt die russische Männlichkeit zur politischen Kraft. Diese Rhetorik, die sich auf eine lange Tradition slawophilen Empfindens und russophiler Kulturpolitik gründet, beschwört eine Rückkehr zu traditionellen russischen Werten. Zu den unmittelbaren Begleitumständen des Dokumentes gehörte die Schlacht um die Zukunft der Ukraine; die Absage der Konzerte des kremlkritischen russischen Rockmusikers Andrej Makarewitsch muss man in diesen Zusammenhang einordnen; und auch die langjährige Schikanierung der Popgruppe Pussy Riot ist Ausdruck derselben Denkungsart. Hier wird eine Politik des »homogenen Kulturraums« für ganz Russland propagiert und klargestellt, dass Russlands kulturelle Einheit und Einzigartigkeit sowohl gegen kulturelle Minderheiten im Inland als auch gegen politische Feinde im Ausland eine schlagkräftige Waffe darstellt.

Auch die Türkei hat unter Recep Tayyip Erdoğan die Kultur in ein Theater der Souveränität verwandelt. Wesentlicher Bestandteil dieser Strategie ist die Forderung nach einer Rückkehr zu den Traditionen, Sprachformen

und der imperialen Größe des Osmanischen Reiches –
eine Ideologie, die Erdoğans Kritiker »Neo-Osmanis-
mus« getauft haben. Das damit verbundene Türkei-Bild
zeugt von geopolitischen Ambitionen, vom Widerstand
gegen die russischen Einmischungen im Nahen Osten,
und es bildet eine Art Gegengewicht zu den Bestrebungen eines türkischen EU-Beitritts. Doch die neo-osmani-
sche Pose ist für Erdoğan auch ein probates Mittel, um
den säkularen Nationalismus Kemal Atatürks, jenes In-
begriffs einer modernen Türkei, an den Rand zu drängen
und durch eine theokratischere und imperialere Form der
Herrschaft zu ersetzen. Ausdruck dieser Politik war nicht
nur die gewaltsame Unterdrückung des breiten politischen
Widerstands, der sich 2013 im Istanbuler Gezi-Park for-
miert hatte, sondern auch die massive Zensur, mit der die
Kunst- und Kulturinstitutionen des Landes belegt werden.

In vielerlei Hinsicht stellt der rechte Ideologe Narendra Modi, der gegenwärtig den Posten des indischen Premierministers bekleidet, das beste Beispiel dafür dar, wie
die neuen autoritären Führer ihre populistischen Strategien entwickeln und absichern. Modi kann auf eine lange
Karriere als Parteisoldat und Aktivist der hinduistischen
Rechten in Indien zurückblicken. Von 2001 bis 2004 diente er als Chief Minister von Gujarat. Nachdem in Gujarat
damals einige Muslime einen Zug mit Hindu-Pilgern an-
gegriffen hatten, kam es 2002 im ganzen Bundesstaat zu
einem Genozid an Muslimen, bei dem offenbar auch
Modi seine Hände im Spiel hatte. Obwohl viele indische
Linke bis heute davon überzeugt sind, dass Modi diesen
Genozid aktiv befördert hat, ist es ihm bislang gelungen,
allen straf- und zivilrechtlichen Verurteilungen zu ent-

gehen. 2014 wurde er schließlich sogar zum indischen Premierminister gewählt. Modi bekennt sich offen zum Hindu-Nationalismus der Ideologie des *hindutva*, die eine Herrschaft nach hinduistischen Regeln anstrebt. Wie viele der autoritären populistischen Führer unserer Tage verbindet er einen extremen Kulturnationalismus mit einer ausgesprochen neoliberalen politischen Agenda. Während seiner nun fast dreijährigen Amtszeit hat Indien eine bislang beispiellose Beschneidung der sexuellen, religiösen, kulturellen und künstlerischen Freiheiten erlebt. Diese Vorgänge sind nichts anderes als eine systematische Demontage des säkularen und sozialistischen Erbes Jawaharlal Nehrus und der gewaltfreien Visionen Mahatma Gandhis. Unter Modi ist ein Krieg mit Pakistan stets in greifbarer Nähe, Indiens Muslime leben in permanenter Angst, und die Dalits – die auf der untersten Stufe des indischen Kastenwesens stehenden ehemals so genannten »Unberührbaren« – sind tagtäglich dreisten Übergriffen und Demütigungen ausgesetzt. Modi hat den Diskurs der ethnischen Reinheit mit Vorstellungen über Sauberkeit und Hygiene kombiniert. Im Ausland hat er ein kulturelles Image Indiens propagiert, das digitale Modernität mit hinduistischer Authentizität verschmilzt, im Innern hat er die Vorherrschaft des Hinduismus befördert. Diese beiden Aspekte sind heute tragende Säulen der indischen Souveränität.

Nichts anderes ist von Donald Trump zu erwarten, dessen Sieg bei den amerikanischen Präsidentschaftswahlen vom 8. November 2016 den jüngsten Alptraum dieser Reihe verkörpert. Das Ereignis ist noch so frisch, dass man bisher kaum fundiert Rückschau halten kann. Doch durch die Ernennung seiner Kabinettsmitglieder und die

Demokratiemüdigkeit 23

Ankündigung diverser politischer Maßnahmen hat Trump längst begonnen, seine Wahlversprechen in die Tat umzusetzen. Wir sollten nicht erwarten, dass der Wahlsieg einen mäßigenden Einfluss auf seinen Stil haben wird. Trumps politischen Aussagen, die in einer für die jüngere Vergangenheit unvergleichlichen Weise Frauenfeindlichkeit, Rassismus, Xenophobie und Größenwahn verbinden, liegen im Wesentlichen zwei extreme Botschaften zugrunde, von denen die eine ausdrücklich vorgetragen, die andere implizit mittransportiert wird. Das erklärte Ziel besteht darin, Amerika »wieder groß zu machen«: In diesem Zusammenhang wird die Möglichkeit eines militärischen Eingreifens der Vereinigten Staaten aufpoliert und das Neuverhandeln diverser Handelsabkommen in Aussicht gestellt, die Trump als schädigend für den Wohlstand und das Ansehen der Vereinigten Staaten betrachtet; er ist dabei, amerikanische Unternehmen diverser steuerlicher und ökologischer Verpflichtungen zu entbinden; vor allem seinen Ankündigungen, man werde alle Muslime in den USA »registrieren«, alle illegalen Einwanderer abschieben und die amerikanischen Grenzen unter anderem durch einen massiven Ausbau der Einreisekontrollen undurchlässiger machen, hat Trump teilweise schon Taten folgen lassen. Die unterschwellige Botschaft ist rassenbezogen und rassistisch; sie richtet sich an jene weißen Amerikaner, die glauben, ihre politische und wirtschaftliche Vorherrschaft an Schwarze, Latinos und sonstige Einwanderer verloren zu haben. Trumps erfolgreichster rhetorischer Coup war es, die Griechen des »Weiß-Seins« systematisch in das trojanische Pferd jeder einzelnen seiner Botschaften über die »amerikanische« Größe eingeschleust zu haben. Er hat den Schlachtruf »Make America great again« zur öffentlichen Maske des Versprechens werden lassen, das *weiße* Amerika wieder stark zu machen. Eine Aussage über Amerikas Macht in der Welt fungierte damit erstmals als Chiffre für die Botschaft, die Weißen sollen wieder die herrschende Klasse der USA und in den USA werden. Aus der Botschaft über die Rettung der amerikanischen Wirtschaft ist unter der Hand eine Botschaft über die Rettung der weißen Rasse geworden.

Die Führer der neuen autoritären Populismen sind sich also allesamt darüber im Klaren, dass sie ihre Volkswirtschaften nicht wirklich kontrollieren können, weil auch diese letztlich nur eine Variable im Spiel der ausländischen Investoren, der globalen Abkommen, des transnationalen Finanzsektors, der Arbeitsmigration und des Kapitals im Allgemeinen sind. Alle preisen die nationale kulturelle Reinigung als Königsweg zu weltpolitischer Macht. Alle sind dem neoliberalen Kapitalismus freundlich gesinnt, wobei sie ihre jeweils eigenen Vorstellungen davon haben, wie dieser für Indien, die Türkei, die USA oder Russland funktionieren soll. Alle versuchen sie, weiche Macht in harte Macht zu übersetzen. Und keiner von ihnen hat irgendwelche Skrupel, Minderheiten und Dissidenten zu unterdrücken, die Meinungsfreiheit zu beschneiden oder das Recht zu beugen, um die eigenen politischen Gegner auszuschalten.

Dieses weltweit verbreitete Gebräu wird auch in Europa angeboten: in Theresa Mays England, Viktor Orbáns Ungarn, Andrzej Dudas Polen; ja, eigentlich bekommt man es von den zahllosen, sich immer lautstärker Gehör verschaffenden »etablierten« Rechtsparteien in jedem zweiten Land serviert. Was diesen Trend in Europa derzeit befeuert, sind die von der jüngsten Einwanderungswelle ausgelöste Angst, die Wut und das Entsetzen angesichts der Terroranschläge in verschiedenen europäischen Hauptstädten und natürlich der Schock über die Brexit-Abstimmung. Die populistischen Führer und autoritären Demagogen stehen also auf dem gesamten alten Kontinent in den Startlöchern. Dabei operieren sie mit derselben Mischung aus Neoliberalismus, Kulturchauvinismus, einwanderungsfeindlicher Wut und dem rasenden Zorn der Mehrheit auf die Minderheit wie in den hier eingehender diskutierten Beispielen.

Wir haben nun einen ersten Eindruck von den Führern der neuen autoritären Populismen und ihren Appellen. Was aber ist mit ihren Anhängern?

Vox Populi

Ich habe bereits angedeutet, dass eine Erklärung für den weltweiten Erfolg autoritärer populistischer Bewegungen nicht davon ausgehen sollte, dass die Anhänger die Überzeugungen der von ihnen scheinbar vergötterten Führer im Ganzen teilen oder reproduzieren. Eine gewisse Überschneidung oder Vereinbarkeit zwischen dem, was diese Führer anprangern oder versprechen, und dem, was ihre Anhänger glauben oder befürchten, ist natürlich vorhanden. Es handelt sich dabei aber nur um eine partielle Überschneidung. Die breiten Gefolgschaften, die es Modi, Putin, Erdoğan und Trump oder auch May, Orbán und Duda ermöglichten, an die Macht zu kommen und sich dort zu halten, haben ihre eigenen Überzeugungs-, Gefühls- und Motivationswelten. Um eine Vorstellung davon zu bekommen, wie diese Welten aussehen, möchte ich auf Ideen zurückgreifen, die der Philosoph und politische Ökonom Albert O. Hirschman in seinem brillanten Buch *Abwanderung und Widerspruch* entwickelt hat.[2] Hirschman legte eine einleuchtende Interpretation dessen vor, wie Menschen auf einen Leistungsabfall bei Produkten, Organisationen oder Staaten reagieren: Ihm zufolge bleiben sie entweder loyal oder lösen die Geschäftsbeziehung auf oder erhalten sie unter Protest gegen den Leistungsabfall aufrecht – in der Hoffnung, durch ihren Widerspruch, ihren Widerstand oder ihre Beschwerden Korrekturen oder Reformen anzustoßen. Die große Originalität von Hirschmans Analyse besteht darin, das Konsumentenverhalten mit Organisationsverhalten und politischem Verhalten verknüpft zu haben. Sein Ansatz hat die Frage, wie lange und unter welchen Umständen normale Menschen ihre Enttäuschungen über Güter und Dienstleistungen tolerieren, bevor sie Marken, Organisationsmitgliedschaften oder Länder wechseln, entscheidend vorangebracht. Hirschmans 1970 unter dem Originaltitel *Exit, Voice, and Loyalty* veröffentlichtes Buch gewährt einen tiefen Einblick in die Funktionsweise moderner kapitalistischer Demokratien zu einer historischen Zeit, als die Globalisierung noch nicht begonnen hatte, die Logik der Nationalökonomien, die lokalen Gemeinschaften und die ortsgebundenen Identitäten aufzulösen. Da Hirschmans Buch zudem lange vor dem Aufkommen des Internets und der sozialen Medien geschrieben wurde, war nicht vorauszusehen, welche Formen die Enttäuschung und der Protest in der Welt des 21. Jahrhunderts annehmen würden.

Dennoch können wir im Sinne Hirschmans festhalten, dass es beim Brexit in erster Linie um Abwanderung geht und dass diese immer in einem irgendwie gearteten Verhältnis zu Loyalität und Widerspruch steht. Wie lassen sich Hirschmans Begriffe für die Gegenwart fruchtbar machen? Ich möchte vorschlagen, dass die heute von viel zu vielen befürwortete Abwanderung aus Sicht der Massen, die Trump, Modi, Erdoğan und andere etablierte oder aufstrebende Gestalten des autoritären Populismus mit einer solchen Begeisterung folgen, eine Form des Widerspruchs und keine Alternative hierzu darstellt. Hirschman hatte, genauer gesagt, recht mit seiner Behauptung, dass Wahlen für Bürger den bevorzugten Weg darstellen, um ihren Widerspruch zum Ausdruck zu bringen und zu zeigen, inwieweit sie von ihren Führern enttäuscht oder mit ihnen zufrieden sind. Mittlerweile aber erweisen sich Wahlen, wie uns die jüngsten Ereignisse in den Vereinigten Staaten so plastisch vor Augen geführt haben, offenbar weniger als Mittel zur demokratischen Korrektur und Infragestellung der Politik denn als Gelegenheit, um aus der Demokratie selbst »abzuwandern«. Die ca. 62 Millionen Amerikaner, die Trump wählten, haben *für* ihn und *gegen* die Demokratie gestimmt. In diesem Sinne war ihre Stimme eine Stimme für die »Abwanderung«. Genau dasselbe gilt für die Wahlen Modis und Erdoğans sowie die Pseudo-Wahlen Putins.

In jedem dieser Fälle und auch in vielen der populistischen Nester Europas können wir einen Überdruss an der Demokratie selbst konstatieren, und dieser Überdruss ist der Nährboden für den Wahlerfolg jener Führer, die versprechen, all die liberalen, deliberativen und inklusiven Komponenten ihrer nationalen Erscheinungsformen der Demokratie abzuschaffen. Natürlich verdanken alle populistischen Führer ihren Aufstieg einer solchen Demokratieenttäuschung, so ließe sich entgegenhalten; schon Stalin, Hitler, Perón und Konsorten haben in der ersten Hälfte des 20. Jahrhunderts aus dem Versagen ihrer Demokratien Kapital geschlagen. Was also ist neu an der heutigen Demokratiemüdigkeit?

In dreierlei Hinsicht zeichnet sich das Gefühl, von der Demokratie selbst genug zu haben, das heute so weitverbreitet ist, durch eine eigene Logik und charakteristische Umstände aus. Zunächst einmal haben die Tatsache, dass immer größere Teile der Gesellschaft Zugang zum Internet und zu sozialen Medien haben, und die im Internet allgegenwärtige Mobilisierung, Propaganda, Identitätsbildung und Suche nach Gleichgesinnten die gefährliche Illusion geschaffen, wir könnten, ungeachtet unserer Person und unseres Anliegens, immer und überall Ansprechpartner, Verbündete, Freunde, Helfer, Genossen und Gleichgesinnte finden. Zweitens hat mittlerweile wirklich jeder Nationalstaat in seinem Bestreben, den Schein ökonomischer Souveränität aufrechtzuerhalten, an Boden verloren. Und drittens hat die globale Verbreitung der Ideologie der Menschenrechte dazu geführt, dass Fremde, Ausländer und Migranten praktisch in allen Ländern einen gewissen Kredit genießen, auch wenn ihnen, wo immer sie hingehen, ein kühler Empfang und schwierige Lebensbedingungen relativ gewiss sind. Diese drei Faktoren sind mitverantwortlich dafür, dass Rechtsstaatlichkeit, deliberative Rationalität und politische Geduld, die jedes demokratische System unbedingt braucht, auf der ganzen Welt immer schlechter gelitten sind. Wenn wir zu diesen Faktoren noch das weltweite Anwachsen ökonomischer Ungleichheit, die globale Erosion der Sozialstaatlichkeit und das universale Wuchern jener Finanz-

Demokratiemüdigkeit 29

industrien hinzurechnen, die vom beständigen Anheizen des Gerüchts leben, wir alle stünden unmittelbar vor dem finanziellen Ruin, dann sehen wir, wie ein beständiges Klima panischer wirtschaftlicher Angst den Unmut über das langsame Mahlen der demokratischen Mühlen weiter befördert. Ebenjene populistischen Führer, die ein Wirtschaftswachstum für alle versprechen, schüren diese Panik oft ganz bewusst. Narendra Modis Entscheidung, die indische Wirtschaft ein für alle Mal vom »Schwarzgeld« (unversteuerten Barvermögen) zu befreien, indem man die 500- und 1000-Rupien-Banknoten aus dem Verkehr zieht, ist ein wunderbares Beispiel für eine derart künstlich induzierte wirtschaftliche Not und Finanzpanik. Für die indischen Arbeiter, Konsumenten und kleinen Dienstleister aus der Unter- und Mittelschicht sind diese Geldscheine, die umgerechnet etwa sieben respektive vierzehn Euro wert sind, ein unverzichtbarer Bestandteil ihres täglichen Lebens.

In der Weltgeschichte des autoritären Volkspopulismus wird mithin ein neues Kapitel geschrieben, das von der partiellen Überschneidung zwischen den Zielen und Versprechen der Führer und der Mentalität ihrer Anhänger kündet. Die Führer hassen die Demokratie, weil sie ihrer eigenen monomanischen Machtgier im Weg steht. Die Anhänger wiederum leiden an Demokratiemüdigkeit und sehen die Wahlpolitik als willkommene Gelegenheit, um sich aus der Demokratie gleich ganz zu verabschieden. Der Hass der einen und die Müdigkeit der anderen finden fast schon organisch im Raum kultureller Souveränität zueinander, in dem missgünstigen Mehrheiten weiche Macht verheißen und für sie ein Theater des Triumphs ihrer Rasse, der nationalen ethnischen Reinheit und des globalen Wiedererstarkens ihrer Nation aufgeführt wird. Vor dem gemeinsamen kulturellen Hintergrund löst sich die tiefe Widersprüchlichkeit zwischen der zumeist neoliberalen Wirtschaftspolitik dieser autoritären Führer und ihrer gut dokumentierten Vetternwirtschaft einerseits und den realen Finanznöten und existenziellen Ängsten ihrer Gefolgschaft andererseits scheinbar in Wohlgefallen auf. Diese vermeintliche Homogenität bildet dann die Grundlage für eine neue Ausschließungspolitik, die sich entweder gegen Migranten oder gegen einheimische ethnische Minderheiten oder gegen beide richtet. Solange die Arbeitsplätze immer weniger werden, Renten und Einkommen immer weiter sinken, wird man nicht aufhören, Einwanderer und heimische Minderheiten zum Sündenbock zu machen, es sei denn, die linksliberalen Reformideen zu einer Umstrukturierung der Einkommen, der Sozialhilfe und der öffentlichen Güter lassen sich irgendwann einmal in ein überzeugendes politisches Programm übersetzen. Realistischerweise muss man sagen, dass dies kein kurzfristiges Projekt sein kann, sondern eines, das mittelfristig mit höchster Priorität verfolgt werden muss. Da Europa hier eine Vorreiterrolle zufällt, kehre ich am Schluss meines Aufsatzes noch einmal zum alten Kontinent zurück.

Wohin steuert Europa?

Die Folgen der Brexit-Abstimmung sind noch längst nicht absehbar. Ihr Ergebnis aber weist auf eine Stimmung in Europa hin, die offenbar mit dem globalen Rechtsruck und der wachsenden EU-Ambivalenz vieler

Mitgliedsstaaten in Zusammenhang steht. Abgesehen von einigen Besonderheiten der britischen Politik lassen sich ein paar allgemeine Beobachtungen festhalten.

Zunächst stellt der Brexit nur die jüngste Variante einer langen und wiederkehrenden Debatte um das Wesen und die Bedeutung Europas dar. Die Debatte ist so alt wie die Idee von Europa selbst. Die Frage der Grenzen, der Identität und der Mission Europas wurde nie wirklich geklärt. Ist Europa ein Projekt des westlichen Christentums? Ist es ein Nachfahre des römischen Rechts und Reichs? Oder der Rationalität und der demokratischen Werte des alten Griechenlands? Oder des Humanismus und Säkularismus der Renaissance? Oder des Universalismus und Kosmopolitismus der Aufklärung? Diese unterschiedlichen Motive liegen seit Jahrhunderten im Streit miteinander, was bis heute zu einer tiefen Spaltung führt. Es sind Bilder, die zu verschiedenen Zeiten von unterschiedlichen Klassen, Regionen, Staaten und Intellektuellen propagiert wurden, und keines dieser Bilder hat jemals das Privileg uneingeschränkter Vorherrschaft genossen; doch wurde auch keines je ganz ad acta gelegt. Sie haben blutige innereuropäische Kriege, massive Glaubensspaltungen, brutale Versuche der Auslöschung von Minderheiten, Fremden, Häretikern und politischen Dissidenten erlebt und überlebt. Die genannte Kombination von Motiven spielt bis heute eine Rolle.

Man kann unschwer erkennen, dass die Furcht vor neuen Zuwanderern (sowie vor existierenden Migrantengruppen) in den Kernländern der EU, etwa in Frankreich, den Niederlanden und Deutschland, aber auch in Polen, Ungarn und Slowenien wesentlich für die gegenwärtige Konjunktur EU-kritischer Argumente verantwortlich ist. Viele Bürger nehmen es der Brüsseler EU-Führung übel, dass sie versucht, den Ländern, die mit den Neuankömmlingen zurechtkommen müssen, Flüchtlinge und Migranten betreffende Quoten, Kriterien und andere Rechtskategorien zu diktieren. Ebenso offensichtlich geht dieser Unmut über die europäische Migrationspolitik in vielen Mitgliedsländern mit dem Gefühl einher, dass die Zugehörigkeit zur Union unter dem Strich einen Verlust an wirtschaftlichem Wohlstand bedeutet. Abwanderungen dieser Art sind aussichtslose Versuche, eine ökonomische Souveränität zurückzugewinnen, die in unserem Zeitalter der Globalisierung unwiederbringlich verloren ist. Die (bei rechten politischen Bewegungen oft ganz oben auf der Agenda stehende) Zuwanderungsdebatte ist ja ein Paradebeispiel für die Übersetzung von Fragen der ökonomischen Souveränität in Fragen der kulturellen Souveränität – eine Übersetzung und Verschiebung, die, wie ich zu zeigen versucht habe, zu den wesentlichen Ursachen des weltweiten Erfolgs des Rechtspopulismus gehört.

Die unterschiedlichen Bewegungen, die in Europa irgendeine Form der »Abwanderung« aus der EU propagieren, sind dieselben, die Wahlprozesse so, wie ich es für die Vereinigten Staaten, Indien, Russland und die Türkei beschrieben habe, für einen Ausstieg aus der Demokratie funktionalisieren. Was die europäischen Fälle von Demokratiemüdigkeit überaus deutlich zum Vorschein bringen, ist der seitens vieler politischer Gruppierungen und Bewegungen vorhandene Wunsch, die Vorteile der Globalisierung zu nutzen, ohne die Lasten der Demokratie zu tragen; und im Falle Großbritanniens ist die Mitgliedschaft in der Europäischen Union in einen assoziativen Zusammenhang mit der liberalen Ideologie im Land geraten.

Der jüngste Besuch, den Theresa May Indien abstatte-te, um sich mit Narendra Modi auszutauschen, gibt einen kleinen Vorgeschmack auf die Zukunft des globalen Neo-liberalismus in einer von der Last der Demokratie befrei-ten Welt. Die beiden verstanden sich blendend, wo es um Fragen des grenzüberschreitenden Terrorismus (anders ge-sagt: um Pakistan) und der britischen Investitionen in die indische Infrastruktur ging, kritisierten sich aber gegen-seitig scharf in Bezug auf Visaquoten für indische Stu-denten in Großbritannien und den Status von Indern, die sich mit abgelaufenen Visa in England aufhalten. Eine To-ry-Chefin, die durch die Brexit-Entscheidung an die Macht kam, und ein autoritärer indischer Rechtspopulist von Weltrang handeln also miteinander aus, wie man das inter-nationale Kapital am besten strömen lässt, während sie um Visa und Migranten schachern. So etwa dürften die neuen autoritären Führer der Welt miteinander Geschäf-te machen, wenn sie erst einmal von den demokratiemü-den Massen ihrer Heimatländer an die Macht gebracht worden sein und den Ballast der Demokratie abgeworfen haben werden. Längst haben Trump und Putin zarte Ban-de zueinander geknüpft, und auch die in den USA leben-den indischen Anhänger von Modi und Trump sind schon eng verbündet.

Die liberale Demokratie in Europa befindet sich am Rande einer gefährlichen Krise. Die Demokratiemüdig-keit ist auch hier angekommen; sie ist von Schweden bis Italien, von Frankreich bis Ungarn überall mit Händen zu greifen. In Europa sind Wahlen ebenfalls zu einer Ge-legenheit geworden, der liberalen Demokratie eine Absa-ge zu erteilen. Innerhalb dieses Szenarios steht Deutsch-land an einem wichtigen und riskanten Scheideweg. Es kann sich mit seinem erstaunlichen Reichtum, seiner wirtschaftlichen Stabilität und seinem reflexiven historischen Bewusstsein dafür einsetzen, die Ideale der Europäischen Union zu verteidigen, die Flüchtlinge aus Afrika und dem Nahen Osten willkommen zu heißen, nach friedlichen Lösungen für die großen weltpolitischen Herausforderungen zu suchen und die Stärke des Euro zum Schrittmacher für mehr Gleichheit im eigenen Land und in Europa zu machen. Oder es kann seinerseits abwandern, seine Grenzen schließen, seinen Reichtum horten und das übrige Europa (sowie den Rest der Welt) seinen Problemen überlassen. Letzteres ist wahrscheinlich die politische Botschaft der deutschen Rechten. Doch es wäre ein törichter Weg. An der globalen ökonomischen Interdependenz führt kein Weg vorbei, und der deutsche Reichtum ist heute so abhängig von der Weltwirtschaft wie jeder andere. Die »Abwanderungs«-Option wäre nicht gut für Deutschland. Deutschland hat keine andere Wahl, als auf ein demokratisches Europa zu drängen, und ein demokratisches Europa ist für den weltweiten Kampf gegen den autoritären Populismus von entscheidender Bedeutung.

Doch damit diese Rechnung für Deutschland aufgehen kann, muss es seine Partner in der Europäischen Union, insbesondere in Süd- und Osteuropa, davon überzeugen, dass es nicht der Einpeitscher einer Sparpolitik und aufgezwungenen Finanzdisziplin ist. Eine weiche Einwanderungspolitik und kulturelle Toleranz im Innern lässt sich nicht gut mit einer unnachgiebigen Schuldenpolitik in Europa und einer dramatischen Beschneidung der fiskalischen Souveränität anderer Länder – Griechenland, Spanien, Italien usw. – vereinbaren. Das Problem ist vertrackt, da der deutsche Wohlstand auch von einem stabilen Euro abhängt und die deutsche Liberalität höchstwahrscheinlich ohne den deutschen Wohlstand nicht lange überleben würde. Deutschland muss also die Quadratur des Kreises gelingen, in den europäischen Ländern, die gerade einen Rechtsruck erleben, die liberalen und demokratischen Kräfte zu stärken, ohne dabei (wieder einmal) in die Rolle des europäischen Hegemons zu geraten. Für dieses Dilemma gibt es keine einfache Lösung, doch es lässt sich auch nicht umgehen. Die freiheitliche Demokratie in Deutschland ist in einem Europa der autoritären Populismen nicht lebensfähig. Und so bleibt am Ende nur ein einzig möglicher Weg: Liberal eingestellte Bevölkerungsgruppen (Arbeiter, Intellektuelle, Aktivisten, Politiker) müssen sich europaweit zusammenfinden, um gemeinsam für einen ökonomischen und politischen Liberalismus zu streiten. Wir brauchen eine liberale Multitude. Sie ist die einzige Antwort auf die regressive Multitude, die gegenwärtig in und jenseits von Europa auf dem Vormarsch ist.

Aus dem Englischen von Bettina Engels

Anmerkungen

1 Wladimir Putin, Botschaft des Präsidenten an die Föderalversammlung vom 12. Dezember 2014; eine englische Übersetzung der Rede ist online verfügbar unter: {http://en.kremlin.ru/events/president/news/ 19825} (Stand Januar 2017).

2 Albert O. Hirschman, *Abwanderung und Widerspruch. Reaktionen auf Leistungsabfall bei Unternehmungen, Organisationen und Staaten*, Tübingen: Mohr 1974.

Symptome auf der Suche nach ihrem Namen und Ursprung
Zygmunt Bauman

> Ich befahl mein Pferd aus dem Stall zu holen. Der Diener verstand mich nicht. Ich ging selbst in den Stall, sattelte mein Pferd und bestieg es. In der Ferne hörte ich eine Trompete blasen, ich fragte ihn, was das bedeute. Er wußte nichts und hatte nichts gehört. Beim Tore hielt er mich auf und fragte: »Wohin reitest du, Herr?« »Ich weiß es nicht«, sagte ich, »nur weg von hier, nur weg von hier. Immerfort weg von hier, nur so kann ich mein Ziel erreichen.« »Du kennst also dein Ziel?« fragte er. »Ja«, antwortete ich, »ich sagte es doch: ›Weg-von-hier‹, das ist mein Ziel.«
>
> *Franz Kafka, »Der Aufbruch«*

Wenn immer mehr Menschen Trompeten blasen hören, ihr Pferd satteln und sich zur Flucht bereit machen, dann kann, muss und wird das unvermeidlich zwei Fragen aufwerfen: Wo*vor* fliehen sie? Und: Wo*hin* fliehen sie? Diener nehmen selbstverständlich an, dass ihre Herren diese Fragen beantworten können, weshalb sie sie, wie in Kafkas Text, ohne Umschweife und mit Nachdruck stellen, um Grund und Ziel des Aufbruchs in Erfahrung zu bringen. Die Herren wiederum, zumal die umsichtigeren, verantwortungsbewussteren und vor allem die weitblickenden unter ihnen (die sich aus der bitteren Erfahrung des »Engels der Geschichte« zu lernen bemühen, den Walter Benjamin in Paul Klees Zeichnung *Angelus Novus* erblickte, wo er vom Sturm des Fortschritts »unaufhaltsam in die Zukunft« getrieben wird, während er, »das

Antlitz der Vergangenheit zugewendet«, mit aufgerissenen Augen auf die überaus fass- und zugleich unfassbaren Dummheiten und Grausamkeiten der Geschichte blickt, deren »Trümmerhaufen vor ihm zum Himmel wächst«, und hinsichtlich des Ziels seiner Reise bestenfalls Spekulationen anstellen kann[1]), weichen einer klaren Antwort wahrscheinlich aus – in der Annahme, dass das Wo*vor* immer genau so weit zurückreicht, wie sie bei ihren Erklärungsversuchen zu gehen wagten. Ihnen ist bewusst, dass sie mehr als genug Gründe zum Fortlaufen haben, dabei aber mit dem Rücken voran ins Große Ungewisse fliegen werden, so dass sie ihr Ziel unmöglich im Voraus nennen können. Diese Antwort allerdings könnte die Dienerschaft verunsichern und ihre Beunruhigung und Empörung zu Panik und Raserei anwachsen lassen.

Wir haben heute das Gefühl, dass alle Hilfsmittel und Kunstgriffe zur Bekämpfung von Krisen und Gefahren, die wir bis vor kurzer Zeit noch für wirksam oder gar narrensicher hielten, ihr Verfallsdatum erreicht beziehungsweise überschritten haben. Und uns schwebt kaum noch etwas oder eigentlich gar nichts mehr vor, das an ihre Stelle treten könnte. Die Hoffnung, den Lauf der Geschichte unter die Vormundschaft des Menschen stellen zu können, ist mitsamt den sich aus ihr ergebenden Bestrebungen so gut wie verschwunden, da die Zivilisation nach einer Reihe von Entwicklungssprüngen nicht nur mit den Naturkatastrophen gleichgezogen hat, sondern sie in puncto Unerwart- und Unbeherrschbarkeit inzwischen sogar übertrifft.

Selbst wenn wir noch immer an »den Fortschritt« glauben (was keineswegs mehr selbstverständlich ist), erscheint er uns tendenziell als eine Mischung aus Segen und Fluch, deren Fluchgehalt stetig steigt, während die Segnungen immer weiter auseinanderliegen. Unseren Ahnen galt einstmals die Zukunft als der sicherste und verheißungsvollste Ort, auf den man seine Hoffnungen setzen konnte – wir hingegen neigen dazu, sie vor allem als Projektionsfläche für unsere vielfältigen Ängste, Sorgen und Befürchtungen zu benutzen: Arbeitslosigkeit, sinkende Einkommen, mit denen auch unsere und die Lebenschancen unserer Kinder abnehmen, unsere zunehmend fragiler werdende soziale Stellung und die Gefährdetheit dessen, was wir uns im Leben aufgebaut haben, sowie die sich weitende Kluft zwischen unseren Mitteln, Ressourcen und Fähigkeiten einerseits und der Monumentalität der vor uns liegenden Aufgaben andererseits. Vor allem aber merken wir, dass uns die Kontrolle über unser eigenes Leben entgleitet, dass wir wie Bauern auf einem Schachbrett von uns unzugänglichen Spielern herumgeschoben werden, die unseren Bedürfnissen gleichgültig oder unverhüllt feindlich gegenüberstehen und keinerlei Bedenken haben, uns im Verfolg ihrer Ziele zu opfern. Der vor noch gar nicht so langer Zeit vor allem mit Komfortgewinn und abnehmenden Unbequemlichkeiten verquickte Gedanke an die Zukunft weckt heute zuallererst Furcht vor der bedrohlichen Aussicht, als ungeeignet und »unfit« bezeichnet beziehungsweise klassifiziert, jeden Werts und jeder Würde beraubt, marginalisiert, ausgeschlossen und verstoßen zu werden.

Ich möchte mich hier auf ein Symptom unserer gegenwärtigen Lage konzentrieren: das seit Neuestem auf den Spielplan gehobene, aller Wahrscheinlichkeit nach noch lange nicht abgeschlossene Drama der »Angst vor Einwanderern«, das wie ein Guckloch einen Blick auf bestimmte Aspekte unserer Lage eröffnet, die gewöhnlich im Dunkeln liegen.

Da sind zunächst einmal die Phänomene der *Emigration* und *Immigration* (Auswanderung und Einwanderung). Und dann ist da noch das der *Migration* (sich fortbegeben, aber wohin?). Sie unterliegen unterschiedlichen Gesetzen und Logiken, deren Verschiedenheit darauf zurückgeht, dass sie verschiedenen Ursprungs sind. Dennoch bestehen hinsichtlich ihrer Auswirkungen auch Gemeinsamkeiten, die von den psychosozialen Verhältnissen am jeweiligen Zielort abhängen. Sowohl die Unterschiede als auch die Gemeinsamkeiten werden sich durch die aller Voraussicht nach unaufhaltsam voranschreitende Globalisierung von Wirtschaft und Kommunikation vertiefen. Erstere verwandelt alle tatsächlich oder vermeintlich souveränen Territorien in – um einen Begriff aus der Physik zu benutzen – »kommunizierende Röhren«, in denen die verflüssigten Stoffe so lange weiterströmen, bis überall der gleiche Pegelstand erreicht ist. Letztere wiederum führt dazu, dass sich Anreize, Nachahmungsverhalten und Maßstäbe (und damit auch Regionen) »relativer Deprivation« in im wahrsten Sinne *planetarer* Dimension ausbreiten.

Phänomene der *Immigration*, so der unvergleichlich hellsichtige Umberto Eco lange vor Beginn der aktuellen Völkerwanderungen, »können politisch kontrolliert, begrenzt, gefördert, programmiert oder hingenommen werden. Nicht so die Migrationen«, die »Naturphänomenen« gleichkämen. Aus dieser Feststellung ergibt sich für Eco die entscheidende Frage: »Ist es noch möglich, Immigration von Migration zu unterscheiden, wenn der ganze Planet zum Schauplatz sich überkreuzender Wanderbewegungen wird?« Und seine Antwort lautet:

Symptome auf der Suche nach ihrem Namen und Ursprung　　41

> Die Phänomene, die Europa heute noch als Fälle von Immigration zu
> behandeln versucht, sind […] schon Fälle von Migration. Die Dritte
> Welt klopft an die Pforten Europas, und sie kommt herein, auch wenn
> Europa sie nicht hereinlassen will. […] Europa [wird] im nächsten Jahr-
> tausend […] ein vielrassischer oder, wenn man lieber will, ein »farbiger«
> Kontinent sein. Ob uns das paßt oder nicht, spielt dabei keine Rolle.[2]

Und, so füge ich hinzu, genauso wenig, ob es »ihnen« *allen* passt und/oder »uns« *allen* widerstrebt.

An welchem Punkt verwandelt sich Emigration beziehungsweise Immigration in Migration? An welchem Punkt
wird aus dem politisch beherrschbaren Tröpfeln immi-
grantischer Klopfgeräusche an unserer Tür ein massives,
sich selbst verstärkendes Einströmen, das alle Mauern überschwemmt und alle Tore mitsamt der eilig darangeschla-
genen politischen Abwehrzauber umfließt? An welchem
Punkt schlägt das quantitative Anschwellen in etwas qualitativ Anderes um? Über solche Fragen wird vermutlich
bis weit über den Zeitpunkt hinaus gestritten werden, zu
dem man dereinst rückblickend vielleicht eine Wasser-
scheide erkennen wird.

Was die beiden Phänomene unterscheidet, ist der Aspekt
der »Assimilation«: endemisch präsent im Begriff der
Immigration, verdächtig fehlend in dem der Migration.
Diese Lücke füllten zunächst Vorstellungen wie die vom
»Schmelztiegel« beziehungsweise der »Hybridisierung«,
inzwischen jedoch zunehmend solche wie die des »Multikulturalismus«, die unterstellen, dass es auf längere Sicht
bei kultureller Differenzierung und Diversität bleiben
wird, wir es also *nicht* mit einer im Grunde bloß eine vor-
übergehende Irritation darstellenden Station auf dem
Weg der kulturellen Homogenisierung zu tun haben. Um
jede (für Vertreter des »Multikulturalismus« typische)
Verwechslung des Stands der Dinge mit den zu seiner Be-

kämpfung intendierten Politiken zu vermeiden, ist es ratsam, statt von »Multikulturalismus« von »Diasporisierung« zu sprechen. Damit werden zwei wesentliche Züge der gegenwärtig infolge von Migration eintretenden Lage betont: dass sie in weit stärkerem Maße graswurzelartigen Prozessen und Einflüssen unterliegt, als einer Top-down-Regulierung zugänglich zu sein, und dass die Interaktionen zwischen den Diasporen weit mehr mit Arbeitsteilung als mit einer tatsächlichen Vermischung der Kulturen zu tun haben.

Eco publizierte seinen Essay 1997. Sieben Jahre zuvor bestand die Einwohnerschaft der Stadt New York, die ihm als Beispiel diente, zu 43 Prozent aus »Weißen«, zu 29 Prozent aus »Schwarzen«, zu 21 Prozent aus »Hispanos« und zu 7 Prozent aus »Asiaten«. Zwanzig Jahre später wiederum, im Jahr 2010, machten die »Weißen« nur noch 33 Prozent der Einwohnerschaft aus und kamen dem Status einer Minderheit immer näher.[3] Eine ähnliche Anzahl und vergleichbare prozentuale Aufteilung verschiedener Ethnien, Religionen und Sprachen trifft man in aller Erdteile Weltstädten an, deren Zahl überdies zunimmt. Außerdem müssen wir uns der Tatsache bewusst sein, dass erstmals in der Geschichte mehr Menschen in Städten als auf dem Land leben und der größte Teil dieser urbanisierten Menschheit wiederum in Großstädten, deren alltägliche Lebensweisen in vielerlei Hinsicht Vorbild für den übrigen Planeten sind.

Ob es uns passt oder nicht: Das Leben in der Stadt verlangt von uns, dass wir die Fähigkeit entwickeln, jeden Tag aufs Neue – und aller Wahrscheinlichkeit nach für immer – mit kulturellen Unterschieden umzugehen. Nachdem es mit dem jahrhundertelang geträumten Traum

Symptome auf der Suche nach ihrem Namen und Ursprung 43

(einseitiger) Assimilation beziehungsweise (wechselseitiger) Konvergenz und den sich aus ihm ergebenden Praktiken aus und vorbei ist, sehen wir uns allmählich – wenn
auch oft zögernd oder mit unverhülltem Widerstreben –
mit der Aussicht konfrontiert, dass es zwischen den zahlreichen irreduzibel diversen Identitäten in benachbarten
und/oder vermischten kulturellen Diasporen zu einem
steten Wechselspiel von Interaktion und Reibung kommen wird. Kulturelle Heterogenität wird in zunehmen-
dem Maß zum unauslöschlichen, sogar endemischen Merkmal des Zusammenlebens in Großstädten – es ist nur
nicht leicht, sich diese Tatsache bewusst zu machen, zumal der erste Reflex häufig Leugnung oder emphatische,
resolute, kämpferische Ablehnung ist.

»Intoleranz«, schreibt Eco,

> beginnt vor jeder Doktrin. In diesem Sinne hat sie biologische Wur-
> zeln, sie äußert sich bei den Tieren als Kampf ums Territorium, sie
> gründet sich auf gefühlsmäßige, oft oberflächliche Reaktionen – wir
> ertragen die Andersartigen nicht, weil sie eine andere Hautfarbe haben,
> weil sie eine uns unverständliche Sprache sprechen, weil sie Frösche,
> Hunde, Affen, Schweinefleisch, Knoblauch essen, weil sie sich tätowie-
> ren lassen und so weiter.[4]

Und in striktem Gegensatz zur gängigen Ansicht über
deren Ursachen und Quellen betont Eco: »Es ist jedoch
nicht so, daß die Doktrinen der Verschiedenheit diese
rohe Intoleranz hervorbrächten. Im Gegenteil, die Doktrinen machen sich einen bereits diffus vorhandenen Bo-
densatz von Intoleranz zunutze.«[5] Dieser Gedanke stimmt
mit den Forschungsergebnissen des norwegischen Anthro-
pologen Fredrik Barth überein, dem zufolge nicht etwa
Grenzen aufgrund wahrgenommener Unterschiede gezogen, sondern Unterschiede *anhand bereits bestehender
Grenzen* »beobachtet« beziehungsweise erfunden wer-

den. Beide Autoren sind davon überzeugt, dass fremdenfeindliche Doktrinen dazu dienen, längst vorhandenen,
zumeist gründlich verinnerlichten antagonistischen, ressentimentgeladenen und kriegerischen Gefühlen nach-
träglich das Mäntelchen einer »rationalen« Erklärung und
Rechtfertigung umzuhängen.

Eco zufolge ist die »gefährlichste Intoleranz […] genau
diejenige, die ohne jede Doktrin oder Theorie allein aufgrund elementarer Triebe entsteht«.[6] Eine explizite Doktrin könne immerhin kritisch befragt, in ihren impliziten
Vorannahmen Stück für Stück aufgedeckt und in ihren
Postulaten widerlegt werden, während elementare Triebe
jeder Kritik gegenüber immun und Argumenten gänzlich
unzugänglich seien. Demagogen, gleich ob Fundamentalisten, Integralisten, Rassisten oder Ethnochauvinisten,
kann und muss man entgegenhalten, dass sie die vor-
gefundene »rohe Intoleranz« für ihre Zwecke politisch
zu instrumentalisieren suchen, womit sie ihre Ausbreitung fördern und ihre Gefährlichkeit erhöhen – *nicht* vor-
werfen kann man ihnen, die Intoleranz *erschaffen* zu haben.

Wo also liegen die Quellen und Ursprünge der Intoleranz? Letztlich, so glaube ich, in der *Furcht vor dem Un-
bekannten* – dessen prominenteste und uns unmittelbar
ins Auge springende Verkörperung »Fremde« beziehungsweise »Ausländer« sind: als uns per definitionem unzureichend Bekannte, die wir nicht ohne Weiteres verstehen
und deren Verhalten und Reaktion auf unser Verhalten
uns unvorhersehbar erscheinen können. Auf der Weltkar-
te, auf der wir unsere Lebensziele und die zu ihnen führenden Wege verzeichnen, kommen sie gar nicht vor (aber-
mals definitionsgemäß: Kämen sie vor, sie wären keine

Fremden mehr). Ihr Status ähnelt damit auf beunruhigende Weise dem der geheimnisumwitterten Bewohner jener äußersten Randgebiete der bewohnbaren und bewohnten οἰκουμένη (Ökumene), die auf antiken Karten mit *hic sunt leones* bezeichnet wurden – mit dem einen Unterschied allerdings, dass die undurchschaubaren, sinistren und furchteinflößenden Bestien ihre entfernten Schlupfwinkel inzwischen – als Wölfe im Migrantenpelz – verlassen haben und klammheimlich in unsere Nachbarschaft gezogen sind. Konnte man damals, zur Zeit jener Weltkarten, mit etwas Geschick vermeiden, ihnen zu begegnen, und damit allen einschlägigen Schwierigkeiten aus dem Weg gehen, so steht uns diese simple Möglichkeit heute nicht mehr zur Verfügung. »Die Bestien« lauern unmittelbar vor unserer Tür, wo wir ihnen unvermeidlich über den Weg laufen müssen, sobald wir einen Schritt aus dem Haus tun.

Zusammengefasst: In der heutigen Welt kann man zwar die Einwanderung (wenn auch mit schwindendem Erfolg) zu begrenzen versuchen, die Migration jedoch folgt unabhängig von dem, was wir tun, ihrer eigenen Logik. Sie wird noch sehr lange Zeit andauern – genauso wie jene andere, umfassendere Transformation (die überhaupt wohl folgenreichste), die die Conditio humana erfasst hat. Dieser andere Prozess ist – wie Ulrich Beck, der größte soziologische Analytiker latenter und manifester Veränderungen der Conditio humana im Übergang vom 20. zum 21. Jahrhundert und ihrer sich heute abzeichnenden Folgen, betont – der uns bis auf die Knochen durchrüttelnde Widerspruch zwischen unseren jetzt schon so-gut-wie-kosmopolitischen *Verpflichtungen* und dem eminenten Mangel an kosmopolitischem *Bewusstsein*, an kosmopolitischer *Haltung*. Das ist der Ursprung der quälendsten Zwickmühlen, beunruhigendsten Sorgen und verstörendsten Befürchtungen, die uns gegenwärtig heimsuchen. Die »kosmopolitische Verpflichtung« erwächst für Beck aus der weit gediehenen, tatsächlich schon weltumspannenden materiellen und geistigen Interdependenz aller Menschen und Völker, die für gewöhnlich Globalisierung heißt. Zwischen dieser Verpflichtung und unserer Fähigkeit, ihren beispiellosen Anforderungen an unser Handeln irgend gerecht zu werden, klafft ein gewaltiger, bislang unüberbrückter Abgrund. Mit den auf Bedingungen der Autonomie, beiderseitigen Unabhängigkeit und Souveränität zugeschnittenen Instrumentarien früherer Zeiten bekämpfen wir (was schon an sich unmöglich ist) die Probleme, die aus dem bereits erreichten hohen Maß an wechselseitiger Abhängigkeit, an Erosion und Verwässerung territorialer Autonomie und Souveränität erwachsen.

Es gibt fraglos viele legitime Möglichkeiten, die Geschichte der Menschheit – wenn auch verdichtend und vereinfachend – zu erzählen. Eine davon handelt von der mal schrittweisen, mal abrupten, aber insgesamt stetigen Ausdehnung des »Wir«, zu dem Menschen sich zugehörig fühlen: Sie beginnt bei den Gruppen der Jäger und Sammler (die den Paläontologen zufolge nie mehr als 150 Seelen umfassten) und führt über die »imaginierten Gesamtheiten« der Stämme und Imperien bis zu den heutigen Nationalstaaten und den »Superstaaten« ihrer Föderationen oder Koalitionen. Allerdings ist *keine* der derzeit bestehenden politischen Formationen einem genuin *kosmopolitischen* Maßstab angemessen; sie alle stellen unverändert steinzeitlich ein »Wir« gegen »die anderen«. Jedes auf dieser Dichotomie beruhende Gebilde verfügt über Werkzeuge der Vereinigung beziehungsweise Integration sowie solcher der Teilung und Trennung – und führt gleichsam automatisch die je entsprechende Funktion schon allein dadurch aus, dass es sich der anderen enthält.

Die Aufteilung der Menschheit in »wir« und »die anderen« – im Sinne einer antagonistischen Gegenüberstellung – ist seit den Zeiten des Homo erectus unabdingbarer Bestandteil menschlichen In-der-Welt-Seins gewesen. »Wir« und »sie«, das gehört zusammen wie Kopf und Zahl – zwei Seiten derselben Münze, wo eine einseitige Münze ein Oxymoron ist, ein Ding der Unmöglichkeit. Beide in dieser Opposition befangenen Seiten definieren einander wechselseitig negativ: »Sie« sind ganz ohne Frage jedenfalls »nicht wir«, und »wir«, das sind mit Bestimmtheit »nicht die anderen«.

In den Anfangsstadien der fortschreitenden Ausdehnung politisch integrierter Körperschaften funktionierte dieser Mechanismus ganz passabel – aber er passt nicht in deren letzte Phase, die durch die sich herausbildende »kosmopolitische Realität« auf die politische Tagesordnung gesetzt worden ist. Tatsächlich ist er sogar exemplarisch ungeeignet für den »letzten Schritt« in der Geschichte der Integration der Menschheit, bei dem das Wort »wir« und die Praxis des solidarischen und kooperativen Zusammenlebens auf die Ebene der ganzen Menschheit gehievt werden müssen. Dieser letzte Schritt unterscheidet sich deutlich von seinen historischen Vorläufern: Er ist nicht nur *quantitativ*, sondern *qualitativ* anders, ohne Vorbild und praktisches Beispiel. Er verlangt nichts Geringeres als die – unvermeidlich traumatische – Trennung der Frage der »Zugehörigkeit« von der der Territorialität bzw. staatlichen Souveränität: wie sie schon vor rund hundert Jahren von Otto Bauer, Karl Reiner, Vladimir Menem und anderen unter Verweis auf die multinationale Realität des österreichisch-ungarischen und des russischen Reiches mit Nachdruck gefordert worden ist, aber bisher noch nirgendwo auch nur in die Nähe des Aufgegriffen-werdens in der praktischen Politik, in Verträgen oder Konventionen gelangt ist.

Die Umsetzung dieser Forderung scheint in näherer Zukunft wohl nicht bevorzustehen. Im Gegenteil: Die meisten gegenwärtigen Symptome[7] zeugen von einer zunehmend ungehemmten Suche nach irgendwelchen »anderen« – bevorzugt den altmodischen, unverkennbaren und unumstößlich feindlichen Fremden, die sich so gut zur Stärkung der eigenen Identität durch strikte Abgrenzung und Mauerbau eignen. Die impulsive »natürliche« Routinereaktion einer wachsenden Zahl politischer Entscheider auf die fortschreitende Erosion der territorialen Souveränität besteht inzwischen darin, über- und zwischenstaatliche Verpflichtungen aufzugeben und sich vom Konsens bezüglich der Bündelung der Ressourcen und der politischen Zusammenarbeit abzuwenden – womit sie sich noch weiter davon entfernen, ihren objektiv kosmopolitischen Verpflichtungen mit Programmen und Maßnahmen auf einem entsprechenden Level nachzukommen. Dass dies so ist, muss die globale Unordnung verschärfen, die dem ebenso allmählichen wie unerbittlichen Machtverlust der bestehenden politischen Institutionen zugrunde liegt. Die Profiteure dieser Entwicklung sind vor allem räumlich ungebundene Kapitalgeber, Investmentfonds und Händler aller Schattierungen von Legalität – die größten Verlierer sind wirtschaftliche und soziale Gleichheit, die Grundlagen der inner- und zwischenstaatlichen Rechtsordnungen und ein großer Teil, vermutlich eine noch wachsende Mehrheit, der Weltbevölkerung.

Statt auf eine ernsthafte, durchdachte, koordinierte und langfristig angelegte Unternehmung zur Trockenlegung der daraus resultierenden existenziellen Ängste stürzen sich Regierende weltweit auf die »Chance«, das durch den schrumpfenden Sozialstaat und die Aufgabe der nach dem Zweiten Weltkrieg begonnenen Bestrebungen zur Institutionalisierung einer »Völkerfamilie« hinterlassene Legitimitätsvakuum mit einem kraftvollen Ruck in Richtung der »Versicherheitlichung« (*securitization*) sozialer Probleme und infolgedessen auch des politischen Denkens und Handelns abzudichten. Tief verwurzelte Ängste, geschürt, gefördert und begünstigt von einer ebenso intimen wie informellen Allianz aus politischen Eliten, Massen- und Unterhaltungsmedien und weiter angestachelt vom anschwellenden Gebrüll der Demagogie, werden ohne jedes Bedenken als das kostbare Erz begrüßt, das sich dauerhaft in den heiß ersehnten Nachschub politischen Kapitals umschmelzen lässt – jenes Kapitals, um das sich die seiner orthodoxeren Varietäten verlustig gegangenen entfesselten ökonomischen Mächte samt ihren politischen Lobbys und Zwangsvollstreckern reißen.

Von den Spitzen der Gesellschaft bis in die untersten Schichten – und bis auf die Arbeitsmärkte, die im Namen der Brötchengeber das Lied anstimmen, das wir, die *plebs*, zu singen haben – wird ein Klima des wechselseitigen (und apriorischen) Misstrauens, des Argwohns und des mörderischen Wettbewerbs geschaffen. In diesem Klima müssen so zarte Pflanzen wie Gemeinschaftssinn und Hilfsbereitschaft verkümmern, verwelken und eingehen (so man ihre Knospen nicht gleich gewaltsam abzwackt). Da die Wetten auf gemeinsames solidarisches Handeln im Interesse aller jeden Tag schlechter stehen und ihre möglichen Effekte schwinden, werden das Interesse an einer Vereinigung der Kräfte und am Eintreten für das Gemeinwohl großer Teile ihres Reizes beraubt – und damit stirbt auch die Hoffnung auf den Beginn eines auf gegenseitiger Anerkennung, Achtung und gutem Willen beruhenden Dialogs.

»[W]enn aus Staaten jemals große Nachbarschaften werden«, folgerte Michael Walzer bereits vor über dreißig Jahren aus den damals angesammelten Erfahrungen mit einer Vergangenheit, deren Wiederholung in der nächsten Zukunft er prophezeite,

> dann ist es wahrscheinlich, daß sich Nachbarschaften zu kleinen Staaten entwickeln. Ihre Mitglieder werden sich organisieren, um ihre lokale Politik und Kultur Fremden und deren Einflüssen gegenüber zu bewahren [*defend*]. [… Es] ist festzustellen, daß sich historisch gesehen Nachbarschaften überall dort in abgeschlossene oder parochiale Gemeinschaften verwandelten, wo der Staat offen war.[8]

Die inzwischen Gegenwart gewordene Zukunft bestätigt seine Diagnosen und Befürchtungen.

Ob groß oder klein, jeder Staat ist durch dieselbe simple Eigenschaft definiert: seine territoriale Souveränität, also die Fähigkeit, innerhalb seiner Grenzen das tun zu können, was die Bewohner des Territoriums wünschen, ohne auf irgendjemand anderen hören zu müssen. Nach der Epoche, in der »Nachbarschaften« zu jenen größeren Einheiten verschmolzen oder verschmolzen *wurden*, die man als »Nationalstaaten« bezeichnet (und zwar mit der

Aussicht auf eine wenn nicht unverzügliche, so doch in einer unausweichlichen Zukunft bevorstehende Vereinigung und Homogenisierung ihrer Kulturen/Rechtssysteme/politischen Systeme/Lebensweisen), nach dem langwierigen Krieg, den das Große gegen alles Kleine, der Staat gegen alles Lokale und »Parochiale« führte, beginnt nun die Phase der »Subsidiarisierung«, in der die Staaten eifrig bemüht sind, ihre Verantwortung, Verpflichtungen und die mühselige Aufgabe, im (dank Globalisierung und dem sich herausbildenden *kosmopolitischen* Status quo wachsenden) Chaos Ordnung zu stiften, von sich abzuwerfen – während die Lokalmächte und Kirchturminteressengruppen von gestern sich begierig auf diese abgeworfenen Aufgaben stürzen und immer mehr davon an sich zu reißen versuchen. *Das hervorstechendste, konfliktträchtigste und potenziell explosivste Merkmal des gegenwärtigen Moments ist die Absicht vieler Akteure, sich von Kants Vision einer* bürgerlichen Vereinigung der Menschheit *loszusagen, in ihrer Koinzidenz mit der fortschreitenden realen Globalisierung von Finanzwesen, Industrie, Handel, Kommunikation und allen Arten und Formen des Rechtsbruchs. Unmittelbar damit verbunden ist die Beantwortung zunehmend kosmopolitischer Existenzbedingungen mit einem Denken und Fühlen nach dem Motto »klein, aber mein«.*

Infolge der Globalisierung und der durch sie beförderten Trennung von Macht und Politik werden Staaten derzeit tatsächlich auf so etwas Ähnliches wie »größere Nachbarschaften« – eingezwängt in vage umrissene, unzureichend bewehrte und poröse Grenzen – reduziert; während die Nachbarschaften alter Art – von denen man lange geglaubt hat, sie gehörten wie all die anderen *pou-*

voirs intermédiaries auf den Abfallhaufen der Geschichte – sich darum bemühen, die Funktion von »Kleinstaaten« zu übernehmen und möglichst viel Profit aus dem zu schlagen, was von quasilokaler Politik und dem einst eifersüchtig gehüteten und unentfremdbar monopolistischen Vorrecht des Staates, zwischen »uns« und »ihnen« (und natürlich auch umgekehrt) zu unterscheiden, noch übrig ist. »Vorwärts« bedeutet in dieser Kleinstaaterei nur mehr noch: »Zurück zum Volksstamm!«

Auf einem von Volksstämmen besiedelten Territorium sehen die Parteien in aller Regel vollständig davon ab, die anderen bekehren, überzeugen oder auf ihre Seite ziehen zu wollen; die Minderwertigkeit aller Angehörigen anderer Stämme ist ja von vornherein ausgemacht und steht auf ewig unabänderlich fest (oder muss zumindest so betrachtet und behandelt werden). Die Inferiorität der anderen Stämme ist deren ewiges Schicksal, ihr untilgbares Stigma und mithin gegen jeden Rehabilitationsversuch immun. Sobald die Aufteilung in »uns« und »die anderen« einmal auf diese Weise vorgenommen ist, kann es bei jeder Begegnung mit den Antagonisten nicht mehr um Verständigung, sondern nur noch darum gehen, neue »Beweise« dafür zu entdecken oder zu erfinden, dass ein Verständigungsversuch jeder Vernunft widerspricht und keinesfalls infrage kommt. In dem Bemühen, Unheil von sich abzuwenden und um Gottes willen keine schlafenden Hunde zu wecken, reden die in der Spirale der Höher- und Minderwertigkeit gefangenen Stammesangehörigen sicherheitshalber gar nicht mehr mit-, sondern bloß noch übereinander.

Was die Bewohner (oder Exilanten) der »grauen« Grenzgebiete angeht, so folgt ihre Einordnung als »unbekannt

Symptome auf der Suche nach ihrem Namen und Ursprung 53

und potenziell gefährlich« wiederum daraus, dass sie sich – inhärent oder gezwungenermaßen – nicht in die illusionären Kategorien fügen (lassen), die als Grundpfeiler von »Ordnung und Normalität« gelten. Ihre Kardinalsünde, ihr unverzeihliches Vergehen besteht darin, ein Quell mentaler und praktischer Ratlosigkeit zu sein, die ihrerseits aus der Verunsicherung durch ihre mangelnde Verständlichkeit und Kategorisierbarkeit folgt (*Verstehen* bedeutet laut Wittgenstein bekanntlich, »Jetzt weiß ich weiter« sagen zu können). Der Weg zur Erlösung von dieser Sünde ist zudem durch erhebliche Hindernisse verstellt, etwa »unsere« strikte Weigerung, mit »denen« in einen Dialog überhaupt einzutreten, um die ursprüngliche Unmöglichkeit der Verständigung zu überwinden. Die Zuweisung in eine Grauzone ist der Beginn eines sich selbst verstärkenden Prozesses, der vom Abbruch beziehungsweise besser: der apriorischen Verweigerung jeder Kommunikation in Schwung gebracht wird. Die tatsächliche Schwierigkeit der Verständigung in den Rang eines moralischen Verbots derselben oder einer uns von Gott und der Geschichte auferlegten Pflicht zu ihrer Vermeidung erheben zu wollen, ist letztlich der primäre Auslöser und höchste Anreiz für die Errichtung und Befestigung einer Grenze (nicht immer, aber häufig entlang religiöser oder ethnischer Zugehörigkeiten) zwischen »ihnen« und »uns«, und zugleich deren grundlegende Aufgabe und Funktion. Als eine Art Schnittstelle zwischen beiden Gruppen bilden die von Ambiguität und Ambivalenz bestimmten »grauen« Randzonen unvermeidlich ein wichtiges, womöglich gar das wichtigste (und allzu oft auch das einzige) Territorium, auf dem die unversöhnliche Feindseligkeit zwischen »uns« und »ihnen« ausagiert werden kann und die entsprechenden Schlachten geschlagen werden.

***

Papst Franziskus – die wohl einzige öffentliche Figur mit weltweiter Autorität, die den Mut und die Entschlossenheit hat, nach den tiefsten Quellen der gegenwärtigen Übel, der Verwirrung und Ohnmacht zu graben und sie öffentlich zu benennen – erklärte bei der Entgegennahme des Aachener Karlspreises 2016:

> Wenn es ein Wort gibt, das wir bis zur Erschöpfung wiederholen müssen, dann lautet es Dialog. Wir sind aufgefordert, eine Kultur des Dialogs zu fördern, indem wir mit allen Mitteln Instanzen zu eröffnen suchen, damit dieser Dialog möglich wird und uns gestattet, das soziale Gefüge neu aufzubauen. Die Kultur des Dialogs impliziert einen echten Lernprozess sowie eine Askese, die uns hilft, den Anderen als ebenbürtigen Gesprächspartner anzuerkennen, und die uns erlaubt, den Fremden, den Migranten, den Angehörigen einer anderen Kultur als Subjekt zu betrachten, dem man als anerkanntem und geschätztem Gegenüber zuhört. Es ist für uns heute dringlich, alle sozialen Handlungsträger einzubeziehen, um »eine Kultur, die den Dialog als Form der Begegnung bevorzugt«, zu fördern, indem wir »die Suche nach Einvernehmen und Übereinkünften [vorantreiben], ohne sie jedoch von der Sorge um eine gerechte Gesellschaft zu trennen, die erinnerungsfähig ist und niemanden ausschließt« (Apostolisches Schreiben *Evangelii gaudium*, Absatz 239). Der Frieden wird in dem Maß dauerhaft sein, wie wir unsere Kinder mit den Werkzeugen des Dialogs ausrüsten und sie den »guten Kampf« der Begegnung und der Verhandlung lehren. Auf diese Weise werden wir ihnen eine Kultur als Erbe überlassen können, die Strategien zu umreißen weiß, die nicht zum Tod, sondern zum Leben, nicht zur Ausschließung, sondern zur Integration führen.[9]

Und unmittelbar im Anschluss formuliert Franziskus noch einen Gedanken, der mit der Kultur des Dialogs untrennbar verbunden, ja deren unverzichtbare Voraussetzung ist: »Diese Kultur [...], die in alle schulischen Lehr-

Symptome auf der Suche nach ihrem Namen und Ursprung 55

pläne als übergreifende Achse der Fächer aufgenommen werden müsste, wird dazu verhelfen, der jungen Generation eine andere Art der Konfliktlösung einzuprägen als jene, an die wir sie jetzt gewöhnen.«

Wenn Franziskus die Kultur des Dialogs zur Aufgabe der Erziehung erklärt und uns die Rolle des Lehrers zuweist, impliziert er unzweideutig, dass die Probleme, die uns derzeit heimsuchen, weder morgen noch übermorgen wieder verschwunden sein werden – Probleme, die wir auf die Weisen, die wir gewohnt sind und »an die wir sie jetzt gewöhnen«, vergeblich zu lösen versuchen werden, während die Kultur des Dialogs die Chance eröffnet, humanere (und hoffentlich auch wirksame) Lösungen zu finden. Eine zwar alte, aber keineswegs überholte chinesische Volksweisheit rät: Wer für das kommende Jahr vorsorgen will, muss Getreide säen, wer für die nächsten zehn Jahre vorsorgen will, soll Bäume pflanzen, und wer für die nächsten hundert Jahre vorsorgen will, die Menschen erziehen.

Die Probleme, vor denen wir heute stehen, lassen sich nicht mit einem Zauberstab, per Handstreich oder Wunderheilung lösen; sie erfordern nichts Geringeres als eine *kulturelle* Revolution. Und deshalb setzen sie langfristiges Denken und Planen voraus: Künste, die wir – ach! – lang schon vergessen haben und kaum noch benutzen in unseren beeilten Leben unter der Diktatur des Augenblicks. Wir müssen sie uns ins Gedächtnis rufen und neu erlernen. Dazu brauchen wir einen kühlen Kopf, Nerven aus Stahl und jede Menge Mut. Vor allem aber bedürfen wir einer ebenso umfassenden wie langfristig ausgelegten Vision – und jeder Menge Geduld.

Aus dem Englischen von Frank Jakubzik

Anmerkungen

1 Walter Benjamin, »Über den Begriff der Geschichte«, in: *Illuminationen. Ausgewählte Schriften 1*, Frankfurt am Main: Suhrkamp 1977 [1940], S. 251-261, S. 255.

2 Umberto Eco: »Die Migrationen, die Toleranz und das Untolerierbare«, in: *Vier moralische Schriften*, München: Hanser 1998, S. 89-116, S. 96 und 99.

3 Vgl. dazu die Statistiken in »The changing racial and ethnic makeup of New York City neighborhoods«; online verfügbar unter: {http://fur mancenter.org/files/sotc/The_Changing_Racial_and_Ethnic_Ma keup_of_New_York_City_Neighborhoods_11.pdf#page=3&zoom= auto,-193,797} (Stand: Januar 2017).

4 Eco, »Die Migrationen, die Toleranz und das Untolerierbare«, a. a. O., S. 104f.

5 Ebd., S. 105f.

6 Ebd., S. 107.

7 Weitere Symptome untersuche ich in meinem im Frühjahr 2017 bei Polity Press erscheinenden Buch *Retrotopia*.

8 Michael Walzer, *Sphären der Gerechtigkeit. Ein Plädoyer für Pluralität und Gleichheit*, Frankfurt am Main: Fischer 1998 [1983], S. 74.

9 Ansprache von Papst Franziskus anlässlich der Entgegennahme des Internationalen Karlspreises der Stadt Aachen, Rom, 6. Mai 2016; online verfügbar unter: {http://w2.vatican.va/content/francesco/de/spee ches/2016/may/documents/papa-francesco_20160506_premio-car lo-magno.html} (Stand: Januar 2017).

Progressive und regressive Politik im späten Neoliberalismus
Donatella della Porta

Der Sieg Donald Trumps bei den US-Präsidentschaftswahlen 2016 ist weithin als Anzeichen für den Triumph regressiver über progressive Bewegungen interpretiert worden. Ganz ähnlich wurde das Brexit-Referendum als Indiz für eine Woge des Provinzialismus angesehen, welche die bislang dominierende kosmopolitische Haltung fortzuspülen drohe. Wurden wir um die Jahrhundertwende noch Zeugen einer beeindruckenden Mobilisierung der Linken, etwa im Rahmen des »Global Justice Movement« (man denke an die Proteste gegen den WTO-Gipfel in Seattle 1999, das erste Weltsozialforum mit dem Motto »Eine andere Welt ist möglich« 2001 oder die Entstehung von Organisationen wie Attac), und kam es im Zuge der Finanzkrise von 2008 noch zu gegen die Sparpolitik gerichteten Bewegungen wie Occupy Wall Street oder den *indignados* in Spanien, so waren die letzten Jahre von einer Rückkehr der dunklen Seite der Politik geprägt. Dabei darf man allerdings nicht vergessen, dass es erste Anzeichen für reaktionäre Bewegungen in Europa bereits vor fünfzehn Jahren gab, als Jörg Haiders FPÖ aus den österreichischen Parlamentswahlen von 1999 als zweitstärkste Kraft hervorging und mit der ÖVP von Kanzler Wolfgang Schüssel eine rechtsgerichtete Koalition bildete. Einige Jahre später, 2002, schaffte es Jean-Marie Le Pen in die zweite Runde der französischen Präsidentschaftswahlen, wo er am Ende Jacques Chirac unterlag.

Vor dem Hintergrund dieser Ereignisse wird deutlich, dass die Unzufriedenheit mit der neoliberalen Globalisierung kein neues Phänomen ist – weder seitens der Rechten noch bei der Linken.

Wie die Forschung zeigt, hat sich die gesellschaftliche Basis des (linken) Protests verlagert: weg von der industriellen Arbeiterschaft, der traditionellen Säule der klassischen Arbeiterbewegung, und hin zur neuen Mittelschicht, die den Kern der Neuen Sozialen Bewegungen der sechziger und siebziger Jahre ausmachte. Mit dem Global Justice Movement dagegen sind erneut Bewegungen in den Fokus gerückt, die von den Verlierern jenes ungezügelten Neoliberalismus getragen wurden, der den vergangenen Jahrzehnten seinen Stempel aufgedrückt hat. Gesellschaftlich gesehen, gelang es diesen Bewegungen, Büro- wie Fabrikarbeiter zu mobilisieren, Arbeitslose wie Studenten, Junge wie Alte.[1] Gleichzeitig jedoch erstarkte auch – auf dem Fundament der Missstände und Konflikte, die mit den verschiedenen Facetten der Globalisierung einhergehen – eine populistische Rechte. Zahlreiche Wissenschaftler haben auf die Entstehung einer neuen Spaltung in Globalisierungsgewinner und -verlierer hingewiesen, wobei Letztere sich mit ausländer- und einwandererfeindlichen Forderungen, die auf exklusive Formen des Nationalismus hinauslaufen, gegen die kulturelle Dimension der Globalisierung wenden.[2]

Dass Krisenzeiten eine gewisse politische und gesellschaftliche Polarisierung hervorbringen, sollte niemanden überraschen. Tatsächlich sind soziale Bewegungen häufig zeitgleich seitens der Linken *und* bei der Rechten entstanden.[3] Ob die Brexit- und die Trump-Kampagne tatsächlich als populistische *Bewegungen* zu begreifen sind (und nicht als andere Formen populistischer Politik), bleibt indes abzuwarten.

Im Folgenden werde ich zunächst einige der wichtigsten gesellschaftlichen Herausforderungen herausarbeiten, die mit kapitalistischen Umwälzungen verbunden sind, zweitens einige Unterschiede hinsichtlich der Reaktionen im Sinne einer progressiven oder einer regressiven Politik erörtern, die diese Herausforderungen ausgelöst haben, und drittens aufzeigen, welche politischen Bedingungen einer progressiven oder einer regressiven Reaktion zuträglich sind.

Die neoliberale Globalisierung als Herausforderung

Zum besseren Verständnis des Neoliberalismus und seiner Krise kann man sich des Modells einer »doppelten Bewegung« innerhalb der Entwicklung des Kapitalismus bedienen, wie es der politische Ökonom Karl Polanyi beschrieben hat: Als Erstes erfährt die Gesellschaft einen »Vermarktlichungsschub«, dann entstehen um soziale Sicherung bemühte Gegenbewegungen. In seinem grundlegenden Buch *The Great Transformation* (1978 [1944]) befasst sich Polanyi zwar mit der ersten Liberalisierungswelle, der des 19. Jahrhunderts,[4] doch die Parallelen zur neoliberalen Transformation der letzten Jahrzehnte des 20. Jahrhunderts sind unverkennbar. Polanyi warnte vor einer Kommodifizierung von Arbeit, Boden und Geld, welche die Gesellschaft letztlich zerstören werde, wenn man ihr nicht Einhalt gebiete. Der amerikanische Soziologe Michael Burawoy hat das einmal so ausgedrückt:

Große Spannungen sind unvermeidlich. Wird Arbeitskraft veräußert, ohne dass ein Schutz vor Verletzungen und Krankheit bestünde, noch vor Arbeitslosigkeit oder Überbeschäftigung oder vor Löhnen, die den Lebensunterhalt nicht decken, so nimmt die nutzbare Arbeitskraft dramatisch ab und wird zusehends nutzlos. Ebenso gilt: Wird Land, oder allgemein gesagt die Natur, der Kommodifizierung unterworfen, so vermag sie den Lebensunterhalt der Menschen nicht mehr zu sichern. Dient schließlich Geld, etwa im Zuge der Währungsspekulation, der Anhäufung von noch mehr Geld, so wird dessen Wert so ungewiss, dass es als Tauschmittel nicht mehr taugt, Firmen in die Pleite treibt und Wirtschaftskrisen auslöst.[5]

In seiner Analyse konzentrierte sich Polanyi auf eine Reihe spezifischer Formen, die Gegenbewegungen (die Menschen mobilisieren, die sich von Veränderungen, wie sie der Neoliberalismus hervorbringt, verraten fühlen) erwartungsgemäß annehmen werden. Tatsächlich, so Polanyi, seien diese Gegenbewegungen reaktiver Natur – das heißt defensiv und rückwärtsgewandt. Ja, sie würden häufig gegründet, um sich einer Ideologie entgegenzustellen, die die Dominanz des Marktes über jeden anderen Aspekt der Gesellschaft propagiert. Um nur zwei Beispiele zu geben: Bauernaufstände brachen in vielen Fällen aus, weil Bauern einen impliziten Gesellschaftsvertrag verletzt sahen, der ihnen zumindest minimalen Schutz vor den Launen des Marktes bot. Ganz ähnlich sind Hungerrevolten oft als Reaktion auf die Zerstörung einer moralischen Wirtschaft interpretiert worden, im Zuge derer Allmendeland eingehegt und der Markt für Grundnahrungsmittel wie Brot dereguliert wird. Die Geschichte lehrt, dass um die Restitution traditionell gewährter Rechte kämpfende Gegenbewegungen progressive Erzählungen und inklusivere, auf Mitbestimmung ausgerichtete Visionen hervorbringen, sich aber auch auf regressive Modelle und exklusive, plebiszitäre Ideen stützen können.

Progressive und regressive Politik im späten Neoliberalismus   61

Bei der politischen Umsetzung neoliberaler Dogmen sind bestimmte Parallelen zur von Polanyi beschriebenen »großen Umwälzung« zutage getreten. Nachdem der Widerstand gegen den ungezügelten Marktfundamentalismus innerhalb der Nationalstaaten erfolgreich für einen Ausbau der sozialen Sicherungssysteme gesorgt hatte (in den sozialen Demokratien der sogenannten »Ersten« ebenso wie im »real existierenden Sozialismus« der »Zweiten Welt«), setzte sich später der Trend durch, den Sozialstaat zu beschneiden und staatliche Interventionen gegen soziale Ungleichheit generell ins Visier zu nehmen. Mit der neoliberalen Wende stützte sich der Kapitalismus erneut (wenn auch auf andere Weise) auf Formen der Akkumulation durch Enteignung – etwa die Abschaffung von Gesetzen, die Rechte der Bürger schützten und den Finanzmarkt regulierten –, die Marx einst als typische Beispiele für die »primitive Akkumulation« bezeichnet hatte.[6] Einmal mehr wurde durch die Deregulierung der Arbeitsmärkte, den Abbau von Arbeitnehmerrechten, Land Grabbing und eine neue (umfassende) Deregulierung des Finanzkapitals die Kommodifizierung von Arbeit, Land und Geld vorangetrieben.

Auch dieses Mal wurden dadurch Gegenkräfte freigesetzt (ähnlich wie bei den »Gegenbewegungen« Polanyis). Diese hatten zwei Stoßrichtungen: Manche sind progressiv und versuchen, mit einem inklusiven, kosmopolitischen Ansatz die Bürgerrechte auszubauen; andere sind regressiv und sehnen sich nach einer längst vergangenen Ordnung, in der lediglich eine begrenzte Zahl von Insidern Schutz genossen. Bevor ich mich der Frage zuwende, wie *reaktionäre* Gegenbewegungen gegen den Neoliberalismus entstehen, folgen zunächst einige Anmerkungen zur *progressiven* Variante.

Progressive Bewegungen gegen
die neoliberale Globalisierung

Die gegen die Sparpolitik gerichteten Proteste der Jahre 2010-14 waren vor dem Hintergrund der Trennung zwischen Graswurzel-Politik und institutioneller Macht eine Reaktion auf das Gefühl der politischen Enteignung. Im Mittelpunkt standen dabei die Verhältnisse im jeweiligen Land, in dem die Proteste stattfanden, doch die Demonstranten waren sich der globalen Verflechtungen durchaus bewusst. Bei den isländischen Protesten im Zuge der Finanzkrise 2008, während des Arabischen Frühlings, in der Occupy-Bewegung von 2011 und bei den Protesten im Gezi-Park 2013 kam es aufgrund der Notwendigkeit, eine heterogene soziale Basis zusammenzuhalten – sowie aufgrund des Versagens etablierter Ideologien, eine attraktive alternative Vision der sozialen und politischen Organisation anzubieten –, zur Ausbildung pluralistischer, toleranter Identitäten, die Vielfalt als Bereicherung feierten. Auf der organisatorischen Ebene spiegelte sich das in der Ausarbeitung eines partizipatorischen und deliberativen Entscheidungsfindungsmodells.[7] Doch blieb die Krise des Neoliberalismus für die zeitgenössische progressive Politik nicht ohne Folgen. Im Vergleich zur ersten Protestwelle gegen einen ungezügelten Neoliberalismus im Jahr 1999 und danach lassen sich nun Veränderungen der gesellschaftlichen Basis feststellen, ein deutlicherer Fokus auf im nationalen Kontext garantierte, traditionelle Rechte sowie die Betonung eines moralischen Schutzes vor dem unmoralischen Kapitalismus.

Die gelegentlich als »Prekariat« bezeichneten Demonstranten gegen die Sparpolitik gehörten unterschiedlichen Klassen und gesellschaftlichen Gruppen an, die sich als Verlierer der neoliberalen Politik wahrnahmen. Fest steht, dass prekäre Lebensumstände für viele Aktivisten der Bewegung, die mehrheitlich einer von einem hohen Anteil Arbeitsloser und Unterbeschäftigter charakterisierten Generation angehören, eine soziale und kulturelle Bedingung ihrer Engagements darstellten. An der Spitze des Arabischen Frühlings standen die marginalisiertesten jungen Leute, und in Südeuropa wurde die Mobilisierung von denen getragen, die am stärksten von der Finanzkrise betroffen sind (in Portugal bezeichnen sie sich nicht zufällig als Generation »ohne Zukunft«). Diese jungen Leute gehören nicht zu denjenigen, die man traditionell als »Verlierer« wahrnimmt. Vielmehr handelt es sich um die Gutausgebildeten und Mobilen, die einst als »Gewinner« der Globalisierung galten – von einer solchen Selbstwahrnehmung heute aber weit entfernt sind.

Die gutausgebildeten Jungen sind indes nicht die einzige gesellschaftliche Gruppe, die sich angesichts des neoliberalen Angriffs auf soziale Grundrechte auf der Verliererseite wiederfinden. Nehmen wir als Beispiel zwei Gruppen, die einst besonderen Schutz genossen: Rentner und Angestellte im öffentlichen Dienst. Deren Lebensbedingungen (einschließlich des Zugangs zu grundlegenden Gütern wie Gesundheitsfürsorge, Unterkunft und Bildung) sind vielfach zusehends unsicher geworden. Aber auch Industriearbeiter, deren kleine oder große Fabriken geschlossen wurden oder vor der Schließung standen, nahmen an dieser Protestwelle teil. Angesichts des hohen Anteils junger Leute und gutausgebildeter Bürger könnte man sagen, dass die Demonstrationen eine Art (auf den

Kopf gestellte) »Zweidrittelgesellschaft« der von der Sparpolitik am meisten Betroffenen auf den Straßen versammelten.[8]

Wenn der Neoliberalismus, wie maßgeblich Zygmunt
Bauman dargelegt hat,[9] eine flüchtige Moderne hervorbringt, die durch den Zwang zur Mobilität und die damit
verbundene Unsicherheit die traditionelle Basis einer
persönlichen, kollektiven und politischen Identität zerstört, dann werden Identifikationsprozesse entscheidend
von der sich verändernden Kultur des Neoliberalismus
geprägt und rücken erneut in den Mittelpunkt. Während
die Arbeiterbewegung eine eigene – von einer komplexen
Ideologie untermauerte – Identität entwickelte und die
Neuen Sozialen Bewegungen einen Fokus auf bestimmte
Fragen wie Frauen-, Minderheitenrechte oder Umweltschutz kultivierte, stellten die Identifikationsprozesse
der Antiausteritätsdemonstranten die Individualisierung
und ihren Exklusivitätsanspruch ebenso infrage wie die
Angst vor ihr und forderten stattdessen einen inklusiven
Bürgerbegriff. Die Aktivisten gegen die Sparpolitik definierten sich sehr breit – als Bürger, Menschen oder die
»99 Prozent« – und führten einen moralischen Diskurs,
der die Wiederherstellung sozialer Sicherungen verlang-
te, sich aber auch (voller Empörung) gegen die Ungerechtigkeit des Systems insgesamt wandte.

Zwar beschworen sie häufig die Nation als Basis einer
Solidaritätsgemeinschaft (etwa indem sie Nationalfahnen
schwenkten oder sich, wie *Podemos*, auf *la patria*, das Va-
terland, beriefen), entwickelten aber dennoch eine kosmopolitische Vision, die einen inklusiven Nationalismus
mit der Einsicht in die Notwendigkeit verband, für globale
Probleme globale Lösungen zu finden. Als Kontrast zur

Progressive und regressive Politik im späten Neoliberalismus 65

empfundenen Amoralität des Neoliberalismus und seiner ideologischen Propagierung der Kommodifizierung der Daseinsvorsorge entstand eine starke Tendenz, Ereignisse und Entwicklungen als moralische Themen darzustellen. Die zynische neoliberale Sichtweise, wonach der Einzelne für sein Überleben selbst verantwortlich sei, sowie die Proklamierung egoistischer Motive als etwas Positives wurde im Namen vormals existierender Rechte stigmatisiert und mit Forderungen gekoppelt, diesen Rechten wieder Geltung zu verschaffen. Der als ungerecht und ineffizient empfundenen neoliberalen Politik wurde der Ruf nach Solidarität und nach der Rückkehr zum Prinzip der Allmende gegenübergestellt.

Da mit der Wirtschaftskrise auch eine politische Legitimitätskrise einherging, fühlten sich immer mehr gesellschaftliche Gruppen von Institutionen, die zunehmend als von Großkonzernen gesteuert wahrgenommen wurden, nicht mehr repräsentiert. Die Kritik an der Verschränkung wirtschaftlicher und politischer Macht wurde lauter.[10] Heute wird die Macht großer Konzerne und (niemandem Rechenschaft schuldiger) internationaler Organisationen von den Demonstranten ebenso heftig kritisiert wie der gleichzeitige Souveränitätsverlust nationaler Regierungen. Außerdem machen sie ihre jeweiligen Regierungen und die politische Klasse insgesamt dafür verantwortlich, dass die Demokratie aus ihrer Sicht gekapert wurde. Anstatt allerdings eine demokratiefeindliche Haltung zu entwickeln, fordern sie eine Bürgerdemokratie und eine generelle Rückkehr zu Gemeingütern und deren staatlicher Verwaltung. Im Gegensatz zum Global Justice Movement, das sich als Bündnis von Minderheiten auf der Suche nach Rückhalt in der breiten Bevölkerung darstellte,[11] haben die Antiausteritätsbewegungen eine umfassende Definition ihrer kollektiven Identität konstruiert, der zufolge sie die große Mehrheit der Bürger repräsentieren.

Die während der Proteste gegen die Sparpolitik erhobenen Forderungen richteten sich vor allem gegen die Einschränkung von Rechten, die in den sechziger und siebziger Jahren in den Demokratien der »Ersten Welt«, aber auch in der »Zweiten Welt« und in den Entwicklungsländern der »Dritten Welt« entwickelt wurden.[12] Die Antiausteritätsproteste von 2011-2014 drängten zwar auf die Verteidigung nationalstaatlicher Souveränität gegen die Entrechtung der Bürger durch (den Wählern nicht verantwortliche) globale Eliten, doch sie verteidigten politische und soziale Rechte stets als *Menschenrechte*. Das Anprangern der Korruptheit des obersten Einen Prozents (und, parallel dazu, die Gegenwehr der 99 Prozent) wurde als Kampf gegen die Konzentration wirtschaftlicher und politischer Macht in den Händen einer kleinen Oligarchie dargestellt. Insofern, als sie nach der Wiederherstellung verlorener Rechte riefen und vehement die Korruptheit der Demokratie anprangerten, waren die Proteste gegen die Sparpolitik rückwärtsgewandt. Indem sie die Sorge um soziale Rechte mit der Hoffnung auf kulturelle Inklusivität verbanden, richteten sie den Blick jedoch zugleich nach vorne.

Angesichts des verschwindend geringen Vertrauens, das die bestehenden repräsentativen Organisationen genießen, haben diese Bewegungen nicht nur Forderungen an den Staat erhoben, sondern auch mit alternativen Modellen der partizipatorischen und deliberativen Demokratie experimentiert. In Spanien entwickelten sich die

Progressive und regressive Politik im späten Neoliberalismus 67

acampadas, die von den Demonstranten auf der Puerta del Sol in Madrid errichteten Zeltlager, zu Experimentierstuben für neue Formen von Demokratie. Hinterfragt wurde dabei jedoch nicht die Demokratie an sich, sondern ihr Verfall. So stand auf dem Plakat eines *indignados*: »Lo llaman democracia y no lo es« (»Sie nennen es Demokratie, aber es ist keine«). Indem sie, wie 2011 in Spanien, *echte* Demokratie einforderten (»¡Democracia real ya!«), setzten sich die Aktivisten für eine andere – deliberative und partizipatorische – Vision der Demokratie ein und entwickelten dabei ganz eigene Organisationsformen. Je heftiger der Neoliberalismus die korporatistischen Akteure attackierte, die die Sozialpakte des fordistischen Kapitalismus vorangetrieben hatten – zuvorderst die Gewerkschaften, aber auch viele andere zivilgesellschaftliche Organisationen, die einst integraler Bestandteil der sozialen Sicherungssyteme waren –, desto attraktiver erschien den neuen Bewegungen die Idee einer direkten, unmittelbar von den Bürgern getragenen Demokratie.

Diese progressive Seite sozialer Bewegungen mag weniger sichtbar sein, aber sie erfreut sich bester Gesundheit. Vor allem in Südeuropa haben diese Proteste eine Politisierung breiter Gesellschaftsschichten sowie einen tiefgreifenden Wandel der Parteisysteme bewirkt, mit der Folge, dass diese Bewegungen nunmehr in den jeweiligen Parlamenten vertreten (von Podemos in Spanien über den Bloco de Esquerda in Portugal bis zum MoVimento 5 Stelle in Italien) oder sogar an der Regierung beteiligt sind (wie Syriza in Griechenland).[13] Selbst in Großbritannien und den USA, jenen beiden Ländern, welche die reaktionäre populistische Wende am deutlichsten zu spüren bekommen haben, sind die Occupy-Proteste an der Parteipolitik nicht spurlos vorübergegangen: Jeremy Corbyn wurde zum Vorsitzenden der Labour Party gewählt, und Bernie Sanders konnte in den Vorwahlen der Demokraten beeindruckende Erfolge verzeichnen.

Und doch stehen diese progressiven linksgerichteten Bewegungen in der öffentlichen Debatte derzeit im Schatten des Erfolgs rechtsgerichteter Parteien.

Regressive Bewegungen?

Der Eindruck, wir erlebten eine große Regression, beruht auf Ereignissen, die im britischen Brexit und im Sieg Donald Trumps bei den Präsidentschaftswahlen gipfelten. Verstärkt wird er durch die Entwicklung in Frankreich, wo der Front National auf eine lange Geschichte zurückblicken kann, sowie durch den rasanten Aufstieg der Alternative für Deutschland (AfD) und ähnlicher Parteien in Österreich, Skandinavien, Polen und Ungarn. Parallel dazu gibt es rechtsgerichtete soziale Bewegungen jenseits der Parteipolitik, die sich um Bewegungsorganisationen wie die Tea Party in den USA, Pegida in Deutschland, die English Defence League im Vereinigten Königreich, den Bloc identitaire in Frankreich oder CasaPound in Italien formieren. Noch verfügen wir über zu wenig empirische Daten, auf deren Basis sich diese regressive Wende umfassend analysieren ließe, aber wir können immerhin anfangen, einige relevante Fragen zu formulieren. Dabei gilt es zuallererst, die gesellschaftliche Basis der Unzufriedenheit mit dem Neoliberalismus zu analysie-

Progressive und regressive Politik im späten Neoliberalismus 69

ren, von der die Transformation der politischen Rechten getragen wurde. Sozial- und Politikwissenschaftler sprechen von einer neuen Kluft (*cleavage*), die sich als Folge der Globalisierung aufgetan habe. Diese Kluft trennt die Gewinner (die über die Option verfügen auszusteigen) von den Verlierern (denen eine solche Option verwehrt ist):

> Zu den wahrscheinlichen Globalisierungsgewinnern gehören Unternehmer und Fachkräfte in Industriezweigen, die im internationalen Wettbewerb stehen, sowie kosmopolitisch orientierte Bürger. Zu den Globalisierungsverlierern gehören demgegenüber Unternehmer und Fachkräfte in traditionell geschützten Branchen, alle nicht spezialisierten Angestellten sowie Bürger, die sich stark mit ihrer Nationalgemeinschaft identifizieren.[14]

Erste Daten zum Brexit und zu den US-Wahlen deuten allerdings darauf hin, dass Fabrikarbeiter und vom Abstieg bedrohte Angehörige der Mittelschicht nicht die einzigen (ja, nicht einmal die wichtigsten) Unterstützer der »Leave«-Kampagne und Donald Trumps waren. Vielmehr hatten diese auch bei den Reichen und Gutausgebildeten starke Bastionen. Geld spielte bei diesen Siegen der Rechten eine entscheidende Rolle: Die Tea Party und später Trump wurden von Großkonzernen und finanziell gut ausgestatteten Think Tanks unterstützt. Zur Mobilisierung der traditionell konservativen Basis der Republikanischen Partei floss viel Geld in Medienkampagnen, die simple, häufig offensichtlich auf Unwahrheiten basierende Botschaften verbreiteten, Ängste aufgriffen und die Entrüstung der Öffentlichkeit auf allerhand Sündenböcke lenkten. Das ist natürlich nur ein, aber ein wichtiger Teil der Geschichte, den wir nicht vergessen sollten. Wie schon in der Vergangenheit erklärten sich die regressiven Gegenbewegungen dezidiert mit den 99 Prozent solidarisch und genossen doch zugleich (wie die zunächst so positiven Reaktionen der Börsen auf den Wahlsieg Trumps unmissverständlich zeigten) die Unterstützung des mächtigen Einen Prozents.

Die zweite Frage betrifft die Formen, die diese Unzufriedenheit seitens der Rechten annimmt. Alles deutet darauf hin, dass sie sich signifikant von jenen unterscheiden, die wir bei der Linken beobachten können – nicht nur im Hinblick auf den soziopolitischen Gehalt der Forderungen, sondern auch bezüglich der Organisationsmodelle. Die Forschung zum rechtsgerichteten Populismus hat schon lange eine kulturelle Demarkationslinie zwischen der politischen Linken und der Rechten herausgearbeitet: Auf der einen Seite dominiert Weltoffenheit, auf der anderen Fremdenfeindlichkeit.[15] Dies gilt heute umso mehr. Hinzu kommt, dass die Politik der Rechten von einer spezifischen Organisationsform geprägt ist, die statt Bürgerbeteiligung auf starke, personalisierte Führung setzt. Darin unterscheidet sie sich deutlich von progressiven Bewegungen.

Da sie den Willen des Volkes aufgreifen, anstatt den korrupten Eliten nach dem Mund zu reden, sind auch neuere progressive Bewegungen als populistisch definiert worden. Doch ein solches Verständnis von Populismus erscheint mir zu »dünn« – schließlich zielt jede politische Partei oder Bewegung darauf ab, das Volk anzusprechen. Wir sollten uns daher für einen anderen Populismusbegriff entscheiden, einen, der Populismus als eine Form der »Subjektivität der einfachen Leute« definiert. Während soziale Bewegungen, wie der Politikwissenschaftler Kenneth Roberts ausführt,

aus autonomen Formen kollektiven Handelns sich selbst konstituieren-
der Bürgergruppen oder -netzwerke entstehen, geht Populismus in der
Regel damit einher, dass dominierende Persönlichkeiten, die die Kanäle, Rhythmen und Organisationsformen der sozialen Mobilisierung
kontrollieren, sich die populäre Subjektivität zu eigen machen.

Zugleich erlaubt Roberts' Definition von Populismus
eine sehr treffende Analyse von Phänomenen wie dem
Wahlkampf Donald Trumps:

> Populismus setzt keinerlei kollektives Handeln einer großen Zahl von
> Anhängern voraus, das über die individuelle Stimmabgabe in nationa-
> len Wahlen oder Volksabstimmungen hinausginge. Zwar greifen beide
> Formen der populären Subjektivität etablierte Eliten an, doch in sozia-
> len Bewegungen funktioniert die Mobilisierung von unten nach oben,
> wohingegen der Populismus eine Massenanhängerschaft typischerwei-
> se von oben nach unten mobilisiert und um eine Gegenelite schart.[16]

Besonders deutlich zeigt sich der Kontrast zwischen sozialen Bewegungen auf der einen und Populismus auf
der anderen Seite an der plebiszitären beziehungsweise
partizipatorischen Beziehung zwischen den Menschen
und ihren Anführern:

> Diese Beziehungen verkörpern letztlich grundverschiedene Formen
> der populären Subjektivität und des kollektiven Handelns. Partizipa-
> torische Beziehungen oder Subjektivitätsmuster weisen Bürgern im
> Kampf gegen etablierte Eliten oder in deliberativen und politischen
> Gestaltungsprozessen eine unmittelbare Rolle zu. Als solche beruhen
> sie auf autonomen, selbstkonstituierten Formen des kollektiven Han-
> delns, innerhalb oder außerhalb (und manchmal entgegen) offizieller
> institutioneller Kanäle. Im Fall von plebiszitären Beziehungen oder
> Subjektivitätsmustern hingegen wird eine (häufig unorganisierte) Mas-
> senanhängerschaft von oben mobilisiert, um einer Autoritätsfigur zu
> applaudieren oder die politischen Initiativen ihres Anführers gutzuhei-
> ßen. Diese plebiszitäre Zustimmung erfolgt oftmals in der Wahlkabine
> oder im Rahmen von Referenden und bedarf keinerlei autonomer For-
> men des kollektiven Handelns »von unten«. Ja, solche Plebiszite beru-
> hen häufig auf einer direkten, unmittelbaren Beziehung zwischen einer
> populistischen Persönlichkeit und einer zutiefst fragmentierten Mas-
> senanhängerschaft.[17]

Zwar beschwören beide Formen der Subjektivität »das Volk«, und beide stigmatisieren Eliten, doch der Populismus beruht auf einer plebiszitären Beziehung, die nicht dem Volk insgesamt mehr Macht zuwachsen lässt, sondern einem einzelnen Anführer. Diese plebiszitäre Wende kann man in der regressiven Politik bestens beobachten: Die Führungspersönlichkeiten sprechen mit Anti-Establishment-Diskursen die breite Masse an und manipulieren »das Volk«, anstatt es zum Engagement anzuregen.

Drittens gilt es, sich mit der Frage auseinanderzusetzen, welche politischen Bedingungen einen Nährboden für regressive Gegenbewegungen bilden. Im Großen und Ganzen sind Forscher, die sich mit sozialen Bewegungen beschäftigen, zu dem Ergebnis gekommen, dass Ausmaß und Charakter der Proteste von den politischen Chancen und Gefahren beeinflusst werden, die in einer bestimmten historischen Konstellation gegeben sind. Die Erforschung progressiver Bewegungen hat deutlich gezeigt, dass die konkrete Ausprägung der Unzufriedenheit unter den Bedingungen des Neoliberalismus und seiner Krise von den politischen Antworten auf die Große Rezession abhängt, und zwar insbesondere von den Strategien der Mitte-links-Parteien. Vor allem die Forschung zu den Protesten gegen die Sparpolitik in Lateinamerika hat zutage gefördert, dass die destabilisierendsten Protestwellen dort auftraten, wo die Parteipolitik keine Kanäle für den Widerspruch gegen den Neoliberalismus zur Verfügung stellte, weil alle großen Parteien für eine neoliberale Politik standen.[18] Eine vergleichbare Situation scheint derzeit auch in Europa zu entstehen, wo die Folgen der Neupositionierung der Rechten im Hinblick auf (exklusive) Visionen der sozialen Sicherung umso dramatischer ausfallen, wenn die Linke als Befürworterin des Freihandels wahrgenommen wird, die keine echte Alternative zu bieten hat.[19]

Bewegungen und Gegenbewegungen:
Einige Schlussfolgerungen

Der Unmut über den Neoliberalismus und seine Krise kann unterschiedliche politische Formen annehmen. Manifestierte sich der Protest aufseiten der Linken oftmals in Form von gut vernetzten sozialen Bewegungen, so entstanden aufseiten der Rechten (durch die Ausbildung einer plebiszitären Beziehung zwischen Anführern und Anhängern) neue Parteien, andere wurden von Grund auf umgestaltet. Seitens der Linken fand der Unmut, wie historisch so häufig, seinen Ausdruck in Diskursen, die um Fragen der Weltoffenheit und der Klassenzugehörigkeit kreisten. Seitens der Rechten dagegen äußerte sich derselbe Unmut hauptsächlich in exklusiven und fremdenfeindlichen Diskursen. Das bedeutet nicht, dass regressive Bewegungen automatisch erfolgreicher wären, sondern dass sich dem Vormarsch der Linken – wie so oft in der Vergangenheit, vor allem in wirtschaftlichen Krisenzeiten – mächtige Akteure entgegenstellen (etwa wenn auf Siege der Arbeiterbewegung ein reaktionärer Gegenangriff folgt).

Obgleich die progressive Politik in einigen Ländern sehr wohl lebendig ist und floriert, zeigen die jüngsten, unübersehbaren Erfolge der Rechten Herausforderungen auf, vor denen die Linke in der aktuellen Situation steht.

Erstens stellt die Fragmentierung der gesellschaftlichen Bezugsbasis für eine progressive Politik fraglos ein Problem dar, da sie sich darauf einstellen muss, dass Unmutsäußerungen gleichzeitig unterschiedlichen Logiken folgen – sie wenden sich nicht nur gegen Kommodifizierung (wie in ganz traditionellen Arbeitskämpfen), sondern auch gegen Re-Kommodifizierung (in Form der Privatisierung von Gütern und Dienstleistungen) und Ex-Kommodifizierung (die Tatsache, dass Akteure durch Massenarbeitslosigkeit und die Prekarisierung der Arbeit vom Markt ausgeschlossen werden).[20]

Gleichzeitig, und sogar noch stärker als während der letzten Welle der progressiven Politik auf dem Höhepunkt des Global Justice Movements, lässt sich aufseiten der Linken die dringende Notwendigkeit grenzübergreifender Koordination konstatieren, was mit der Schwächung bislang kultivierter Mobilisierungsstrukturen einhergehen könnte. Der lokale Widerstand gegen die Abschaffung bestehender Rechte könnte im Konflikt zu der Notwendigkeit stehen, dem globalisierten Finanzkapitalismus durch globale Anstrengungen Zügel anzulegen.

Und schließlich ist es nicht so leicht, progressive Aktivisten und Wähler – die in der Regel über feste normative Überzeugungen verfügen und an ein hohes Diskursniveau gewöhnt sind – mit allgemeinen Aufrufen oder glatten Lügen zu überzeugen. Daher lassen sie sich mit den neoliberalen Appellen des Mitte-links-Lagers immer schwieriger mobilisieren – und tatsächlich war dieses politisch ja der große Verlierer der jüngsten Entwicklungen. Und während die radikale Linke immer stärker geworden ist, nicht zuletzt dort, wo progressive soziale Bewegungen über eine breite Basis verfügten, haben es mit diesen Bewegungen assoziierte Parteien nur in Ausnahmefällen geschafft, auf nationaler Ebene in politische Entscheidungspositionen vorzustoßen. Dort, wo es ihnen gelungen ist (wie in Bolivien oder Griechenland), sind sie von innerhalb und außerhalb des jeweiligen Landes mit enormem Widerstand konfrontiert.

Zur Bewältigung dieser Herausforderungen bedarf es zweifellos einiger Geduld, aber auch der Schaffung eines Raums für Begegnungen und für Learning by Doing. Schließlich haben progressive Begegnungen auch in der Vergangenheit hauptsächlich aus Erfahrungen in der Praxis gelernt.

Aus dem Englischen von Richard Barth

Anmerkungen

1 Donatella della Porta, *Social Movements in Times of Austerity*, Cambridge: Polity 2015.

2 Hanspeter Kriesi et al., *West European Politics in the Age of Globalization*, Cambridge: Cambridge University Press 2008.

3 Manuela Caiani, Donatella della Porta und Claudius Wagemann, *Mobilizing on the Extreme Right. Germany, Italy, and the United States*, Oxford: Oxford University Press 2012.

4 Karl Polanyi, *The Great Transformation. Politische und ökonomische Ursprünge von Gesellschaften und Wirtschaftssystemen*, Frankfurt am Main: Suhrkamp 1978 [1944].

5 Della Porta, *Social Movements in Times of Austerity*, a. a. O., S. 19.

6 Vgl. dazu u. a. David Harvey, *Kleine Geschichte des Neoliberalismus*, Zürich: Rotpunktverlag 2007.

7 Donatella della Porta, *Can Democracy be Saved?*, Cambridge: Polity 2013; dies., *Social Movements in Times of Austerity*, a. a. O.

8 Della Porta, *Social Movements in Times of Austerity*, a. a. O.

9 Zygmunt Bauman, *Flüchtige Moderne*, Frankfurt am Main: Suhrkamp 2003.

10 Colin Crouch, *Über das befremdliche Überleben des Neoliberalismus*, Berlin: Suhrkamp 2011.

11 Donatella della Porta, *Democracy in Social Movements*, London: Palgrave 2009; dies. (Hg.), *Another Europe. Conceptions and Practices of Democracy in the European Social Forums*, London: Routledge 2009.

12 Donatella della Porta et al., *Late Neoliberalism and its Discontents in the Economic Crisis*, London: Palgrave 2016.

13 Donatella della Porta, *The Global Spreading of Protest*, Amsterdam (im Druck); dies., Joseba Fernández, Hara Kouki und Lorenzo Mosca, *Movement Parties Against Austerity*, Cambridge: Polity 2017.

14 Kriesi et al., *West European Politics in the Age of Globalization*, a. a. O., S. 8.

15 Ebd.

16 Kenneth Roberts, »Populism, social movements, and popular subjectivity«, in: *Oxford Handbook on Social Movements*, herausgegeben von Donatella della Porta und Mario Diani, Oxford 2015, S. 681-695.

17 Ebd., S. 685.

18 Kenneth Roberts, *Changing Course in Latin America. Party Systems in the Neoliberal Era*, Cambridge: Cambridge University Press 2015.

19 Della Porta, *The Global Spreading of Protest*, a. a. O.

20 Michael Burawoy, »Facing an unequal world«, in: *Current Sociology* 63/1 (2015), S. 5-34.

Vom Regen des progressiven Neoliberalismus in die Traufe des reaktionären Populismus
Nancy Fraser

Die Wahl Donald Trumps zum US-Präsidenten fügt sich nahtlos in eine Folge politischer Erdbeben, die das Ende der Hegemonie des Neoliberalismus ankündigt. Zu ihr gehören unter anderem der Brexit, die Kampagne des Demokraten Bernie Sanders um die Präsidentschaftskandidatur seiner Partei, die Ablehnung der Renzi-Reformen in Italien sowie die wachsende Zustimmung zum Front National in Frankreich. Auch wenn die zugrunde liegenden Ideologien und Ziele jeweils andere sind, signalisieren all diese Aufstände der Wähler dasselbe: die Ablehnung der konzerngetriebenen Globalisierung und des Neoliberalismus sowie der politischen Eliten, die sie betreiben. In allen genannten Fällen haben die Wähler vernehmlich »Nein!« gesagt zum Giftcocktail aus Sparpolitik, Freihandel, Schuldknechtschaft und schlecht bezahlten prekarisierten Arbeitsplätzen, den der herrschende finanzmarktgetriebene Kapitalismus vor allem anderen serviert. Ihr Wahlverhalten ist subjektive politische Gegenwehr gegen die objektive Strukturkrise desselben, die sich bereits in der »allmählichen Gewalt«[1] des Klimawandels und dem weltweiten Abbau sozialer Netze manifestierte und mit der Beinahe-Kernschmelze der globalen Finanzmärkte 2007/2008 vollends zum Ausbruch gekommen ist.

Bis vor kurzer Zeit löste diese Krise vor allem *soziale* Proteste aus – ebenso heftige wie vitale, aber zumeist kurzlebige Proteste. Die *politischen* Systeme dagegen erschienen relativ immun und lagen, zumindest in den Kernstaaten des Kapitalismus – den USA, Großbritannien und Deutschland – nach wie vor fest in der Hand von Parteifunktionären und etablierten Eliten. Inzwischen jedoch breiten sich die elektoralen Schockwellen über die ganze Welt aus und schlagen sogar bis an die Zitadellen der Finanzwelt. Jene Wähler, die für den Brexit, für Trump oder gegen Renzis Reformen stimmten, lehnten sich gegen ihre politischen Herren auf. Sie stießen die etablierten Parteien vor den Kopf und wiesen damit die Absprachen zurück, die ihre Lebensverhältnisse in den vergangenen dreißig Jahren ausgehöhlt haben. Überraschend ist daher weniger, dass sie sich auflehnten, sondern dass sie so lange damit gewartet haben.

Dennoch steht Trumps Sieg nicht nur für einen Aufstand gegen den globalen Finanzkapitalismus. Seine Wähler wandten sich nicht gegen den Neoliberalismus im Allgemeinen, sondern gegen den *progressiven* Neoliberalismus. Der Ausdruck mag in manchen Ohren wie ein Oxymoron klingen, doch steht er für eine zwar perverse, aber durchaus reale politische Richtung, die den Schlüssel zum Verständnis des Wahlergebnisses in den USA sowie einiger Entwicklungen anderswo liefert. Die US-amerikanische Form des progressiven Neoliberalismus beruht auf dem Bündnis »neuer sozialer Bewegungen« (Feminismus, Antirassismus, Multikulturalismus und LGBTQ) mit Vertretern hoch technisierter, »symbolischer« und dienstleistungsbasierter Wirtschaftssektoren (Wall Street, Silicon Valley, Medien- und Kulturindustrie etc.). In dieser Allianz verbinden sich echte progressive Kräfte mit einer »wissensbasierten Wirtschaft« und insbesondere dem Finanzwesen. Wenn auch unbeabsichtigt leihen sie Letzteren dabei ihren Charme und ihr Charisma. Seither bemänteln – prinzipiell für sehr unterschiedliche Ziele einsetzbare – Ideale wie Diversität und Empowerment neoliberale Politiken, die zu einer Verheerung der alten Industrien mitsamt den Mittelklasse-Lebenswelten der in ihnen Beschäftigten geführt haben.

Nachdem sich dieser progressive Neoliberalismus vor etwa dreißig Jahren in den USA zu entwickeln begonnen hatte, wurde er mit der Wahl Bill Clintons 1992 gleichsam ratifiziert. Clinton war Chefideologe und Galionsfigur der »New Democrats«, des US-Vorläufers von Tony Blairs »New Labour«. An die Stelle der »New Deal«-Koalition aus gewerkschaftlich organisierten Arbeitern, Afroamerikanern und Angehörigen der urbanen Mittelklassen ließ er eine neue Allianz aus Unternehmern, Bewohnern der Vorstädte, Angehörigen der Neuen Sozialen Bewegungen sowie Studenten treten, deren Progressivität durch ihr Eintreten für Diversität, Multikulturalismus und Frauenrechte beglaubigt wurde. Doch selbst als bekennender Unterstützer solch progressiver Ideale warb Bill Clinton um die Wall Street. Seine Administration lieferte die amerikanische Wirtschaft an Goldman Sachs aus, deregulierte das Finanzwesen und schloss Freihandelsabkommen ab, die den Niedergang der alten Industrien beschleunigten. Unter die Räder kamen dabei unter anderem die Regionen des »Rust Belt« – einst Hochburgen der New-Deal-Sozialdemokratie, heute die Bundesstaaten, die ihre Wahlmänner für Donald Trump stimmen ließen. Abgesehen von den neuen Industriezentren im Süden hatte der »Rust Belt« am meisten unter der Entfesselung der Finanzmärkte in den beiden vergangenen Jahrzehnten zu leiden. Die Politik Clintons, von seinen Nachfolgern einschließlich Barack Obamas fortgeführt, bewirkte eine Verschlechterung der Lebensverhältnisse *aller* Arbeitnehmer, besonders aber der Beschäftigten in der industriellen Produktion. Kurz: Der Clintonismus ist in hohem Maße mitverantwortlich für die Schwächung der Gewerkschaften, den Niedergang der Reallöhne, die Prekarisierung von Arbeit und den Rückgang ausreichender Alleinverdiener-Einkommen (*family wages*) zugunsten der »Zwei-Verdiener-Familie«.

Wie sich gerade an deren Beispiel zeigt, wurde der Angriff auf die sozialen Sicherungssysteme mit einer von den sozialen Bewegungen geborgten emanzipatorischen Fassade verbrämt. Die heutige Realität des als Meilenstein des Feminismus präsentierten Ideals der Zwei-Verdiener-Familie besteht aus schrumpfenden Löhnen, hoher Arbeitsplatzunsicherheit, sinkenden Lebensstandards, dem steilen Anstieg der für den Lebensunterhalt nötigen Arbeitszeit pro Haushalt, dem Umsichgreifen von Doppelschichten (oder Drei- und Vierfachschichten), einer Zunahme der Zahl der von Frauen geführten Haushalte und der Bestrebungen, die Erziehungs- und Familienarbeit auf andere abzuwälzen – insbesondere auf arme, farbige Migrantinnen. In den Jahren, in denen die alte Industrie auf den Hund kam, debattierte man in der Öffentlichkeit der USA vor allem über »Diversität«, »Gleichberechtigung« und den »Kampf gegen Diskriminierungen«. Diese Schlagworte verstehen unter »Fortschritt« nicht mehr die Zunahme von Gleichheit, sondern den Aufbau einer meritokratischen Leistungsgesellschaft. Sie setzen Emanzipation mit dem gesellschaftlichen Aufstieg der »Begabten« unter den Frauen, Minderheiten und Homosexuellen gleich und wollen die *The-winner-takes-all*-Hierarchie nicht mehr abschaffen, sondern fördern. Dieses liberal-individualistische Fortschrittsverständnis ersetzte nach und nach den weiter gefassten, antihierarchisch-egalitären, klassenbewussten, antikapitalistischen Emanzipationsbegriff der sechziger und siebziger Jahre. Mit der »Neuen Linken« jener Epoche verblasste auch deren strukturelle Kapitalismuskritik; das überkommene landestypische liberal-individualistische Denken kam wieder zu sich und trug die Hoffnungen der »Progressiven« und Linken allmählich ab. Endgültig besiegelt wurde der Deal durch den Aufstieg des Neoliberalismus. Die Interessengruppen, die die Entfesselung der kapitalistischen Wirtschaft betrieben, fanden ihren Wunschpartner in einem meritokratischen Aufsteigerinnen-Feminismus, der den weiblichen »Willen zum Erfolg« und den »Sturm auf die Führungsetagen« propagierte.

Voraussetzung für all das war eine epochale Transformation des Kapitalismus, die in den siebziger Jahren begann und ihn heute aus allen Fugen treten lässt. Die strukturellen Aspekte dieser Transformation sind gut erklärt: Während der vom Staat eingeschränkte Kapitalismus den Regierungen zuvor erlaubt hatte, die kurzfristigen Profitinteressen der Privatwirtschaft langfristigen Zielen nachhaltigen Wachstums unterzuordnen, versetzt der entfesselte Kapitalismus das globale Finanzwesen nunmehr in die Lage, Regierungen und Völker beliebig an die Kette privater Investoreninteressen zu legen. Der politische Aspekt jedoch wird zumeist weniger klar gesehen. Er lässt sich unter Verweis auf Karl Polanyi so beschreiben: Der staatlich gezügelte Kapitalismus verband Massenproduktion und Massenkonsum mit sozialstaatlicher Fürsorge und verknüpfte damit zwei Projekte, die für Polanyi noch Gegensätze waren: Kommerzialisierung und soziale Sicherung. Dies geschah allerdings zulasten eines dritten, von Polanyi außer Acht gelassenen Projekts: der Emanzipation – denn das gesamte Denkgebäude setzte die Fortführung der (neo)imperialen Ausbeutung des Globalen Südens, die Institutionalisierung weiblicher Abhängigkeit via »Familieneinkommen« und die rassistisch motivierte Exklusion der Beschäftigten in Landwirtschaft und Haushalt aus den sozialen Sicherungssystemen notwendig voraus. Die ausgeschlossenen Bevölkerungsgruppen begannen in den sechziger Jahren, gegen diesen Deal mobilzumachen, weil sie begriffen, dass sie den Preis für relative Sicherheit und Wohlstand anderer zahlten. Unglücklicherweise gerieten ihre Proteste im Lauf der folgenden Dekaden in eine andere, sich parallel entfaltende Front. Hier kämpften die aufstrebenden Befürworter der Deregulierung und der Globalisierung einer marktradikalen Ökonomie gegen die ermattenden Arbeiterbewegungen der kapitalistischen Kernländer, die einst die Grundlage der Sozialdemokratie gebildet hatten, nun aber auf dem absteigenden Ast, wenn nicht bereits am Boden waren. In diesem Kontext entstand eine Gegnerschaft zwischen den Neuen Sozialen Bewegungen, die auf den Umsturz der alten Hierarchien in den Bereichen Gender, »Rasse«/Ethnie und Geschlecht abzielten, und jenen Bevölkerungsgruppen, die ihre vom Kosmopolitismus der neuen Finanzmarktökonomie bedrohten überkommenen Lebensverhältnisse und Vorrechte verteidigen wollten. Der Zusammenprall beider Fronten brachte eine neue Konstellation hervor: *Die Vertreter der Emanzipationsbewegungen verbündeten sich mit den Partisanen des Finanz-*

kapitalismus zum Angriff auf die sozialen Sicherungssysteme. Das Ergebnis ihres Team-ups war: der progressive Neoliberalismus.

In ihm vereinen sich eingeschränkte Emanzipationsideale und menschenfressender Finanzkapitalismus – genau diese Kombination ist es, die Trumps Wähler *in toto* zurückgewiesen haben. Zu ihnen, den Verlierern der schönen neuen kosmopolitischen Welt, gehören neben Industriearbeitern auch Angestellte, kleine Selbstständige sowie alle, die von der alten Industrie im »Rust Belt« und im Süden abhängig waren, und die von Arbeitslosigkeit und Drogenmissbrauch geplagte Landbevölkerung. Aus Sicht dieser Bevölkerungsgruppen tritt neben die Katastrophe der Deindustrialisierung nun noch die Zumutung eines progressiven Moralismus, der sie pauschal als kulturell zurückgeblieben abtut. Indem sie die Globalisierung ablehnten, wiesen Trumps Wähler also zugleich den mit ihr assoziierten liberalen Kosmopolitanismus zurück. Für einige seiner Wähler (aber nicht alle) war freilich kein großes Umdenken nötig, um die Schuld an der Verschlechterung ihrer Lebensumstände bei den Verfechtern der Political Correctness, bei Farbigen, Immigranten und Muslimen zu suchen. Aus ihrer Sicht sind Feminismus und Wall Street zwei Seiten derselben Medaille – perfekt vereint in Hillary Clinton.

Dass diese beiden Parteien überhaupt zusammenfanden, war nur durch die Abwesenheit einer echten Linken möglich. Zwar hat es immer wieder Proteste gegeben, die sich jedoch wie Occupy Wall Street als kurzlebig erwiesen – eine nachhaltige linke Präsenz fehlt in den USA seit Jahrzehnten. Und damit eben auch ein umfassendes linkes Narrativ, das die *legitimen* Klagen der Trump-

Wähler mit einer Fundamentalkritik der finanzmarktgetriebenen Wirtschaft einerseits und einem antirassistischen, antisexistischen und antihierarchischen Emanzipationsverständnis andererseits hätte verschmelzen können. Ebenso verheerend war, dass man mögliche Anknüpfungspunkte zwischen Arbeiter- und Neuen Sozialen Bewegungen unbeachtet ließ. So blieben die beiden unverzichtbaren Pole einer lebensfähigen Linken meilenweit voneinander entfernt und warteten nur darauf, einander als Antithesen gegenübergestellt zu werden.

Zumindest bis zu Bernie Sanders' bemerkenswerter Vorwahlkampagne, in der er sich nicht zuletzt auf Drängen von Black Lives Matter um eine Vereinigung der beiden Pole bemühte. Sanders kündigte die herrschende neoliberale Übereinkunft auf und prangerte die »rigged economy« an, die manipulierte Wirtschaft, die Wohlstand und Einkommen in den vergangenen dreißig Jahren im großen Maßstab von unten nach oben umverteilt hat. Auch gegen das »manipulierte politische System« wandte er sich, das die Privatwirtschaft dabei unterstützte und schützte. Demokraten wie Republikaner hatten jeden ernsthaften Vorschlag struktureller Reformen erstickt und die Öffentlichkeit über Jahrzehnte mit anderen Debatten beschäftigt, die jeden Sauerstoff aufsogen. Indem er das Banner des »demokratischen Sozialismus« schwenkte, rief Sanders Regungen wach, die seit Occupy Wall Street geschlafen hatten, und schuf daraus eine kraftvolle politische Bewegung.

Er war für die Demokraten, was Trump für die Republikaner war. Als dieser das republikanische Establishment entthronte, war Bernie nur um Haaresbreite vom Sieg über Obamas designierte Nachfolgerin entfernt, de-

Vom Regen des progressiven Neoliberalismus in die Traufe des ... 85

ren Apparatschiks sämtliche Machthebel innerhalb der Demokratischen Partei kontrollierten. Zusammengenommen begeisterten Sanders und Trump eine gewaltige Mehrheit der amerikanischen Wähler. Durchgesetzt jedoch hat sich am Ende der Populismus Marke Trump. Während er seine republikanischen Rivalen – auch die vom großen Geld und den Parteibossen unterstützten – mit Leichtigkeit aus dem Feld schlug, wurde Sanders von einer wenig demokratischen Demokratischen Partei gestoppt. Zum Wahltermin war die linke Alternative vom Tisch.

Was übrig blieb, war die Wahl zwischen Pest und Cholera: progressivem Neoliberalismus und reaktionärem Populismus. Hillary Clinton verlegte sich auf kleinliches Moralisieren und baute ihren Wahlkampf allein auf der »Schlechtigkeit« Trumps auf. Natürlich war er eine dankbare Büchse der Pandora, die unerschöpflich Provokation um Provokation ausspie, eine giftiger als die vorige, und lieferte damit einen nicht abreißenden Strom von Ausreden dafür, die wahren, von Sanders benannten Probleme zu ignorieren. Clinton reagierte wie erwartet und schluckte den Köder. Sie stieg auf Trumps Verachtung für Muslime und seine Übergriffe gegen Frauen ein und glaubte, die Sanders-Wähler sicher in der Tasche zu haben – und ließ dabei die diesen wichtigen Themen fallen: die »manipulierte Wirtschaft«, die Notwendigkeit einer »politischen Revolution«, die sozialen Kosten neoliberaler »freier Märkte« und Finanzexzesse und die extreme Ungleichverteilung dieser Kosten. Auch maß sie Trumps abweichenden Ansichten zur Außenpolitik – seiner Ablehnung durch Geheimdienste beförderter Machtwechsel im Ausland (*regime changes*) und seinen Zweifeln an der

Zukunft der Nato und der Bedrohung durch Russland – keinerlei Bedeutung bei. Überzeugt, dass eine Kandidatin ihrer Qualifikation unmöglich gegen einen ebenso ungebärdigen wie schlecht vorbereiteten Donald Trump verlieren könne, glaubte Clinton, nicht mehr tun zu müssen, als die moralische Empörung am Kochen zu halten und den Wahltag abzuwarten. Ihre Adjutanten suchten derweil Sanders' Unterstützern mit der üblichen Panikmache einzuheizen: Um die »faschistische« Gefahr abzuwenden, müssten sie jede Kritik an der Kandidatin zurückstellen und sich pflichtschuldigst auf die Seite des kleineren Übels schlagen.

Diese Strategie hat sich als desaströs erwiesen – und nicht nur, weil Clinton die Wahl verlor. Indem sie es versäumte, die Verhältnisse zu thematisieren, denen Trump seine Zustimmung verdankt, schrieb sie dessen Unterstützer und ihre Sorgen schlichtweg ab. Infolgedessen verstärkte sich der Eindruck, die Progressiven seien Verbündete des globalen Finanzwesens – nicht zuletzt durch die Enthüllung ihrer hochbezahlten Reden vor Vertretern von Goldman Sachs. Statt eines von widerwilligen Unterstützern erhofften »Linksschwenks« arbeitete Clinton lediglich den Kontrast zwischen zwei gleichermaßen unwählbaren Alternativen heraus: dem progressivem Neoliberalismus und einem reaktionärem Populismus.

Die »Politik des kleineren Übels« ist alles andere als eine neue Erfindung. Die amerikanische Linke holt sie seit Jahrzehnten alle vier Jahre wieder aus der Mottenkiste: aus Angst vor einem Bush oder Trump leihe man liberalen Ansichten seine Zunge und decke den Mantel des Schweigens über die eigenen Ziele. Während sie uns angeblich vor »dem Schlimmsten bewahren« soll, macht diese Strategie in Wahrheit den Boden fruchtbar, aus dem immer neue und gefährlichere Schreckensgestalten sprießen, die dann neuerlich Panikmache rechtfertigen – und immer so weiter. Ein Teufelskreis. Hat irgendjemand ernsthaft geglaubt, dass man unter einer Präsidentschaft Clintons gegen die Wall Street und das Eine Prozent vorgegangen wäre? Dass sie den populistischen Aufruhr besänftigt – und nicht etwa erst recht angefacht hätte? Tatsächlich ist der Zorn, den viele Trump-Wähler empfinden, einigermaßen legitim, auch wenn er derzeit zu erheblichen Teilen auf Immigranten und andere Sündenböcke fehlgeleitet ist. Die richtige Reaktion bestünde nicht in moralischen Vorwürfen, sondern in einer politischen Prüfung ihrer Situation bei gleichzeitigem Umlenken ihres Zorns auf das systembedingte Raubrittertum des Finanzkapitals.

Das ist auch meine Antwort auf den in jüngster Zeit gemachten Vorschlag, wir sollten uns nunmehr, um dem Faschismus zu wehren, den Neoliberalen anschließen. Problematisch daran ist nicht nur, dass reaktionärer Populismus (noch) kein Faschismus ist. Sondern auch, dass Liberalismus und Faschismus analytisch gesehen keineswegs grundverschiedene Dinge sind, eines gut, das andere böse, sondern zwei Gesichter derselben Weltordnung. Wenn auch in normativer Hinsicht keineswegs äquivalent, sind sie doch beide Produkte eines unregulierten Kapitalismus, der allerorten Lebenswelten und -räume destabilisiert und sowohl individuelle Befreiung als auch entsetzliches Leid hinter sich her zieht. Der Liberalismus steht für die befreiende Seite dieses Prozesses und bemäntelt den mit den ökonomischen Verheerungen verbundenen Zorn und Schmerz. Lässt man diese Regungen aus Mangel an Alternativen vor sich hin schwären, werden sie zum Treibstoff für Autoritarismen jeglicher Art: solcher, die die Bezeichnung Faschismus noch nicht verdienen, und solcher, die das tatsächlich tun. Anders gesagt: In Abwesenheit einer echten Linken bringt der Mahlstrom kapitalistischer »Entwicklung« lediglich liberale Kräfte und autoritaristische Gegenkräfte hervor, die zu einer perversen Symbiose zusammenfließen. Und deshalb ist der (Neo-)Liberalismus unter keinen Umständen ein Gegengift gegen den Faschismus – sondern dessen Komplize. Der wahre Abwehrzauber gegen den – ganz gleich, ob Proto-, Quasi- oder echten – Faschismus ist ein linkes Projekt, das Schmerz und Zorn der Enteigneten auf eine tiefgreifende gesellschaftliche Umstrukturierung und eine demokratische »Revolution« der Politik lenkt. Bis vor kurzer Zeit erschien ein solches Projekt kaum vorstellbar, so erstickend war die Hegemonie des neoliberalen Konsenses. Doch dank Sanders, Corbyn, Syriza, Podemos und anderen hat sich – bei allen Fehlern, die sie gemacht haben mögen – die Palette unserer Möglichkeiten wieder erweitert.

Entsprechend gilt von nun an: *Die Linke muss sich der scheinbaren Alternative progressiver Neoliberalismus oder reaktionärer Populismus verweigern.* Anstatt die uns von den politischen Klassen vorgegebenen Bedingungen blind zu übernehmen, sollten wir sie neu zu definieren versuchen, indem wir auf das breite und wachsende Reservoir an sozialem Widerstand gegen die herrschende Ordnung zurückgreifen. Anstatt uns einer Seite anzuschließen, die den mit Emanzipationsaspekten aufgehübschten finanzmarktgetriebenen Kapitalismus gegen den sozialen Ausgleich stellt, sollten wir ein neues Bündnis der Emanzipationsbewegungen mit den Advokaten des sozialen Ausgleichs schmieden. In diesem auf Sanders' Kampagne aufbauenden Projekt bedeutete Emanzipation nicht mehr Aufweichung der Hierarchien in der Wirtschaft, sondern Abschaffung derselben. Und Erfolg hieße nicht mehr Steigerung der Unternehmensprofite bzw. Aktienkurse, sondern: Schaffung der materiellen Voraussetzungen hoher Lebensqualität für alle. Diese Kombination ist in der gegenwärtigen Situation die einzige prinzipielle und aussichtsreiche politische Alternative.

Ich zumindest weine dem progressiven Neoliberalismus keine Träne nach. Zweifellos steht von einer rassistischen, einwanderungsfeindlichen und antiökologischen Trump-Administration einiges zu befürchten. Dennoch sollten wir weder den Zusammenbruch der neoliberalen Hegemonie noch die Zerschmetterung von Clintons eisernem Zugriff auf die Demokratische Partei bedauern. Trumps Sieg markiert die Niederlage der unheiligen Allianz von Finanzkapitalismus und Emanzipation. Doch seine Präsidentschaft eröffnet keinerlei Lösungen für die gegenwärtige Krise, sie verspricht weder eine neue Ordnung noch eine verlässliche Hegemonie. Wir stehen vielmehr vor einem Interregnum, einer ebenso zukunftsoffenen wie instabilen Situation, in der die Herzen und Köpfe der meisten Amerikaner erobert werden können. Darin liegt nicht nur eine Gefahr, sondern eben auch eine Chance: die Chance, eine neue »Neue Linke« zu begründen.

Ob es tatsächlich dazu kommt, wird auch davon abhängen, ob sich jene Progressiven, die sich Clintons Kampagne angeschlossen haben, einer ernsthaften Gewissensüberprüfung unterziehen. Sie werden den bequemen, aber untauglichen Mythos fallenlassen müssen, dass diejenigen, gegen die sie die Wahl verloren haben, Menschen aus dem »basket of deplorables«, dem »Sammelbecken

der Erbärmlichen«, seien (Rassisten, Sexisten, Islamo-
phobe, Homophobe und so weiter), denen Wladimir Putin und das FBI zur Seite stünden.[2] Sie werden ihren Anteil an der Schuld daran akzeptieren müssen, dass die Sache
des sozialen Ausgleichs, des materiellen Wohlstands und
der Würde der Arbeiterklasse für ein falsches Emanzipationsverständnis unter den Vorzeichen der Leistung, der
Diversität und des Empowerment geopfert wurde. Sie
werden gründlich darüber nachdenken müssen, wie wir
die politische Ökonomie des Finanzkapitalismus transformieren, Sanders' Losung vom »demokratischen Sozialismus« wieder mit Leben und einem ins 21. Jahrhundert
passenden Sinn erfüllen können. Vor allem aber werden
sie jener Mehrheit der Trump-Wähler die Hand reichen
müssen, die weder Rassisten noch in der Wolle gefärbte
Rechte sind, sondern Opfer des »manipulierten Systems«,
die für das antineoliberale Projekt einer verjüngten Linken rekrutiert werden können und müssen.

Das heißt *nicht*, dass wir unsere Bedenken wegen ihres
Rassismus und Sexismus unterdrücken sollten. Es heißt
aber sehr wohl, dass wir aufzeigen müssen, wie genau diese überkommenen Spielarten der Unterdrückung im fi-
nanzmarktdominierten Kapitalismus der Gegenwart neue
Ausdrucksformen und Grundlagen finden. Um das falsche Nullsummen-Denken zu widerlegen, das im Wahlkampf dominierte, sollten wir die Nöte von Frauen und
Farbigen mit denen der Mehrzahl Trump-Wähler vereini-
gen. Auf diese Weise könnte eine revitalisierte Linke das
Fundament für eine machtvolle neue Koalition im Kampf
um Gerechtigkeit für alle bilden.

Aus dem Englischen von Frank Jakubzik

Anmerkungen

1 Anspielung auf Rob Nixon, *Slow Violence and the Environmentalism of the Poor*, Cambridge (Mass.): Harvard University Press 2013 (Anmerkung des Übersetzers).

2 Als solche klassifizierte Hillary Clinton die Anhänger Trumps in einer Wahlkampfrede; vgl. N. N., »Clinton geht Trump-Unterstützer hart an«, in: *Spiegel Online* (10. September 2016); online verfügbar unter: {http://www.spiegel.de/politik/ausland/usa-hillary-clinton-geht-unterstuetzer-von-donald-trump-hart-an-a-1111773.html} (Stand: Januar 2017) (Anm. des Übers.).

Vom Paradox
der Befreiung zum Niedergang
der liberalen Eliten
Eva Illouz

Fast über Nacht scheint die Welt aus den Fugen geraten zu sein. In liberal demokratischen Gesellschaften werden wir Zeugen einer Radikalisierung von Bevölkerungen, die sich seit dem Zweiten Weltkrieg überwiegend an die Regeln des liberalen Spiels gehalten hatten. Ob in den USA, in Frankreich, Großbritannien, Österreich, Deutschland, Ungarn oder Israel, ein erheblicher Teil der Menschen scheint heute entschlossen, Schlüsselaspekte des Liberalismus infrage zu stellen: religiösen und ethnischen Pluralismus, die Einbindung der Nation in die Weltordnung durch wirtschaftlichen Austausch und globale Institutionen, die Ausweitung von individuellen und Gruppenrechten, Toleranz gegenüber sexueller Vielfalt, die religiöse und ethnische Neutralität des Staates. Jenseits der traditionell westlich-liberalen Welt ist die Lage sogar noch düsterer: In Russland, der Türkei oder auf den Philippinen hat sich ein aggressiver, brutaler, chauvinistischer Führungsstil herausgebildet, der die Rechtsstaatlichkeit und die Menschenrechte missachtet.

Fundamentalismus halten wir gewöhnlich für einen Wesenszug des Denkens und Handelns, der das »Andere« des Westens charakterisiert, und entsprechend viel ist über den islamistischen Fundamentalismus als das Andere des Westens geschrieben worden. Ironischerweise ist der uns am nächsten stehende, greifbarste »Andere« jedoch aus unserer Mitte entsprungen. Ich möchte mich im Folgenden mit diesem nahen Fundamentalismus befassen, dem von Bevölkerungsgruppen, die in westlichen oder westlich orientierten Demokratien leben und von dem Wunsch beseelt zu sein scheinen, zu den »Grundlagen« ihrer Kultur, Zivilisation, Religion und Nation zurückzukehren – am besten alles in einem Aufwasch. Dieser Fundamentalismus nährt sich zweifellos von Religion und Tradition, doch dient die Inanspruchnahme der Religion im Wesentlichen dazu, die Reinheit des Volkes und eine radikale Spielart der Nation zu behaupten.

Im vorliegenden Essay reflektiere ich über diesen Prozess einer inneren Radikalisierung in erster Linie von einer kleinen Ecke des Globus aus, der Israels. Das Land ist insofern für eine Diskussion über die gegenwärtige allgemeine Unordnung von Interesse, als es mindestens ein Jahrzehnt vor dem globalen Abrutschen in den Fundamentalismus zu einer rückwärtsgewandten populistischen Politik übergegangen ist; nicht umsonst spricht Christophe Ayad von einer »Israelisierung der Welt«.[1] Diese reaktionäre Politik manifestiert sich auf verschiedene Weise: Da ist zum einen die Radikalisierung der regierenden Likud-Partei, die sich vor allem nach den Wahlen von 2009 auf eine israelische »Alt-Right«-Politik mit dem unverblümten Ziel verlegt hat, eine jüdische Vormachtstellung territorialer und rechtlicher Natur über die arabischen Israelis zu etablieren (so sagte ein prominenter Likud-Abgeordneter unlängst, er zöge es vor, wenn die arabischen Bürger nicht wählen gingen). Zum anderen werden extrem messianische Politiker salonfähig, die nach einem biblischen Großisrael rufen – eine Position, die noch vor zehn Jahren als reiner Irrsinn gegolten hätte.

Weitere Aspekte der neuen rechten Politik sind die öffentliche Delegitimierung linker Ansichten, die inzwischen von vielen Vertretern des Staates als Akt des »Hochverrats« bezeichnet werden (und in einigen Fällen für illegal erklärt wurden, wie im Fall des Aufrufs, sich an der Kampagne »Boykott, Desinvestitionen und Sanktionen« für Palästina, BDS, zu beteiligen); die unablässige Beschwörung der Sicherheit, um die Verletzung von Privatsphäre und Minderheitenrechten zu rechtfertigen; sowie Rabbiner im öffentlichen Dienst, die dazu aufrufen, keine Araber zu beschäftigen und Geschäfte zu boykottieren, die dies tun. Jüngst förderte eine Umfrage unter israelischen Jugendlichen der 11. und 12. Schulklasse seitens *Israel Hayom*, einer Tageszeitung im Besitz von Sheldon Adelson (einem jüdischen Milliardär, der Millionen von Dollar an Netanjahu *und* Trump gespendet hat), die folgenden grundlegenden Trends zutage: 59 Prozent bezeichneten sich als politisch rechts und nur 13 Prozent als politisch links. Die Umfrage offenbarte auch ein erstaunlich hohes Maß an Patriotismus; 85 Prozent der Befragten sagten, sie »lieben das Land«, und 65 Prozent erklärten sich mit der Devise des zionistischen Volkshelden Joseph Trumpeldor einverstanden, der 1920 im Kampf starb: »Es ist gut, für sein Land zu sterben.«[2]

Man hat den Umschwung von einem mutmaßlich liberalen Land zu einem populistischen, das sich durch die Missachtung des Völkerrechts und der staatsbürgerlichen Werte des Liberalismus auszeichnet, auf das Scheitern des Oslo-Prozesses, des Wye-Abkommens und von Camp David II zurückgeführt. Nach dem ergebnislosen Abbruch dieser Gespräche wurden die Palästinenser beschuldigt, die territorialen Angebote der linken Regie-

rung Ehud Barak zurückgewiesen zu haben. Zweifellos
trug dies maßgeblich dazu bei, die sicherheitsbesessene
Rhetorik der Rechten gleichzeitig zu verschärfen und hof-
fähiger zu machen; dies allein vermag aber die greifbare
Veränderung der politischen Identität Israels, seiner staatsbürgerlichen Kultur und Werte, nicht zu erklären.

Um die Tragweite dieser Veränderungen besser zu verstehen, möchte ich mit meinen Überlegungen an Michael
Walzers jüngstes Buch *The Paradox of Liberation* anknüpfen. Walzer untersucht darin den Prozess der inneren Radikalisierung dreier Nationen, nämlich Algeriens, Israels
und Indiens. Im Mittelpunkt des Buches steht die Frage:
Wie kommt es, dass in allen drei Ländern, die ihre Unabhängigkeit gegen Kolonialmächte durchsetzten, ebenjene
Bewegung, die den Menschen die Freiheit brachte, so bald
von religiösen Fundamentalisten infrage gestellt wurde
und diesen so wenig entgegenzusetzen wusste? Ich führe
Walzers These nicht an, weil ich ihr zustimme, im Gegenteil: Walzer ist einer der prominentesten politischen Phi-
losophen unserer Zeit, und seine Auffassung, »was schief-
gelaufen ist«, ist von Bedeutung, weil der Autor es ist,
aber auch, weil sie eine eklatante Fehldiagnose beinhal-
tet.

Paradoxien der Befreiung

Ich halte mich in diesem Abschnitt eng an Walzers Argumentation und fasse sie zunächst einfach zusammen. Das
Rätsel im Zentrum seines Buches ist folgendes: In »drei
verschiedenen Ländern mit drei verschiedenen Religionen war der zeitliche Ablauf bemerkenswert ähnlich: Rund

zwanzig bis dreißig Jahre nach der Unabhängigkeit sah sich der säkulare Staat von einer militanten religiösen Bewegung herausgefordert«.[3] Das Paradox, das Walzer beschreibt, besteht darin, dass sich die Befreier mit der Bevölkerung, die sie befreien wollten, auf Kriegsfuß befanden, weil sie säkular waren, während die Bevölkerung religiös war (oder dies zunehmend wurde).

Walzer zitiert den Schriftsteller V. S. Naipaul, der über Indien spricht; doch wo Naipaul »Hinduismus« schreibt, könnte man leicht »Diaspora-Judentum« einsetzen, so wie es die frühen Zionisten verstanden:

> [D]er Hinduismus [...] hat uns tausend Jahre Unterwerfung und Stagnation gebracht. Er hat den Menschen keinerlei Vorstellung vom Vertrag mit anderen Menschen, keine Idee des Staates verschafft. Er hat ein Viertel der Bevölkerung versklavt und dafür gesorgt, dass die Bevölkerung insgesamt zersplittert und angreifbar war. Seine Philosophie des Rückzugs hat die Menschen geistig klein gehalten und sie nicht für Anforderungen gerüstet; sie hat jedes Wachstum im Keim erstickt.[4]

Im Gegensatz dazu geht die nationale Befreiung mit dem Glauben an Säkularisierung, Modernisierung und Entwicklung einher – also genau dem Credo, das heute überall auf der Welt unter Druck geraten ist. Seine Gegner sagen, es handele sich um ein »westliches« Credo, das zudem für die zu befreiende Nation ein absolutes Novum darstelle. In der Tat ist das Mantra der Befreier das »Neue«. Sie bieten dem unterdrückten Volk die Vision und das Versprechen eines Neuanfangs, einer neuen Politik, einer neuen Wirtschaft; sie wollen neue Männer und neue Frauen schaffen. Walzer zitiert David Ben-Gurion, den ersten und am längsten amtierenden Ministerpräsidenten Israels: »Der Arbeiter von Eretz Israel [des Landes Israel] ist anders als der jüdische Arbeiter im Galut [Exil] [...].

[Er ist] kein Zweig, der einer alten Tradition aufgepfropft würde, sondern ein neuer Baum.«[5]

Und dennoch gilt: »In allen drei Ländern blieb die Religion während der Jahre der Befreiung und ihrer Nachwehen eine Kraft im alltäglichen Leben.«[6] Und so schnitten diese Nationen, als sie den neuen Bürger definieren wollten, Menschen von der vitalen Sinnquelle ab, die ihnen gegeben war, der Religion – die dann später zurückkehrt und mit rächender Gewalt ebendas Gemeinwesen heimsucht, das sie zu eliminieren versucht hat.

Walzers Beschreibung wirft zumindest zwei Fragen auf: 1.) War der säkulare Nationalismus in jüngerer Vergangenheit gegründeter nichtchristlicher Nationen wie Israel (und übrigens auch Indien oder Algerien) wirklich so absolutistisch, säkular und universalistisch, wie Walzer behauptet? 2.) War eine solche »absolutistische« säkulare Kultur verantwortlich für die religiösen Erneuerungsbewegungen, weil sie das Bedürfnis der Menschen nach Religion leugnete?

Wie Walzer ganz richtig sagt, war der Zionismus in seinen Anfängen eine militant säkulare Bewegung. Nicht nur, weil er das Volk aus seiner Erstarrung in Frömmigkeit wachrütteln wollte, sondern auch, weil er sich voller Liebe und Inbrunst der weltlichen Hochkultur jener Nationen verschrieb, in denen die Juden lebten, seien es Russland, Deutschland, Frankreich oder Großbritannien. Die Juden waren schon lange auf weitaus weniger zwiespältige, weitaus intimere Weise ein Teil des Westens als die kolonisierten Völker, die Walzer anführt. Insofern waren die Juden nicht »kolonisiert« worden – so wie Indien oder Algerien. Im Gegenteil: Während des gesamten 18. und 19. Jahrhunderts umarmten die Juden den Westen in einer symbiotischen Beziehung, ein Prozess, der durch die Aufklärung nur verstärkt wurde, versprach ihr Universalitätsgedanke doch, alle Menschen zu befreien. Als sie Europa gegen das britische Mandatsgebiet Palästina eintauschten, verstanden sich die Zionisten als Vertreter genau einer solchen Kultur. Das zionistische Projekt bestand somit gleichzeitig darin, einem bestimmten Volk zu nationaler Souveränität zu verhelfen und die westeuropäische säkulare Kultur in den Nahen Osten zu tragen. So gesehen, war der Zionismus ein weitaus komplexeres nationales Projekt als die Befreiung Indiens oder Algeriens, insofern er zugleich kolonialistisch *und* emanzipatorisch war.

Ein Janusgesicht: Säkulare Kultur und religiöser Staat

Walzer ist darin zuzustimmen, dass die Juden, die für die Gründung eines eigenen Staates kämpften, in der Mehrheit säkular waren, doch verdankte sich diese Einstellung nicht – oder nicht nur – ihrem zionistischen Nationalismus: Sie war die Folge eines Modernisierungsprozesses, der schon lange vor dem eigentlichen jüdischen Nationalismus eingesetzt hatte. Die Säkularisierung der Juden begünstigte das nationalistische Projekt, nicht umgekehrt. Der Zionismus war in Wirklichkeit ein großer historischer Kompromiss zwischen dem Wunsch nach Assimilation an eine europäische Vision, die die Zionisten verehrten, und dem Wunsch nach Bewahrung einer jüdischen Identität, indem man sie in Form politischer Souveränität erneuerte. Vor diesem Hintergrund überrascht es nicht, dass alle oder zumindest die meisten zentralen nationalen

Symbole Israels (wie die beiden blauen Streifen der Flagge, die auf einen Gebetsschal verweisen; die Farben Blau und Weiß werden in der Bibel erwähnt), die Rhetorik der Rückkehr nach Zion und der offizielle Kalender religiösen Ursprungs sind. Auch lehnte die zionistische Bewegung den religiösen Judaismus durchaus nicht ab, sondern machte im institutionellen Aufbau des Staates selbst überraschende Konzessionen an ihn: 1947 schrieb Ben-Gurion einen berühmten Brief an Agudat Jisra'el, die Partei des orthodoxen aschkenasischen Judentums, in dem er den Staat auf vier zentrale religiöse Aspekte des kollektiven Lebens verpflichtete: die Einhaltung des Sabbats, Kaschrut (also die Einhaltung der jüdischen Speisegesetze) in der Armee, die Kontrolle des Personenrechts durch Rabbiner sowie die Autonomie des religiösen Bildungssystems.[7] Entscheidender und dramatischer noch: Das Rückkehrgesetz sicherte automatisch jedem die israelische Staatsbürgerschaft zu, der als Jude definiert war (1970 wurde es auf Personen ausgedehnt, die einen jüdischen Großelternteil haben), womit der Weg für eine ethnische, abstammungsbasierte Definition der israelischen Staatsbürgerschaft freigemacht wurde. Zudem besaßen im Staat selbst ausschließlich Rabbiner die Autorität zu entscheiden, wer jüdisch war und wer nicht, und bestimmten somit darüber, wer die Privilegien beanspruchen konnte, die mit einer solchen jüdischen Identität einhergingen. (So kann etwa eine Nichtjüdin keinen Juden heiraten, da die orthodoxen Rabbiner eine solche Ehe verbieten; auch können die Kinder aus einer derartigen Verbindung nicht als Juden gelten.) Religiöse Autoritäten kontrollierten auf diese Weise das vielleicht maßgeblichste Vorrecht des Staates, nämlich die Entscheidung darüber, wer Staats-

bürger oder Staatsbürgerin sein kann und welche Privilegien diese Person genießt. Der Zionismus, der in anderen
Bereichen einen so außergewöhnlichen Ideenreichtum an
den Tag gelegt hatte, bewies einen erstaunlichen Mangel
an Vorstellungskraft, was das grundlegendste Element des
nationalen Lebens betrifft.

Vielleicht würde Walzer nicht alle diese Konzessionen
als eine »Bindung ans Judentum« bezeichnen, sondern sie
vielmehr als mühsame politische Kompromisse verstehen, die die nationalistischen Revolutionäre in ihrem
tiefsten Herzen nicht wirklich verpflichteten. Doch be-
geht er denselben Fehlschluss wie die Israelis der damaligen Zeit: Er verwechselt die offizielle Hochkultur – die in
der Tat zutiefst säkular war – mit dem Aufbau von Institutionen, der zu gegebener Zeit sehr viel wichtiger wurde als die Hochkultur und diese untergrub. So geläufig
den frühen Zionisten die Sprache der *Weltliteratur*[8] und
das marxistische Idiom der sozialistischen Umverteilung
von den Lippen ging, so wenig versiert waren sie in der
universellen Sprache von Menschenrechten und Staatsbürgerschaft, gerade weil sie davor zurückschreckten, sich
die Grenzen ihrer neuen Nation aus einer anderen Perspektive als jener der Religion vorzustellen. Das israelische Gemeinwesen war damit durch eine Kluft zwischen
seiner offiziellen Kultur und seiner wichtigsten politischen Institution geprägt – dem Staat. Dieser Bruch und
ein Mangel an universalistischen Einstellungen erlaubten
es entschlossenen Fanatikern und fundamentalistischen
Gruppen, die Macht zu erobern.

Während ich Walzer also zustimme, dass die Verbindung von Nationalismus und Religion keine notwendige
ist – wie der Fall Frankreich zeigt –, war dieser Zusam-

menhang in Israel von Anfang an gegeben. (Und ich vermute, dass dies auch auf Algerien zutrifft, wie Jean Birnbaum in seinem bemerkenswerten Buch *Un silence religieux* zeigt.[9]) Er prägte und diktierte durch eine Kombination politischer Strategien – durch eine so habituelle wie unbewusste Bezugnahme und Rücksicht auf die Religion sowie auf eine in der Bibel verwurzelte Kultur – eine dichte nationale Identität, die sich erheblich von der dünnen Identität des herkömmlichen christlichen Liberalismus unterschied. Dicht war sie, weil sie eine indirekte Äquivalenz zwischen Judentum und israelischer Staatsbürgerschaft, zwischen Judentum und Staat schuf. Mit einer solchen dichten nationalen Identität gehört Israel in eine eigene politische Kategorie, zwischen den liberalen Ländern des Westens und den umliegenden muslimischen Nationen mit ihrem Modell religiös/ethnisch begründeter Zugehörigkeit. Im Gegensatz zur ersten Kategorie und in Übereinstimmung mit letzterer verwischte Israel den Unterschied zwischen Staat und Religion. Wie Étienne Balibar in *Saeculum* schrieb, ist die Trennung des Säkularen vom Religiösen entscheidend dafür, den Staat für die Funktion der Verbreitung einer gemeinsamen staatsbürgerlichen Kultur zu *befreien*.[10] Besitzt der Staat nicht die Freiheit, dieser Funktion zu genügen, so erleichtert es dies einer Gruppe, sich als sein einziger legitimer Repräsentant zu verstehen und Hierarchien der Zugehörigkeit festzulegen. Auf diese Weise war die Definition der Staatsbürgerschaft auf der Grundlage von Abstammung und Religion in die Geschichte der israelischen Nation eingeschrieben und untergrub ein zentrales historisches Versprechen des Nationalismus: seine Partizipationsverheißung. Ein seltsamer Staat war somit entstanden, militärisch stark wie ein Goliath, innerlich aber schwach, da er sein zentrales Vorrecht bereitwillig der Geistlichkeit überließ – womit er nicht nur schwach war, sondern auch von inneren Widersprüchen beherrscht wurde.

Der Urknall der israelischen Politik

Dass die israelische Staatsbildung weder säkular noch universalistisch war, jedoch Elemente des westlichen Kolonialismus in sich barg, wird natürlich deutlich, wenn wir die arabische Bevölkerung betrachten. Es ist aber in einem anderen Fall noch schärfer und klarer zu sehen, einem Fall, der, kurz gesagt, das zentrale Ereignis darstellt, von dem sich in der Folge sämtliche Politikmuster des israelischen Populismus herleiteten. Wie in westlichen Ländern betrifft dieses Ereignis Einwanderer und ihre Behandlung durch die bestehenden Eliten.

Einige Jahre nach der Unabhängigkeitserklärung von 1948 begannen Juden nahöstlichen und nordafrikanischen Ursprungs in Scharen nach Israel zu strömen. Sie wurden umgehend von allen maßgeblichen Bereichen sozialer Macht ausgeschlossen. Während die Aschkenasen (Juden mittel- und osteuropäischen Ursprungs) für gewöhnlich in den urbanen Zentren lebten, wurden die jemenitischen, marokkanischen und irakischen Juden in entfernte, beschönigend als »Peripherie« bezeichnete Gebiete geschickt, ein Umstand, der ihre soziale, wirtschaftliche und kulturelle Integration erheblich verzögerte – jede vergleichende Analyse des Schicksals von Juden gleicher Herkunft in Israel und in anderen Ländern wie

Kanada oder Frankreich zeigt, wie sehr erstere von der israelischen Gesellschaft ausgeschlossen sind.[11] Noch entscheidender ist vielleicht, dass Juden aus arabischen Ländern vom zionistischen Establishment zu einer einzigen, einheitlichen Kategorie zusammengefasst wurden – den »Mizrachim« –, ein Akt des Orientalismus par excellence, der einer binären Distinktionslogik entstammt, durch welche die »Mizrachim« eine radikal andere Identität zugeschrieben bekamen als die west- und osteuropäischen Juden.[12] Das Los der Mizrachim glich auf eigentümliche Weise dem der ausländischen Arbeiter, die nach dem Zweiten Weltkrieg in europäische Länder kamen, wie die maghrebinischen Arbeitskräfte in Frankreich, die Angehörigen ehemaliger Kolonien in England und die Türken in Deutschland. Wie ihre europäischen Pendants vergaben die aschkenasischen Zionisten gering qualifizierte Tätigkeiten an die Mizrachim; die Männer arbeiteten als Lastwagenfahrer, Holzfäller oder Fabrikarbeiter, die Frauen als Hausmädchen oder in Fabriken. Die Juden aus arabischen Ländern wurden als eine homogene Gruppe aufgefasst und im Vergleich zu ihren europäischen Brüdern und Schwestern in jeder Hinsicht als minderwertig eingestuft. Um zahllose hochrangige Universitätsprofessoren, Psychologen oder Staatsbeamte zu zitieren, die sich in dieser Frage äußerten, waren die Mizrachim von »geringerer Intelligenz«, »primitiv«, »kulturell rückständig«, vormodern und vor allem: religiös – und damit dem fortschrittlichen, vom Westen inspirierten säkularen Staat der Zionisten doppelt fremd.[13] Es ist nicht ohne Ironie, dass die Religiosität der Juden aus arabischen Ländern weitaus moderner und modernisierender war als die ihrer ultraorthodoxen aschkenasischen Gegenüber. Was die

Zionisten für die Religiosität der Mizrachim hielten, war das Ergebnis ihrer Orientalisierung durch den westlich orientierten Staat Israel.[14] Während die Partei Agudat Jisra'el (mit der Ben-Gurion den erwähnten vorschnellen Kompromiss eingegangen war) nach jedem Maßstab religiös extremistisch, antimodern und ultraorthodox war, zeigte sich die Religiosität der aus arabischen Ländern gebürtigen Juden weitaus aufnahmefähiger für westliche Werte. Die modernitätsfeindliche, ultraorthodoxe, fundamentalistische Religion der Aschkenasen war nahtlos mit der Substanz des Staatsapparats verwoben worden, die deutlich fortschrittlichere und modernere Religiosität der Mizrachim aber wurde abgelehnt. Schlimmer noch: Ihre Frömmigkeit entwickelte sich zu einem Merkmal kultureller und sozialer Minderwertigkeit, der Säkularismus hingegen zu einem Merkmal kultureller Distinktion und symbolischer Herrschaft.

Hinzu kam, dass die regierenden Linksparteien in korrupter Weise »ihre eigenen« Leute in einflussreiche wirtschaftliche, akademische und politische Positionen hievten. Es ist daher recht leicht zu verstehen, warum die Mizrachim der Arbeitspartei Awoda scharenweise den Rücken kehrten, als sich ihnen mit Menachem Begin der Führer der rechten revisionistischen Bewegung zuwandte. Die Mizrachim, die sich als zurückgelassen und ausgegrenzt empfanden, taten, was jeder vernünftige Mensch tun würde: Sie wählten Begins Partei.

Dies war der Urknall der israelischen Politik, das Schlüsselereignis, auf das wir die Geburt des hiesigen Populismus zurückführen können, den unwiderruflichen Niedergang der Linken und den Übergang zu einer identitären, ethnisch und rassisch basierten Politik. Begin umarmte die Mizrachim *als* Juden und gab ihnen somit, was ihnen die Linke nicht hatte bieten können: die Gleichheit mit den Aschkenasen auf der Grundlage des Jüdischseins.[15] Begin ermöglichte damit eine weitaus unmittelbarere und geradlinigere Verbindung zwischen dem jüdischen Staat und der bis dahin säkularen politischen Kultur Israels. Die Mizrachim unterstützten Begin und haben den neuen politischen Dunstkreis, den er schuf, seitdem nie wieder verlassen. Indem er sie als Juden begrüßte, bahnte Begin – der dem Rechtsstaatsprinzip und den Menschenrechten verpflichtet war – unwissentlich den Weg für die starken Männer von heute. Er schuf die Bedingungen für das, was sich zu jener Minderheiten übergehenden Mehrheitspolitik entwickelte, die alle Israelis *als* Juden anspricht.

Als Begin 1977 Ministerpräsident wurde, stellten die Mizrachim einen beträchtlichen Anteil der jüdischen Bevölkerung und gewiss einen, ohne den keine Wahl zu gewinnen war. Die Tatsache, dass sich bis in die späten siebziger Jahre kein führender aschkenasischer Politiker der sozialen oder kulturellen Ansprüche der Mizrachim angenommen hatte (geschweige denn über ihre atemberaubende Ausgrenzung im Bilde war), beweist die Blindheit dieser Führung, eine Blindheit, deren Ursache in einer einfachen soziologischen Tatsache lag: Die Linke war gleichzeitig die Hüterin der liberalen Werte und die herrschende Klasse in allen Dimensionen des sozialen Lebens. Als solche war sie mit einem unerschütterlichen Gefühl der kulturellen und ökonomischen Überlegenheit ausgestattet und beutete die Mizrachim schnöde aus, indem sie sie als Arbeitsheer benutzte, um das Land zu besiedeln und industriell zu entwickeln. In Israel erlitten viele Mizrachim erhebliche Statusverluste im Vergleich zu ihren arabischen Herkunftsländern (ganz gewiss trifft dies auf die marokkanischen Juden zu). Ihr Los weist eine Familienähnlichkeit mit der Art und Weise auf, wie die westlichen Kolonialisten die Einheimischen in Afrika, Indien oder dem Nahen Osten und später die Arbeitsmigranten behandelten, die Westeuropa nach dem Zweiten Weltkrieg wieder aufbauten. Kein Wunder, dass die Mizrachim – die inzwischen die Hälfte der Bevölkerung ausmachen – ein tiefes Misstrauen gegen alles Linke, Säkulare und Liberale entwickelten. Dies gilt insbesondere für die fromme Universalismus-Rhetorik der Aschkenasen, reine Worthülsen in den Ohren der Mizrachim, mit denen die Aschkenasen ihre ökonomischen, politischen und kulturellen Privilegien verdecken wollten.

Die merkwürdige Blindheit der Anführer der Arbeitspartei für die Rolle, die der Ausschluss der Mizrachim bei der Zerstörung der Linken und der Radikalisierung der Rechten gespielt hat, hält sich bis heute. Die Arbeitspartei verfügt kaum über misrachische Repräsentanten, es sei denn als »Vorzeige-Mizrachim«; sie hat sich nie wirklich mit ihrer Rolle bei der historischen Misshandlung der Mizrachim auseinandergesetzt und sich dafür entschuldigt (mit Ausnahme Ehud Baraks, der sich 1997 entschuldigte, als er Vorsitzender der Arbeitspartei war); die meisten aschkenasischen Akademiker, Politiker und Intellektuellen ignorieren das Thema komplett und tun es mit Vorliebe als Ausdruck einer »weinerlichen Undankbarkeit der Mizrachim« ab.[16] Wenige »aufgeklärte« Gruppen in der Welt sind so erfolgreich darin gewesen, die Geschichte ihrer ethnischen Vorherrschaft zu leugnen und unsichtbar zu machen, wie die Aschkenasen in Israel.

Deshalb blieb die Treue der Mizrachim zur Rechten ungebrochen, obwohl der Likud faktisch wenig für einen Aufstieg der Menschen in der »Peripherie« getan hat: Ihre Ausgrenzung durch die säkulare Linke ist nach wie vor tief in ihrem kollektiven Gedächtnis verankert. Und so konnte Benjamin Netanjahu während seiner vielen Jahre an der Macht die Wirtschaft liberalisieren (verbunden mit einer Verlagerung israelischer Fabriken ins Ausland, dem Verlust von einfachen Arbeitsplätzen, welche die sozialistische Awoda verteidigt hatte, und damit weiter wachsenden Ungleichheiten) und konsequent den Reichen und Mächtigen dienen, ohne dass sich die Mizrachim vom rechten Lager abgewandt hätten.

Nach Begins Wahlsieg im Mai 1977 strahlte der wachsende politische Einfluss der Mizrachim *als* Juden allmählich in die gesamte Gesellschaft aus. 1984 gründeten Mizrachim die fundamentalistische Schas-Partei, die seitdem eine erhebliche Rolle in der israelischen Politik gespielt hat. Wie Amnon Raz-Krakotzkin feststellt, konnten sich die Mizrachim nur mit einer ultraorthodoxen Partei an der israelischen Politik beteiligen, weil der Staat Juden und Araber als zwei völlig verschiedene Personenkreise betrachtete und den Mizrachim die Möglichkeit einer säkularen Identität verwehrt hatte.[17] Es sollte somit deutlich geworden sein, dass der Fundamentalismus der Mizrachim noch gar nicht existierte, als sie nach Israel kamen, sondern eine – ironische – Folge ihrer Interaktion mit der westlichen und säkularen Gesellschaft war, welche die Aschkenasen aufgebaut hatten.[18] In keiner Weise handelte es sich um die Wiedergewinnung einer verschütteten authentischen Identität.

Die Schas entwickelte sich zur einzigen Partei, die

Vom Paradox der Befreiung zum Niedergang der liberalen Eliten 109

die Arbeiterschaft zu organisieren vermochte. Durch ein
ausgedehntes Netz von Wohltätigkeitsorganisationen versorgte sie hungrige Kinder mit Essen, half armen Famili-
en und bot religiöse Bildung an, kurzum: Die Partei füllte
die Lücke, die der Staat und die Linke ließen.[19] Aus diesem Grund konnte die Schas unter den Mizrachim auch
einen Wertewandel herbeiführen: Viele von ihnen waren
aus modernen Städten nach Israel gekommen und hatten
sich in einem Säkularisierungsprozess befunden, durch
die Schas und den Likud jedoch verfielen sie auf ein re-
gressiv-fundamentalistisches Programm. Im Koalitions-
system der israelischen Politik bildete die Schas einen be-
deutenden Machtfaktor. Häufig konnte sie zwei Ressorts
besetzen: das Innenministerium und das Ministerium für
religiöse Angelegenheiten.

In Einklang mit der neuen Betonung des Jüdischen in
der israelischen Politik bestand eine der Folgen der Schas-
Präsenz in diesen Ressorts in den achtziger und neunziger Jahren darin, die Einwanderung von in der Pflege-
branche tätigen Arbeitskräften aus Ländern wie Rumänien und den Philippinen stark zu begrenzen, um den
»jüdischen Charakter« des Landes nicht zu gefährden.[20]
Mithin begann Israel in den neunziger Jahren, jene Art
von Einwanderungspolitik zu praktizieren, die heute von
der rassistischen amerikanischen Alt-Right-Bewegung
und ihrem gekrönten König Donald Trump vertreten
wird. Um Richard Spencer zu zitieren, einen ihrer pro-
minenten Vertreter, der unter anderem damit bekannt
wurde, Trump mit erhobenem Arm und »Hail Trump«
begrüßt zu haben: »[W]enn sich Sheldon Adelson für
dieselbe Einwanderungspolitik, die Israel hat, auch in
den Vereinigten Staaten einsetzen würde, hielte ich das

für eine gute Idee.«[21] Die Bewunderung scheint auf Gegenseitigkeit zu beruhen. Kein anderer als Arje Deri, Vorsitzender der Schas, hat behauptet, die Wahl Trumps sei ein Zeichen für die bevorstehende Ankunft des Messias: »Wenn ein solches Wunder möglich ist, dann haben wir die Tage des Messias bereits erreicht und sind deshalb wirklich im Zeitalter der Geburtswehen des Messias.«[22]

Die Folge einer drei Jahrzehnte währenden Präsenz der Schas in der israelischen Politik bestand in einer langsamen Gewöhnung an eine Politik der ethnischen und religiösen Reinheit. Diese Politik schloss Nichtjuden aus der politischen Gemeinschaft aus, verlieh den Orthodoxen eine alleinige Vormachtstellung über alle anderen jüdischen Strömungen und zielte auf die Kontrolle der Reinheit der jüdischen Rasse durch strengere Gesetze zur Eheschließung mit Nichtjuden.

Ein tragisches Ende

Diese Geschichte hat also ein tragisches Ende. So festgefügt wurde die Verbindung zwischen der von den Aschkenasen betriebenen Säkularisierung, ihrer kulturellen Arroganz und ihrer ökonomischen Ausgrenzung der Mizrachim, dass es praktisch unmöglich war, säkulare, sozialistische und liberale Ideen in glaubwürdige politische Optionen für die Unterdrückten umzumünzen.[23] Die Schwäche der israelischen Linken ist mithin auf den simplen Umstand zurückzuführen, dass sie die arbeitenden Schichten nie vertreten hat. Vor allem aber ist dies die Tragödie einer Gruppe, die über die einzigartige Möglichkeit verfügte, die Kluft zwischen Arabern und Juden,

Moderne und Tradition, Europa und dem Nahen Osten, dem Judentum und dem Islam zu überbrücken – und die daran scheiterte, weil ihr Weg in die Politik der des Fundamentalismus war. Die säkulare aschkenasische Linke hat diese Chance vertan – und so sind wir heute mit der jüdischen Version eines ethnischen, rassischen und religiösen Überlegenheitsanspruchs konfrontiert.

Sollten wir Israel also als Vorreiter der globalen Populismuswelle betrachten? Die Parallelen zwischen (sehr vielen) misrachischen Likud- und Schas-Wählern und den Trump-Anhängern sind verblüffend. Wie die Trump-Wähler leben viele Mizrachim außerhalb der Ballungsgebiete; wie diese mussten sie miterleben, wie die urbanen Eliten Wohlstand anhäuften und die Rechte sexueller und kultureller Minderheiten verteidigten; auch sie leben in einem Land, in dem Arbeitsplätze in der verarbeitenden Industrie durch neoliberale Politiken aufs Spiel gesetzt wurden; sie haben wesentlich seltener Zugang zu höherer Bildung als linke Aschkenasen; und nicht zuletzt hegen sie ein tiefsitzendes Ressentiment gegenüber Eliten, die sie de facto nie vertreten haben. (Dies ist im Übrigen auch der Grund, warum die Mizrachim für die Privatisierung des Hochschulwesens eintreten. Während sie in staatlich finanzierten Universitäten bis heute enorm unterrepräsentiert sind, wurden sie von privaten Colleges mit offenen Armen aufgenommen.[24])

Die Fundamentalisten der Schas-Bewegung sind nicht die einzigen Rassisten in Israel. Sie werden offensichtlich durch die religiösen Eiferer ergänzt, die messianischen Siedler. Sie sind auch nicht unmittelbar verantwortlich für die Versuche zur Einschränkung der Meinungsfreiheit und der Schwächung des Status der arabischen Minderheiten. Sie sind aber definitiv dafür verantwortlich, eine Politik des Jüdischen eingeleitet zu haben, mit der die Vorstellung legitimiert wird und sich durchsetzt, dass liberale Ideen antijüdisch sind, dass das säkulare Recht durch ein religiöses ersetzt und Israel von nichtjüdischen Einwanderern gesäubert werden sollte. Miri Regev, die amtierende Ministerin für Kultur und Sport, bietet ein schlagendes Beispiel für eine Likud-Politikerin, die ihre stolze Identität als Mizrachi und die frühere Ausgrenzung der Mizrachim dazu nutzt, kulturelle »Reinigungen« und Initiativen zur Zerschlagung der Macht der liberalen säkularen Eliten in der Kultur zu rechtfertigen.

Liest man das Verhältnis des israelischen Staates zur Religion so, wie ich es hier tue, so legt dies eine doppelte Besonderheit des israelischen Falls nahe: Mit Israel wurde ein Staat geschaffen, dessen Staatsbürgerschaft gleichzeitig ethnisch und religiös bestimmt war, der aber auch einen inneren Neokolonialismus in Form einer Orientalisierung der Mizrachim hervorbrachte. Beides verdankte sich derselben Quelle: einem Staat, der es nicht als seine Aufgabe ansah, eine gemeinsame staatsbürgerliche nationale demokratische Kultur zu entwickeln, die blind wäre für ethnische und religiöse Unterschiede. Statt dass dieser Staat an einem Übermaß an Universalismus und Säkularismus litt und sich deshalb der Religion entschlug, wie Walzer behauptet, ist vielmehr das Gegenteil der Fall: Gerade die Tatsache, dass er weder universalistisch noch säkular war, schuf eine offene politische und kulturelle Flanke für fundamentalistische Bewegungen, die sich als die wahren Repräsentanten eines Staates ausgeben können, der sich selbst als Staat der Juden begriff.

Vor diesem Hintergrund war es für die Mizrachim nur

folgerichtig, sich auf die politische Strategie der jüdischen Überlegenheit (*Jewish supremacy*) zu verlegen. Während sich im Fall der Trump-Anhänger die wirtschaftlichen Eliten, die für den Abbau von Arbeiterjobs verantwortlich zeichneten, in ihrer großen Mehrheit von den kulturellen Eliten unterschieden, die für eine umfassende Einbeziehung von Einwanderern und LGBTQ-Personen eintraten, waren diese beiden Eliten in Israel identisch. Dieselben Gruppen, die die Mizrachim ausschlossen, schrieben sich auch die Gleichheit auf ihre Fahnen, während sie die kulturellen, politischen und ökonomischen Institutionen fest unter ihrer Kontrolle behielten. Die fundamentalistischen Mizrachim und die »alternativ rechten« Trump-Anhänger sind rebellische, gegen das Establishment gerichtete und zutiefst rückschrittliche politische Bewegungen nur insofern, als sie von einer liberalen Linken, die am Ende nur noch für ihre eigenen Privilegien stand, nicht angemessen vertreten wurden. Hatte der Universalismus im 19. und 20. Jahrhundert die zentrale Strategie für arbeitende Schichten und Minderheiten dargestellt, um Gleichheit zu erlangen, ist es heute der nationale und religiöse Partikularismus, der zur bevorzugten Strategie der Ausgeschlossenen geworden ist. Die gegenwärtige Krise ist mithin eine der liberalen Eliten, die eine Welt geschaffen haben, in der sich Universalismus und Kosmopolitismus in symbolisches und ökonomisches Kapital ummünzen ließen – und die sich mit der Art und Weise, wie sie Minderheiten verteidigten, immer weiter von den Kämpfen einfacher Menschen aus der Arbeiterschicht entfernt haben.

In Israel ignorierte die akademische Linke die Misere der Mizrachim weitestgehend oder leugnete sie gleich ganz;

sie kämpfte lieber für Frauen und Homosexuelle (für die arabische Minderheit hingegen schon nicht mehr so laut-stark). Dass jemand von Walzers Format und Kenntnis-reichtum in einem Buch mit dem Vorsatz, die Zuflucht in den Fundamentalismus in Israel zu analysieren, eine soziale Gruppe von der Größe der Mizrachim einfach übergeht, ist ein deprimierendes, aber anschauliches Bei-spiel dafür, wie sehr die jüdische linksliberale Geschichts-schreibung und Soziologie unter ebenjener Blindheit lei-det, von der die soziale Herrschaft lebt. Im Zentrum der israelischen Geschichte und doch weitgehend uneinge-standen tobt ein gewaltiger Klassenkampf und ethnischer Konflikt, der die gesamte israelische Politik bestimmt hat.

Die Aufgabe der Linken

Der rechte Populismus floriert, weil die Welt der arbei-tenden Schichten vom Konzernkapitalismus zerstört und von den kulturell fortschrittlichen Eliten entwertet wur-de, nachdem diese ihre intellektuellen und politischen Energien seit den achtziger Jahren auf sexuelle und kultu-relle Minderheiten konzentrierten, was zu erbitterten *cul-ture wars* führte. Und als die Welt der arbeitenden Schich-ten erst einmal zerstört und ignoriert worden war, ließ sie sich am ehesten durch das Versprechen verlorener ras-sischer, religiöser und ethnischer Privilegien wiederher-stellen.

Die Wahl Trumps ist ein Weckruf für die Linke auf dem ganzen Planeten. Wie stark die Gegensätze zwischen den beiden Welten der kulturellen Eliten und der konserva-tiven arbeitenden Schichten auch geworden sein mögen, die Linke muss sich wieder beherzt mit der moralischen Welt von Menschen auseinandersetzen, deren Leben zwischen den Mühlsteinen von Kolonialismus und Kapitalismus zerrieben wurde. Schafft sie das nicht, könnte der Liberalismus langfristig zum Untergang verurteilt sein.

Aus dem Englischen von Michael Adrian

Anmerkungen

1 Christophe Ayad, »L'Israélisation du monde (occidentale)«, in: *Le Monde* (1. Dezember 2016).

2 Allison Kaplan Sommer, »Jews-only poll highlights Israeli youths' drift to the right«, in: *Haaretz* (13. April 2016).

3 Michael Walzer, *The Paradox of Liberation. Secular Revolutions and Religious Counterrevolutions*, New Haven/London: Yale University Press 2015, S. XII.

4 Ebd., S. 7; dt. Übers. zitiert nach V.S. Naipaul, *Indien – eine verwundete Kultur*, Berlin: List 2006, S. 68.

5 Ebd., S. 8.

6 Ebd., S. 24.

7 Itamar Rabinovich und Jehuda Reinharz, *Israel in the Middle East. Documents and Readings on Society, Politics, and Foreign Relations Pre-1948 to the Present*, Waltham, MA: Brandeis University Press 2008, S. 58 f.

8 Im Original deutsch.

9 Jean Birnbaum, *Un silence religieux. La gauche face au djihadisme*, Paris: Seuil 2016.

10 Étienne Balibar, *Saeculum. Culture, religion, idéologie*, Paris: Galilée 2012.

11 Baruch Kimmerling, »*Inequality and Discrimination*«. *The End of Ashkenazi Hegemony*, Jerusalem: Keter 2001 (auf Hebräisch), S. 21-29.

12 Aziza Khazzoom, »The great chain of orientalism. Jewish identity, stigma management, and ethnic exclusion in Israel«, in: *American Sociological Review* 68/4 (2003), S. 481-510; Amnon Raz-Krakotzkin, »The Zionist return to the West and the Mizrahi Jewish perspective«, in: *Orientalism and the Jews*, herausgegeben von Ivan Davidson Kalmar und Derek J. Penslar, Waltham, MA: Brandeis University Press 2005, S. 162-181; Ella Shohat, »The invention of the Mizrahim«, in: *Journal of Palestine Studies* 29/1 (Herbst 1999), S. 5-20.

13 Sami Shalom Chetrit, *Intra-Jewish Conflict in Israel. White Jews, Black Jews*, London/New York: Routledge 2009; Sammy Smooha, »The mass immigrations to Israel. A comparison of the failure of the Mizrahi immigrants of the 1950s with the success of the Russian immigrants of the 1990s«, in: *Journal of Israeli History* 27/1 (2008), S. 1-27.

14 Yehouda A. Shenhav, *The Arab Jews. A Postcolonial Reading of Nationalism, Religion, and Ethnicity*, Stanford: Stanford University Press 2006.

15 Vgl. für dieselbe Argumentationslinie zur Erklärung des Erfolgs der Schas-Partei Yoav Peled, »Towards a redefinition of Jewish nationalism in Israel? The enigma of Shas«, in: *Ethnic and Racial Studies* 21/4 (1998), S. 703-727.

16 Als der aus Marokko stammende Amir Peretz 2005 zum Vorsitzenden der Arbeitspartei gewählt wurde, kehrte Schimon Peres dieser empört den Rücken und trat der Mitte-rechts-Partei Kadima bei. Peres war nicht der Einzige; viele traditionelle Wähler der Arbeitspartei stimmten bei den Wahlen 2006 für Kadima, so wenig erkannten sie ihre Partei unter der Führung eines Mizrachi wieder.

17 Amnon Raz-Krakotzkin, »A national colonial theology. Religion, orientalism, and the construction of the secular in Zionist discourse«, in: *Tel Aviver Jahrbuch für Deutsche Geschichte* 31 (2002), S. 312-326; ders., »The Zionist return to the West and the Mizrahi Jewish perspective«, a. a. O.

18 Shlomo Deshen, »The emergence of the Israeli Sephardi ultra-orthodox movement«, in: *Jewish Social Studies* 11/2 (2005), S. 77-101.

19 Eitan Schiffman, »The Shas school system in Israel«, in: *Nationalism and Ethnic Politics* 11/1 (2005), S. 89-124.

20 Ami Pedahzur, »The transformation of Israel's extreme right«, in: *Studies in Conflict and Terrorism* 24/1 (2001), S. 25-42.

21 Taly Krupkin, »Alt-right leader has no regrets about ›Hail Trump,‹ but tells Haaretz: Jews have nothing to fear«, in: *Haaretz* (3. Dezember 2016).

22 Jeremy Sharon, »›Trump's election heralds coming of messiah,‹ says Deri«, in: *The Jerusalem Post* (10. November 2016); online verfügbar unter: {http://www.jpost.com/Israel-News/Trumps-election-he ralds-coming-of-Messiah-says-Deri-472282} (Stand Januar 2017).

23 Eine brillante Analyse des Scheiterns universalistischer Botschaften in Israel bietet Nissim Mizrachi, »Sociology in the garden. Beyond the liberal grammar of contemporary sociology«, in: *Israel Studies Review* 31/1 (2016), S. 36-65.

24 Vgl. die einschlägigen Daten bei Hanna Ayalon, »Social Implications of the expansion and diversification of higher education in Israel«, in: *Israeli Sociology* 10/1 (2008), S. 33-60 (auf Hebräisch).

Auf dem Weg in die Mehrheitsdiktatur?
Ivan Krastev

>»It's not dark yet, but it's getting there«
Bob Dylan

In seinem Roman *Eine Zeit ohne Tod* (2015 [2005]) erzählt José Saramago die Geschichte eines Landes, in dem die Menschen plötzlich nicht mehr sterben und der Tod seine Macht über das menschliche Leben verloren hat. Anfangs verbreitet sich Euphorie, aber schon bald beginnt sich wieder ein Unbehagen – metaphysischer, politischer und praktischer Natur – in ihre Welt einzuschleichen. Die katholische Kirche erkennt: »Ohne den Tod gibt es keine Auferstehung, und ohne Auferstehung gibt es keine Kirche.«[1] Auch für Versicherungsgesellschaften erweist sich ein Leben ohne Tod als Katastrophe. Der Staat steht vor der unlösbaren Aufgabe, auf ewig Pensionen zahlen zu müssen. Familien mit älteren und kranken Angehörigen stellen fest, dass nur der Tod sie vor der Pflicht zu endloser Pflege bewahren kann. Eine mafiaartige Geheimgesellschaft entsteht, die Alte und Kranke in Nachbarländer schmuggelt (wo Sterben immer noch möglich ist). Der Premierminister warnt den Monarchen: »Wenn wir nicht wieder sterben, haben wir keine Zukunft mehr.«[2]

Saramago geht nicht ausführlich auf die politischen Unruhen in seinem namenlosen »Land ohne Tod« ein, aber wir können uns leicht Occupy-Bewegungen vorstellen, in denen junge und arbeitslose Menschen demonstrieren und öffentliche Plätze besetzen, wenn ihnen klar

wird, dass es keine Jobs für sie geben wird in diesem
»Land ohne Tod« und die älteren Generationen dort auf
immer die Politik bestimmen werden. Ebenso leicht können wir uns den Aufstieg rechtspopulistischer »Great
again«-Parteien und Führer vorstellen. Kurz, Saramagos
Roman ist eine großartige Einführung in unsere heutige
Welt.

Die westliche Erfahrung mit der Globalisierung ähnelt
Saramagos imaginiertem Flirt mit der Unsterblichkeit. Es
ist ein Traum, der sich plötzlich in einen Albtraum verwandelt. Noch vor ein paar Jahren hielten viele im Westen
die Öffnung der Welt für das Ende aller Probleme. Diese
Begeisterung ist geschwunden. Stattdessen erleben wir
einen weltweiten Aufstand gegen die nach 1989 entstandene, durch eine Öffnung der Grenzen für Menschen,
Kapital, Güter und Ideen gekennzeichnete fortschrittlich-
liberale Ordnung, der die Form einer Revolte der Demokratie gegen den Liberalismus annimmt.

Die Ausbreitung der Demokratie in der außerwest-
lichen Welt hat den paradoxen Effekt, dass – nach einer
neueren Studie – die Bürger

> in einer Reihe angeblich gefestigter Demokratien in Nordamerika und
> Westeuropa nicht nur eine kritischere Einstellung gegenüber ihren Po-
> litikern entwickelt haben. Sie sind auch zynischer im Blick auf den
> Wert der Demokratie als politisches System, weniger hoffnungsvoll,
> dass sie selbst irgendeinen Einfluss auf die Politik nehmen könnten,
> und eher bereit, autoritäre Alternativen zu unterstützen.

Die Studie zeigt außerdem, dass »die jüngeren Generationen weniger überzeugt von der Wichtigkeit der Demokratie sind«[3] und auch »eine geringere Bereitschaft zu
politischem Engagement an den Tag legen«.[4]

Nicht weniger verwirrend sind die Folgen der Revolu-

Auf dem Weg in die Mehrheitsdiktatur?

tion in der Kommunikationstechnologie. Heute können die Menschen nahezu alles, was man über die Welt wissen kann, problemlos googeln, und Zensur ist praktisch unmöglich geworden. Zugleich beobachten wir eine erstaunliche Ausbreitung abstruser Verschwörungstheorien und einen dramatischen Anstieg des Misstrauens gegenüber demokratischen Institutionen. Die Ironie liegt darin, dass ausgerechnet der Tod der Zensur uns die postfaktische Politik gebracht hat.

Was wir heute erleben, ist kein zeitweiliger Rückschlag in einer fortschreitenden Entwicklung, keine »Pause«, sondern eine Kehrtwende. Die nach 1989 entstandene Welt löst sich auf, und der dramatischste Aspekt dieser Transformation ist nicht der Aufstieg autoritärer Regime, sondern die Veränderung demokratischer Systeme in vielen westlichen Ländern. In den ersten Jahrzehnten nach 1989 sorgte die Ausbreitung freier Wahlen dafür, dass diverse (ethnische, religiöse, sexuelle) Minderheiten Eingang in das öffentliche Leben fanden. Heute dienen Wahlen der Ermächtigung von Mehrheiten. Bedrohte Mehrheiten bilden in der Gegenwart die stärkste Kraft in der europäischen Politik. Sie befürchten, Ausländer könnten ihr Land übernehmen und ihren Lebensstil bedrohen, und sie sind überzeugt, dahinter stecke eine Verschwörung kosmopolitisch gesinnter Eliten und tribalistisch denkender Immigranten. Der Populismus dieser Mehrheiten ist nicht das Produkt eines romantischen Nationalismus, wie dies vor einem Jahrhundert der Fall gewesen sein mag. Er wird vielmehr genährt von demografischen Prognosen, die Europa und den Vereinigten Staaten nicht nur eine sinkende Bedeutung in der Welt prophezeien, sondern auch einen massenhaften Zustrom von Menschen und schwere Turbulenzen aufgrund der technologischen Revolution. Angesichts der demografischen Entwicklungen sehen die Europäer eine Welt vor sich, in der ihre Kulturen sich auflösen, während die technologische Revolution ihnen eine Welt verspricht, in der ihre gegenwärtigen Arbeitsplätze verschwinden werden. Die Verwandlung der öffentlichen Meinung im Westen von einer revolutionären in eine reaktionäre Kraft bietet eine Erklärung für den Aufstieg rechtspopulistischer Parteien in Europa und den Sieg Donald Trumps in den USA.

Das Ende von ...?

Vor etwas mehr als einem Vierteljahrhundert, im heute so fern erscheinenden Jahr 1989 – einem *annus mirabilis*, das Deutsche freudig auf den Trümmern der Berliner Mauer tanzen sah –, erfasste Francis Fukuyama den damaligen Zeitgeist. Mit dem Ende des Kalten Kriegs, so erklärte er in einem berühmten Aufsatz, seien nun alle großen ideologischen Konflikte gelöst.[5] Der Wettkampf sei vorüber, und die Geschichte habe einen Sieger: die liberale Demokratie westlichen Zuschnitts. An eine Seite aus dem Werk Hegels anknüpfend, stellte Fukuyama den Sieg des Westens im Kalten Krieg als ein positives Urteil dar, das die Geschichte selbst, verstanden als Oberster Gerichtshof der Weltgerechtigkeit, gefällt hatte. Kurzfristig mochte es manchen Ländern nicht gelingen, diesem exemplarischen Vorbild zu folgen. Aber es bleibe ihnen nichts anderes übrig, als es dennoch zu versuchen. Das westliche Modell sei das einzige Ideal, der einzig mögliche Deal.

Auf dem Weg in die Mehrheitsdiktatur?

Innerhalb dieses Bezugsrahmens lauteten die zentralen Fragen: Wie kann der Westen den Rest der Welt transformieren, und wie kann der Rest der Welt den Westen am besten nachahmen? Welche Institutionen und welche Politik müssen dazu übernommen und kopiert werden?

Genau diese Sichtweise der Welt nach dem Ende des Kalten Kriegs implodiert derzeit. Die Frage, die der Zusammenbruch der liberalen Ordnung aufwirft, lautet heute, wie die letzten drei Jahrzehnte den Westen verändert haben und warum die nach 1989 entstandene Welt gerade bei denen auf Ablehnung stößt, die in den Augen vieler deren Hauptnutznießer waren: Amerikaner und Europäer. Die gegenwärtigen politischen Turbulenzen in Europa und den USA lassen sich nicht auf eine Revolte der ökonomischen Globalisierungsverlierer reduzieren. Das stärkste Argument für die These, dass es hier nicht nur um Wirtschaft geht, liefert Polen: Die Polen erlebten ein Jahrzehnt eindrucksvollen Wirtschaftswachstums, Wohlstands und sogar eines Rückgangs der sozialen Ungleichheit und stimmten dennoch 2015 für eine reaktionäre populistische Partei, die sie nur wenige Jahre zuvor abgewählt hatten. Warum?

Zur selben Zeit, als Fukuyama das Ende der Geschichte verkündete, legte der amerikanische Politikwissenschaftler Ken Jowitt eine ganz andere Interpretation der Beendigung des Kalten Kriegs vor – nicht als Zeit des Sieges, sondern als Beginn von Krisen und Traumata, als eine Zeit, in der die Grundlagen für die von ihm so genannte »neue Weltunordnung« gelegt wurden.[6] Er meinte, man müsse das Ende des Kommunismus eher

mit einem katastrophalen Vulkanausbruch vergleichen, der anfangs und unmittelbar nur die politischen »Biota« der Umgebung (d. h. andere leninistische Regime) betrifft, aber höchstwahrscheinlich weltweit Auswirkungen auf die Grenzen und Identitäten haben wird, die seit einem halben Jahrhundert die Welt in politischer, ökonomischer und militärischer Hinsicht bestimmt und geordnet haben.[7]

Nach Ansicht Fukuyamas sollten die Grenzen zwischen den Staaten formell auch nach dem Ende des Kalten Kriegs weiter bestehen, aber viel von ihrer Bedeutung verlieren. Jowitt sah dagegen voraus, dass Grenzen neu gezogen und Identitäten umgemodelt würden, und rechnete mit einer Zunahme der Konflikte und mit lähmender Ungewissheit. Er hielt die postkommunistische Periode nicht für ein Zeitalter der Nachahmung mit nur wenigen dramatischen Ereignissen, sondern für eine schmerzhafte und gefährliche Zeit voller Regime, die sich am ehesten als politische Mutanten beschreiben ließen.

Jowitt war wie Fukuyama der Ansicht, dass keine neue universelle Ideologie entstehen und die liberale Demokratie infrage stellen würde, aber er sah die Wiederkehr alter ethnischer, religiöser und tribalistischer Identitäten voraus. Und tatsächlich gehört es zu den Paradoxien der Globalisierung, dass die Freizügigkeit von Menschen, Kapital, Gütern und Ideen die Menschen zwar einander näher bringt, aber auch die Fähigkeit der Nationalstaaten verringert, Fremde zu integrieren. Wie Arjun Appadurai schon vor einem Jahrzehnt bemerkte, »wurde der Nationalstaat in vielen Gegenden der Welt allmählich auf die Fiktion des Ethnos reduziert, die sich nun als letzte kulturelle Bastion erweist, über die er uneingeschränkt gebieten kann«.[8] Die unbeabsichtigte Folge einer Wirtschaftspolitik, die dem Mantra der angeblichen »Alternativlosigkeit« folgt, liegt darin, dass die Identitätspolitik das Zentrum der europäischen Politik übernommen hat.

Auf dem Weg in die Mehrheitsdiktatur?

Markt und Internet haben sich als mächtige Kräfte erwiesen, die zwar die Wahlmöglichkeiten des Einzelnen erweitern, zugleich aber den sozialen Zusammenhalt westlicher Gesellschaften haben erodieren lassen, weil sowohl der Markt als auch das Internet den Hang des Einzelnen verstärken, seinen natürlichen Präferenzen zu folgen, zum Beispiel der, lieber mit Menschen seines eigenen Schlags zusammen zu sein und sich von Fremden fernzuhalten. Wir leben in einer Welt, die stärker vernetzt, aber weniger integriert ist. Die Globalisierung stellt Verbindungen her und trennt zugleich. Jowitt warnte, in der vernetzt-getrennten Welt sollten wir uns auf Ausbrüche von Wut und die Entstehung von »Wutbewegungen« gefasst machen, die aus der Asche des geschwächten Nationalstaats steigen.

In Jowitts Augen ähnelte die nach dem Kalten Krieg entstandene Ordnung eher einer »Single-Bar«, in der

> Leute zusammenkommen, die einander nicht kennen, die – umgangssprachlich gesagt – dort abhängen, zu sich nach Hause gehen, Sex haben, einander niemals wiedersehen, sich nicht an die Namen der anderen erinnern können, wieder in die Bar gehen und neue Leute treffen. Also eine Welt ohne Bindungen.[9]

Diese Welt ist zwar reich an Erfahrungen, eignet sich aber nicht zur Bildung einer stabilen Identität und zum Aufbau von Treueverhältnissen. So kann es denn nicht verwundern, dass wir als Reaktion darauf die Wiederkehr des Schutzwalls als der ersehnten Grenze erleben.

Genau dieser Übergang – von der bindungslosen Welt der neunziger Jahre zur verbarrikadierten Welt unserer Zeit – verändert die Rolle der Demokratie. Er ersetzt Demokratie als eine Staatsform, welche die Emanzipation von Minderheiten fördert, durch Demokratie als ein politisches Regime, das die Macht der Mehrheiten sichert.

Die aktuelle Flüchtlingskrise in Europa ist der deutlichste Ausdruck der veränderten Anziehungskraft der Demokratie und der wachsenden Spannung zwischen den Prinzipien der Mehrheitsdemokratie und dem liberalen Konstitutionalismus in den Augen der Öffentlichkeit wie auch der Eliten. Der ungarische Ministerpräsident Viktor Orbán sprach für viele, als er erklärte: »Demokratien sind nicht notwendig liberal. Auch wenn etwas nicht liberal ist, kann es doch eine Demokratie sein.«[10] Außerdem könne – und müsse – man sagen, dass Gesellschaften, deren Regierungsform auf liberalen Prinzipien basiere, in den kommenden Jahren ihre globale Wettbewerbsfähigkeit wahrscheinlich nicht zu halten vermöchten, sondern einen Rückschlag erleiden müssten, falls sie sich nicht substanziell veränderten:

> Heute sind Singapur, China, Indien, die Türkei und Russland die Stars der internationalen Analysen. Und ich glaube, unsere politische Gemeinschaft sieht diese Herausforderung ganz richtig. Wenn wir uns ansehen, was wir in den letzten vier Jahren getan haben und was wir in den kommenden vier Jahren tun werden, können wir das tatsächlich aus dieser Perspektive betrachten. Wir suchen nach der Organisationsform einer Gemeinschaft, die in der Lage ist, uns in diesem großen weltweiten Wettstreit konkurrenzfähig zu machen (und wir tun unser Bestes, um Möglichkeiten zu finden, mit westeuropäischen Dogmen zu brechen und uns unabhängig davon zu machen).[11]

Bei der Migrationskrise geht es nicht um »mangelnde Solidarität«, was immer EU-Vertreter in Brüssel dazu sagen mögen. Es handelt sich vielmehr um einen Zusammenstoß zwischen Solidaritäten – nationalen, ethnischen und religiösen Solidaritäten, die sich an unseren Verpflichtungen als Menschen reiben. Wir haben es nicht einfach nur

Auf dem Weg in die Mehrheitsdiktatur?

mit der Bewegung von Menschen aus dem außereuropäischen Raum nach Europa hinein oder aus armen EU-Mitgliedsstaaten in reiche zu tun, sondern auch mit einer Bewegung der Wähler weg von der Mitte und mit einem Ersatz der Grenze zwischen Rechten und Linken durch die Grenze zwischen Internationalisten und Nativisten.

Die Flüchtlingskrise hat auch eine Wanderung der Argumente ausgelöst. In den siebziger Jahren setzten viele linke Intellektuelle im Westen sich leidenschaftlich für das Recht indigener Gemeinschaften in Indien oder Lateinamerika ein, an ihrer Lebensweise festzuhalten. Aber wie steht es heute um die Mittelschichten im Westen? Darf man ihnen genau dieses Recht nehmen? Und wie lässt sich erklären, dass gerade die traditionelle Wählerschaft der Linken sich weit nach rechts bewegt? In Österreich stimmten bei der Wiederholung der Stichwahl um das Amt des Bundespräsidenten im Dezember 2016 85 Prozent der Arbeiter für den extrem nationalkonservativen Kandidaten. Bei den Landtagswahlen in Mecklenburg-Vorpommern wählten mehr als 30 Prozent derselben Gruppe die AfD. Bei den französischen Regionalwahlen im Dezember 2015 erreichte der Front National bei Wählern aus der Arbeiterklasse einen Stimmanteil von 50 Prozent. Die Ergebnisse des britischen Referendums sind höchst aufschlussreich: Die größte Zustimmung fand der Brexit in den traditionell »sicheren« Labour-Wahlkreisen im Norden Englands. Es hat sich gezeigt, dass die postmarxistische Arbeiterklasse, die heute weder an ihre Vorreiterrolle noch an eine weltweite antikapitalistische Revolution glaubt, keinen Grund hat, internationalistisch zu sein.

Bedrohte Normen

Der Populismus der bedrohten Mehrheiten ist ein Populismus, auf den uns die Geschichte nur schlecht vorbereitet hat. Psychologen können uns hier eher als Soziologen helfen, ihn zu verstehen. In den dreißiger und vierziger Jahren wurden manche deutschen Emigranten, die das Glück hatten, ihr Land verlassen zu können, bevor die Nazis sie in die Konzentrationslager schickten, von der Frage geplagt, ob das, was sie in Deutschland erlebt hatten, auch in ihrer neuen Heimat geschehen konnte. Sie waren nicht bereit, autoritäres Denken einfach durch den deutschen Nationalcharakter oder durch den Klassenkampf zu erklären. Sie sahen in autoritären Einstellungen vielmehr ein stabiles Merkmal der individuellen Psyche, einen Persönlichkeitstyp. Seit den fünfziger Jahren hat die Erforschung der »autoritären Persönlichkeit« große Veränderungen erfahren, und die ursprüngliche Hypothese ist erheblich umformuliert worden, doch in ihrem jüngsten Buch *The Authoritarian Dynamic* stellt Karen Stenner,[12] die in dieser Tradition arbeitet, mehrere Befunde vor, die von besonderer Bedeutung für unseren Versuch sein können, den Aufstieg der bedrohten Mehrheiten und die Veränderungen der westlichen Demokratien zu verstehen. In ihrer Arbeit zeigt sie, dass der Wunsch nach autoritärer Herrschaft kein stabiles Persönlichkeitsmerkmal darstellt. Vielmehr handelt es sich um eine psychologische Disposition von Individuen, intolerant zu werden, wenn sie das Gefühl einer wachsenden Bedrohung empfinden.

Es ist, um es mit Jonathan Haidt zu sagen, »als hätten

Auf dem Weg in die Mehrheitsdiktatur?

manche Menschen einen Knopf auf ihrer Stirn, und wenn dieser Knopf gedrückt wird, fixieren sie sich plötzlich intensiv darauf, die eigene Gruppe zu schätzen, Fremde sowie Nonkonformisten hinauszuwerfen und Meinungsverschiedenheiten innerhalb der Gruppe auszumerzen«.[13] Und nicht jede Bedrohung drückt diesen Knopf, sondern nur eine, wie Stenner dies nennt, »Bedrohung der normativen Ordnung«, die bei der betreffenden Person das Gefühl auslöst, die gesamte moralische Ordnung sei in Gefahr und das vorgestellte »Wir« zerfalle. Nicht die konkrete Situation, sondern die Angst vor einem Zusammenbruch der moralischen Ordnung veranlasst die Person, sich gegen Ausländer und jeglichen Anderen zu wenden, die sie als Bedrohung empfindet.

Stenners Begriff einer »Bedrohung der normativen Ordnung« hilft uns, besser zu verstehen, wie die Flüchtlingskrise von 2015 die europäische Politik veränderte und warum gerade die mitteleuropäischen Gesellschaften am feindseligsten auf die Flüchtlinge reagierten, obwohl dort kaum Flüchtlinge leben. Was Europa betrifft, hat die von der Flüchtlingskrise ausgelöste »Bedrohung der normativen Ordnung« ihre Wurzeln in der Bevölkerungsentwicklung. Erstaunlicherweise gehört die demografische Panik zu den am wenigsten erörterten der Faktoren, die das Verhalten der Europäer gegenüber Migranten und Flüchtlingen prägen. Aber sie ist ein ganz wesentlicher Faktor, der in Mittel- und Osteuropa besondere Bedeutung besitzt. Man weiß, dass Nationen und Staaten dort in der jüngsten Geschichte geschrumpft sind. Im letzten Vierteljahrhundert hat jeder zehnte Bulgare seine Heimat verlassen, um im Ausland zu arbeiten. Und die Mehrzahl derer, die weggegangen sind (und weiterhin weggehen), sind, wie zu erwarten, junge Leute. Nach UN-Prognosen wird die Einwohnerzahl Bulgariens bis 2050 um weitere 27,9 Prozent sinken. In kleinen Ländern wie Bulgarien, Litauen oder Rumänien (Litauen hat in den letzten zehn Jahren 12,2 Prozent, Rumänien 7 Prozent seiner Bevölkerung verloren) ist die Angst vor »ethnischem Verschwinden« spürbar. Für diese Menschen signalisiert die Ankunft von Migranten, dass sie aus der Geschichte herausfallen, und das beliebte Argument, ein alterndes Europa brauche Migranten, verstärkt nur die existenzielle Melancholie.

Vor einem Jahrzehnt bemerkte der ungarische Philosoph und ehemalige Dissident Gáspár Miklós Tamás, die Aufklärung, in der die Idee der Europäischen Union wurzelt, verlange den Weltbürger.[14] Aber wenn das möglich sein solle, müsste eines von zwei Dingen geschehen: Entweder müssten arme und nicht funktionierende Staaten zu Ländern werden, in denen zu leben sich lohnt, oder Europa müsste seine Grenzen für alle öffnen. Keins von beidem wird jedoch in absehbarer Zeit geschehen – wenn denn überhaupt jemals. Heute gibt es in der Welt zahlreiche gescheiterte Staaten, in denen niemand leben will, und Europa hat weder die Fähigkeit, die Grenzen zu öffnen, noch würden die Bürger/Wähler dort dem jemals zustimmen.

Die Migrantenrevolution

Als Forscher der University of Michigan 1981 den ersten World Values Survey durchführten,[15] stellten sie erstaunt fest, dass das Glücksempfinden in einem Land nicht von dessen materiellem Wohlstand abhing. Damals waren die

Auf dem Weg in die Mehrheitsdiktatur? 129

Nigerianer ebenso glücklich wie die Westdeutschen. Heute, 35 Jahre später, hat sich das allerdings verändert. Nach den letzten Erhebungen sind die Menschen in den meisten Ländern so glücklich, wie das Bruttoinlandsprodukt dies erwarten lässt.[16] Was ist in dieser Zeit geschehen? Die Antwort ist einfach: Die Nigerianer haben inzwischen Fernsehen, und die Ausbreitung des Internets ermöglicht es jungen Afrikanern heute, sich anzusehen, wie die Europäer leben und wie ihre Schulen und Krankenhäuser aussehen. Die Globalisierung hat die Welt in ein Dorf verwandelt, aber dieses Dorf lebt unter einem Diktat – dem Diktat des globalen Vergleichs. Die Menschen vergleichen ihr Leben nicht mehr mit dem ihrer Nachbarn, sondern mit dem der wohlhabendsten Bewohner des Planeten.

In unserer vernetzten Welt ist die Migration die neue Revolution – keine Revolution der Massen wie im 20. Jahrhundert, sondern eine auf Weggehen gerichtete Revolution des 21. Jahrhunderts, deren Akteure Individuen und Familien sind, die sich nicht von den Zukunftsvisionen einer Ideologie leiten lassen, sondern von Google-Maps-Fotos des Lebens jenseits der Grenze. Diese neue Revolution benötigt keine politischen Bewegungen oder Führer. Deshalb sollten wir uns nicht wundern, dass für viele Arme in dieser Welt der Weg über die Grenze der EU attraktiver ist als jede Utopie. Für eine wachsende Zahl von Menschen bedeutet Veränderung nicht mehr, die Regierung zu wechseln, unter der sie leben, sondern das Land zu wechseln, in dem sie leben.

Problematisch an dieser Migrantenrevolution ist die besorgniserregende Gefahr, dass sie in Europa eine Konterrevolution auslöst. Das Hauptmerkmal vieler rechtsgerichteter populistischer Parteien in Europa ist nicht, dass sie nationalkonservativ, sondern dass sie reaktionär sind. Bei seinen Überlegungen zum Aufstieg reaktionärer Politik im Westen gelangte Mark Lilla zu dem Schluss, »die fortdauernde Vitalität reaktionären Denkens trotz des Fehlens eines revolutionären politischen Programms« resultiere aus dem Gefühl, »heute in der Welt ein modernes, ständigem sozialem und technologischem Wandel unterworfenes Leben zu führen«, was wiederum »das psychologische Äquivalent« der Erfahrung einer »permanenten Revolution« darstelle.[17] Und für Reaktionäre sei »die einzig gesunde Antwort auf die Apokalypse, eine andere Apokalypse herbeizuführen und auf einen Neuanfang zu hoffen«.[18]

Der Harvard-Ökonom Dani Rodrik hatte, wie sich heute zeigt, durchaus recht, als er vor einigen Jahren warnte, die Staaten hätten im Blick auf den Umgang mit den Spannungen zwischen nationaler Demokratie und globalem Markt drei Möglichkeiten: Sie könnten die Demokratie einschränken, um auf internationalen Märkten wettbewerbsfähig zu sein. Sie könnten die Globalisierung begrenzen in der Hoffnung, im Inland demokratische Legitimation herzustellen. Oder sie könnten die Demokratie auf Kosten nationaler Souveränität globalisieren. Nicht möglich sei es jedoch, Hyperglobalisierung, Demokratie und Selbstbestimmung gleichzeitig zu verwirklichen. Deshalb sollte es uns nicht überraschen, wenn Internationalisten Unbehagen an nationaler Demokratie zu empfinden beginnen und die Demokratie preisende Populisten sich als Protektionisten und Isolationisten entpuppen.[19]

Die populistische Wende

Wenn die Geschichte uns etwas lehrt, dann wohl die Tatsache, dass die Ausbreitung demokratischer Wahlen ein Instrument zur Öffnung wie auch zur Schließung nationaler Gesellschaften sein kann. Demokratie ist ein Mechanismus der Inklusion, aber auch des Ausschlusses, und wir erleben heute den Aufstieg von Mehrheitsregimen, in denen die Mehrheit den Staat zu ihrem Privatbesitz gemacht hat – als Antwort auf den Wettbewerbsdruck einer Welt, in welcher der Wille des Volkes die einzige Quelle politischer Legitimation darstellt und globale Märkte die einzige Quelle wirtschaftlichen Wachstums bilden.

Die »populistische Wende« nimmt in verschiedenen Ländern unterschiedliche Gestalten an, aber wir können einige Übereinstimmungen erkennen. Der Aufstieg populistischer Gefühle bedeutet eine Rückkehr zu politischer Polarisierung und einem stärker auf Konfrontation ausgerichteten Politikstil (was nicht in jedem Fall eine negative Entwicklung sein muss). Er kehrt den Prozess der Zersplitterung des politischen Raumes um, der durch das Wuchern kleiner, nur auf ein einziges Ziel ausgerichteter politischer Parteien und Bewegungen gekennzeichnet ist, und richtet die Aufmerksamkeit der Öffentlichkeit nicht auf individuelle, sondern auf kollektive Ängste. Der Aufstieg des Populismus bedeutet eine Rückkehr zu einer stärker an Personen orientierten Politik, in der politische Führer eine sehr bedeutsame Rolle spielen und Institutionen meist mit Misstrauen bedacht werden. Die Einteilung in links und rechts wird ersetzt durch einen Konflikt zwischen Internationalisten und Nativisten. Die Explosion der Ängste bedeutet zugleich die Auflösung der Einheit zwischen Demokratie und Liberalismus, die das besondere Kennzeichen der Welt nach 1989 darstellte.

Der eigentliche Reiz der liberalen Demokratie liegt darin, dass die Wahlverlierer nicht befürchten müssen, allzu viel zu verlieren: Wer eine Wahl verliert, muss sich neu formieren und für die nächsten Wahlen planen, aber er braucht nicht ins Exil zu fliehen oder in den Untergrund zu gehen und mit der Konfiszierung seines Besitzes zu rechnen. Die kaum bemerkte Kehrseite für die Wahlgewinner liegt darin, dass die liberale Demokratie keine Chancen auf einen vollständigen oder endgültigen Sieg bietet. In vordemokratischen Zeiten – also im allergrößten Teil der Menschheitsgeschichte – wurden Streitigkeiten nicht durch friedliche Debatten oder eine geordnete Machtübergabe gelöst. Stattdessen regierte die Gewalt. Die siegreichen Invasoren oder die siegreiche Bürgerkriegspartei konnten mit den Verlierern verfahren, wie es ihnen gefiel. In der liberalen Demokratie bleibt dem »Eroberer« solche Befriedigung versagt. Das Paradoxon der liberalen Demokratie besteht darin, dass die Bürger freier sind, sich aber machtloser fühlen.

Es ist das Versprechen eines unzweideutigen Sieges, das den Reiz populistischer Parteien ausmacht. Das gefällt denen, die in der von Liberalen so hochgeschätzten Gewaltenteilung kein Mittel erblicken, die Machthabenden zur Verantwortung zu ziehen, sondern ein Alibi für Eliten, ihre Wahlversprechen zu brechen. Deshalb versuchen an die Macht gelangte Populisten stets, das System der *checks and balances* abzubauen und unabhängige Institutionen wie Gerichte, Zentralbanken, Medien und zivilgesellschaftliche Organisationen unter ihre Kontrolle zu bringen. Aber populistische Parteien sind nicht nur gnadenlose Sieger – sie sind auch schlechte Verlierer. Da sie überzeugt sind, für die Mehrheit zu sprechen, fällt es ihnen schwer, eine Niederlage zu akzeptieren. Das führt zu einer wachsenden Zahl von Wahlanfechtungen und zur Zunahme einer Mentalität, die besagt, dass »Wahlen nur dann fair sind, wenn wir sie gewinnen«.

In der nach 1989 entstandenen Welt galt es als ausgemacht, dass die Ausbreitung der Demokratie auf lange Sicht auch die Ausbreitung des Liberalismus bedeutete. Genau diese Annahme wird heute durch den Aufstieg majoritärer Regime in verschiedenen Winkeln der Erde infrage gestellt. Der Widerspruch, der liberale Demokratien in Europa nach dem Ende des Kalten Kriegs kennzeichnete, bestand darin, dass die Erweiterung persönlicher Freiheiten und der Menschenrechte einherging mit einem Verfall der Macht des Bürgers, durch seine Wahlentscheidung nicht nur einen Wechsel der Regierung, sondern auch der Politik herbeizuführen. Heute ist der Primat der Politik wiederhergestellt und Regierungen gewinnen wieder die Fähigkeit zu regieren, allerdings – wie es im Augenblick scheint – auf Kosten individueller Freiheiten.

Aus dem Englischen von Michael Bischoff

Anmerkungen

1 José Saramago, *Eine Zeit ohne Tod*, Reinbek bei Hamburg: Rowohlt 2015 [2005], S. 18.
2 Ebd., S. 104.
3 Roberto Stefan Foa und Yascha Mounk, »The democratic disconnect«,

in: *Journal of Democracy* 27/3 (Juli 2016); online verfügbar unter: {http://www.journalofdemocracy.org/sites/default/files/Foa%26 Mounk-27-3.pdf} (Stand Januar 2017), S. 5-17, hier S. 7.

4 Ebd., S. 10.

5 Francis Fukuyama, »The end of history?«, in: *National Interest* (Sommer 1989), S. 3-18.

6 Ken Jowitt, »After Leninism: The new world disorder«, in: *Journal of Democracy* 2 (Winter 1991), S. 11-20. Jowitt arbeitete seine Ideen später weiter aus in *The New World Disorder: The Leninist Extinction*, Berkeley: University of California Press 1992, siehe insb. Kap. 7-9.

7 Ebd., S. 259.

8 Arjun Appadurai, *Die Geographie des Zorns*, Frankfurt am Main: Suhrkamp 2009, S. 37f.

9 Harry Kreisler, »The Individual, charisma and the Leninist extinction. A conversation with Ken Jowitt« (7. Dezember 1999; in der Reihe »Conversations with History«, Institute of International Studies, UC Berkeley); online verfügbar unter: {http://globetrotter.berkeley. edu/people/Jowitt/jowitt-con0.html} (Stand Januar 2017), S. 5.

10 Viktor Orbán, Rede in Băile Tuşnad (26. Juli 2014); eine englische Übersetzung der Rede ist online verfügbar unter: {http://budapestbe acon.com/public-policy/full-text-of-viktor-orbans-speech-at-baile-tusnad-tusnadfurdo-of-26-july-2014/10592} (Stand Januar 2017).

11 Ebd.

12 Karen Stenner, *The Authoritarian Dynamic*, Cambridge/New York: Cambridge University Press 2010.

13 Jonathan Haidt, »When and why nationalism beats globalism«, in: *The American Interest* 12/1 (10. Juli 2016); online verfügbar unter: {http://www.the-american-interest.com/2016/07/10/when-and-why-natio nalism-beats-globalism/} (Stand Januar 2017).

14 Gáspár Miklós Tamás, »What is post-fascism?« (13. September 2001); online verfügbar unter: {https://www.opendemocracy.net/people-newright/article_306.jsp} (Stand Januar 2017).

15 World Value Survey, »History of the World Values Survey Association«; online verfügbar unter: {http://www.worldvaluessurvey.org/ WVSContents.jsp?CMSID=History} (Stand Januar 2017).

16 Max Roser, »Happiness and life satisfaction« (2016); online verfügbar unter: {https://ourworldindata.org/happiness-and-life-satisfaction/} (Stand Januar 2017).

17 Mark Lilla, *The Shipwrecked Mind. On Political Reaction*, New York: New York Review Books 2016, S. xiv.

18 Mark Lilla, »Republicans for revolution«, in: *The New York Review of Books* (12. Januar 2012).

19 Dani Rodrik, *Das Globalisierungs-Paradox. Die Demokratie und die Zukunft der Weltwirtschaft*, München: C.H. Beck 2011.

Refugium Europa
Bruno Latour

Seit den amerikanischen Wahlen im November 2016 liegen die Dinge zumindest etwas klarer.

England hat sich in seinen imperialen Traum verrannt, Version spätes 19. Jahrhundert. Die Vereinigten Staaten wollen ihre alte Größe wiedergewinnen, Version Nachkriegszeit, Fotos in Sepiatönen. Europa, das kontinentale, steht alleine da, schwach und zerstrittener denn je. Polen schwelgt in Vorstellungen von einem fiktiven Land, in Ungarn sind nur noch »Abstammungs«-Ungarn willkommen, Franzosen, Italiener und Niederländer haben es mit Parteien zu tun, die sich in imaginären Grenzen einmauern wollen. Katalanen, Schotten und Flamen streben nach Unabhängigkeit. Der russische Bär leckt sich derweil die Lefzen, und China macht sich endlich daran, wieder zum »Reich der Mitte« zu werden – ob es den umliegenden Ländern passt oder nicht.

Europa ist im Zerfall begriffen, es zählt in etwa noch so viel wie eine Haselnuss, die in einem Nussknacker steckt. Die Vereinigten Staaten sind in die Hände eines neuen König Ubu gefallen. Auf sie kann Europa nicht mehr zählen.

Es könnte also an der Zeit sein, das vereinte Europa neu zu begründen. Allerdings nicht dasjenige, das die Gründerväter einst aus Eisen, Kohle und Stahl errichten wollten. Sicherlich auch nicht das Europa der jüngsten Vergangenheit, das dem verrückten Glauben anhing, man könne sich mittels Richtlinien, einheitlicher Standards und einer gemeinsamen Währung aus der Geschichte verabschieden. Nein, die Notwendigkeit einer erneuten Einigung Europas ergibt sich aus Bedrohungen, die ähnlich gravierend sind wie jene der fünfziger Jahre. Europa muss seinen Teil zu einer Geschichte beitragen, die nicht länger die des 20. Jahrhunderts ist.

Europa sieht sich mit drei Herausforderungen konfrontiert: die Länder, in denen die Globalisierung einst erfunden wurde, haben sich aus dem Staub gemacht und es mutterseelenallein zurückgelassen; außerdem sind da der Klimawandel sowie die Pflicht, Millionen von Migranten und Flüchtlingen ein Refugium zu bieten. Im Grunde handelt es sich um drei Aspekte einer einzigen großen Metamorphose: Der Boden Europas hat ein anderes Wesen angenommen. Wir, die Europäer, befinden uns nun allesamt auf einer Wanderung zu Territorien, die es neu zu entdecken und neu zu besiedeln gilt.

Das erste historische Ereignis: der Brexit. Konfrontiert mit ein paar tausend Flüchtlingen, die von Calais aus den Kanal überwinden wollten, ist die Nation, die den unbegrenzten Raum des Marktes, zu Land und zu Wasser, erfunden hat und stets darauf erpicht war, aus der Europäischen Union nicht mehr als ein riesiges Warenhaus werden zu lassen, Hals über Kopf aus dem Globalisierungsspiel ausgestiegen. Sie zieht sich aus Europa – und damit aus der Geschichte – zurück und verliert sich in einem imperialen Traum, an den niemand mehr glaubt.

Zweites historisches Ereignis: der Wahlsieg Donald Trumps. Das Land, das der Welt seine spezielle Version der Globalisierung aufgezwungen hat (und mit welcher Gewalt!), das Land, das – unter Auslöschung der Ureinwohner – auf Migration errichtet wurde, dieses Land

Refugium Europa

legt sein Schicksal in die Hände eines Mannes, der verspricht, es in eine Festung zu verwandeln, der keine Flüchtlinge mehr hineinlassen, sich für keine Sache mehr einsetzen will, die sich nicht auf seinem eigenen Boden abspielt, und der sich gleichzeitig bereit macht, in seiner hemmungslosen Rüpelhaftigkeit überall auf der Welt zu intervenieren.

Jeder für sich! Volle Kraft zurück! Das Problem ist nur, dass es keinen Rückzugsort mehr gibt – und zwar für niemanden. Husch, husch, alle müssen in Bewegung bleiben! Warum? Weil der Planet, der die Träume der Globalisierung realisieren könnte, nicht existiert.

Damit sind wir beim dritten und mit Abstand wichtigsten Ereignis: dem 12. Dezember 2015, als am Ende der Pariser Klimakonferenz COP21 ein Übereinkommen verabschiedet wurde.

Der springende Punkt ist nicht, was die Delegierten dort beschlossen haben; der springende Punkt ist auch nicht, ob dieses Übereinkommen tatsächlich umgesetzt wird (die Klimawandelleugner im Weißen Haus und im Kongress werden es mit aller Kraft sabotieren). Entscheidend ist, dass allen unterzeichnenden Staaten an diesem Tag unter großem Applaus klar geworden ist, dass kein Planet existiert, der mit der Summe ihrer jeweiligen Modernisierungspläne und -hoffnungen kompatibel wäre. Sie hatten Szenarien für einen Kometen entworfen.

Wenn es also den Planeten, die Erde, den Boden und das Territorium, die den Globus der von allen Ländern angestrebten Globalisierung beheimaten sollten, gar nicht gibt, was macht man dann? Nun, entweder man leugnet das Problem – oder *man versucht, sich zu erden.* Jeder Einzelne von uns steht vor der Frage: Sollen wir weiterhin eskapistischen Träumen nachhängen oder sollen wir uns endlich aufmachen, um ein bewohnbares Territorium für uns und unsere Kinder zu entdecken? Das ist die Frage, an der sich heute die Geister scheiden – viel mehr als an jener von links oder rechts.

Die Vereinigten Staaten hatten zwei Optionen: Sie konnten das Ausmaß der Metamorphose und der eigenen Verantwortung anerkennen, endlich eine realistische Haltung annehmen und die freie Welt bei ihrem Marsch weg vom Rand des Abgrunds anführen. Oder sich in der Realitätsverweigerung verschanzen. Trump scheint sich vorgenommen zu haben, Amerika noch ein paar Jahre träumen zu lassen, die Erdung hinauszuzögern und die übrigen Länder mit in den Abgrund zu reißen.

Wir Europäer können uns das nicht erlauben. Just in dem Moment, da wir uns der multiplen Gefahren bewusst werden, stehen wir in der Pflicht, Millionen von Menschen auf unserem Kontinent zu empfangen, die von den kumulativen Folgen diverser Kriege, der Fehlschläge der Globalisierung und des Klimawandels – genau wie wir, mit uns und gegen uns – genötigt werden, sich auf den Weg zu machen, um ein Territorium für sich und ihre Kinder zu finden. Wir werden nicht umhinkommen, mit jenen zusammenzuleben, die unsere Traditionen, unsere Sitten und Ideale bislang nicht geteilt haben und die somit nahe Fremde für uns sind: schrecklich nah und zugleich schrecklich fremd.

Mit diesen migrierenden Völkern haben wir nur eins gemeinsam: *die Herausforderung, dass uns der Boden unter den Füßen weggezogen wurde*. Uns, den *alten Europäern*, weil es den Planeten, für den unsere Globalisierung gedacht war, gar nicht gibt und weil wir alle unsere Le-

Refugium Europa 139

bensweisen ändern müssen. Ihnen, den *künftigen Europä-*
ern, weil sie ihre verwüsteten Böden verlassen und ebenfalls lernen müssen, sich ganz neue Lebensweisen an-
zueignen. Das soll keine große Gemeinsamkeit sein?
Vielleicht, aber sie ist die einzige, die uns einen Ausweg
weist: Gemeinsam müssen wir ein Territorium finden,
das für uns alle bewohnbar ist. Darin liegt die neue Universalität. Die einzige Alternative besteht darin, die Veränderungen zu ignorieren, sich in dem Tagtraum ein-
zurichten, der *American Way of Life* sei auch weiterhin
für alle eine Option (obgleich wir wissen, dass nicht
neun Milliarden Menschen ihn leben können), und sich
hinter einer Mauer zu verschanzen …

Jetzt, da alle die Schotten dicht machen, ist offenkundig
ein denkbar schlechter Augenblick, um über offene Grenzen und eine Revolution der Lebensweisen zu reden.
Eins muss uns aber klar sein: Migration und neues Klimaregime, *die Bedrohung ist ein und dieselbe.*

Die meisten unserer Mitbürger ignorieren das Schicksal der Erde, sind sich der Tatsache, dass die Migration
ihr Verlangen nach Identität auf eine harte Probe stellt, jedoch vollkommen bewusst. Zurzeit werden sie von sogenannten »Populisten« aufgewiegelt und sehen nur die
eine Dimension der ökologischen Metamorphose: dass
sie Menschen über ihre Grenzen treibt, mit denen sie
nichts zu tun haben wollen. Also denken sie sich: »Machen wir die Grenzen dicht, schützen wir uns vor der Invasion«.

Die andere Dimension dieser Veränderung haben sie
noch nicht so deutlich zu spüren bekommen. Das neue
Klimaregime fegt jedoch schon seit Langem über alle
Grenzen hinweg und setzt uns seinem Sturmwind aus.

Es handelt sich um einen Invasor, der sich von Mauern nicht aufhalten lässt.

Wenn wir unsere Identitäten verteidigen wollen, müssen wir auch jene form- und staatenlosen Migranten identifizieren, die auf die Namen Klima, Bodenerosion, Verschmutzung, Ressourcenknappheit, Habitatzerstörung usw. hören. Selbst wenn es jemandem gelänge, sich gegen menschliche Migranten zu verbarrikadieren – diese anderen Migranten wird er nicht aufhalten können.

An dieser Stelle müssen wir eine politikwissenschaftliche Hypothese ins Spiel bringen – oder sagen wir eher: eine nicht ganz unwahrscheinliche Fiktion.

Die aufgeklärten Eliten – und diese gibt es sehr wohl – haben seit den achtziger Jahren des vergangenen Jahrhunderts die wachsenden Risiken erkannt, die man gemeinhin unter dem Begriff »Klima« subsumiert, die man jedoch in einem sehr weiten Sinn verstehen muss: als neues Regime im zuvor stabilen Verhältnis zwischen der Erde und den Menschen. Zuvor konnte man sich am Boden vergehen, wie man wollte, man konnte Eigentumsrechte an ihm erwerben, ihn ausbeuten, ausnutzen und missbrauchen, doch er blieb mehr oder weniger stumm.

Die aufgeklärten Eliten begannen, Beweise dafür zu sammeln, dass all das nicht ewig so weitergehen würde. Gewusst hatten sie dies natürlich schon viel länger, sie hatten aber irgendwie gelernt, die Indizien couragiert zu ignorieren. *Unterhalb* der Ebene des Privateigentums, des Erwerbs immer größerer Ländereien und der Ausbeutung der Erde begann ein *anderer* Boden, eine andere Erde, ein anderes Territorium sich zu rühren und leise zu zittern. Eine Art Erdbeben, das den aufgeklärten Eliten

Refugium Europa

141

signalisierte: »Achtung, nichts wird mehr so sein, wie es einmal war. Die Rückkehr der Erde und der in ihr schlummernden Kräfte werdet ihr teuer bezahlen.«

Das Problem ist allerdings, dass die bedrohlichen Signale auch von anderen, möglicherweise etwas weniger aufgeklärten Eliten vernommen wurden, für die viel auf dem Spiel steht, die über riesige Mittel verfügen und die auf ihr eigenes Wohlergehen äußerst bedacht sind.

Hier kommt nun unsere *Political-Fiction*-Hypothese zum Tragen. Ihr zufolge haben diese Eliten voll und ganz verstanden, dass diese Warnungen berechtigt waren, sie haben daraus aber gerade *nicht* den Schluss gezogen, dass es nun an der Zeit sei, die Rechnung für die Rückwendung der Erde auf sich selbst zu begleichen.

Sie haben vielmehr zwei andere Dinge daraus gefolgert, und diese haben schlussendlich zum Einzug von König Ubu ins Weiße Haus geführt: Ja, die Rückkehr der Erde wird irgendwen teuer zu stehen kommen, es werden aber *nicht wir* sein, die dafür bezahlen, *sondern die anderen*. Außerdem werden wir die unbestreitbare Existenz des neuen Klimaregimes *schlicht und einfach verleugnen*.

Wenn diese Hypothese zutrifft, haben wir den Schlüssel zum Verständnis dreier Entwicklungen gefunden: dessen, was man seit den achtziger Jahren als »Deregulierung« und »Sozialabbau« kennt; des »Negationismus«, mit dem seit den nuller Jahren dem Klimawandel begegnet wird; und schließlich des schwindelerregenden Anstiegs der Ungleichheit, den wir in den letzten vierzig Jahren erlebt haben. Alle drei Entwicklungen sind Teil ein und desselben Phänomens: Die Eliten waren dermaßen aufgeklärt, dass sie beschlossen haben, dass es keine gemeinsame Zukunft für alle geben kann. Deshalb nahmen sie sich vor, den Ballast der Solidarität abzuwerfen (daher die Deregulierung); deshalb begannen sie, eine Art goldene Festung für die wenigen Prozent zu errichten, die sich aus der Affäre ziehen sollten (daher die Explosion der Ungleichheiten); und nicht zuletzt hatten sie außerdem verstanden, dass sie den krassen Egoismus, der in einer solchen Flucht zum Ausdruck kommt, nur verschleiern konnten, indem sie die Ursache dieser Fluchtbewegung schlichtweg negierten (daher die Leugnung des Klimawandels). Ohne diese Hypothese lassen sich weder die Explosion der Ungleichheit noch die riesigen Investitionen in den Klimaskeptizismus, noch der Deregulierungswahn erklären. Und genau diese drei Dynamiken kennzeichnen die Geschichte, in der einen Platz zu finden Europa derzeit solche Schwierigkeiten hat.

Um das alte Bild der Titanic noch einmal zu bemühen: Die aufgeklärten Leute sehen, dass sie direkt auf den Eisberg zusteuern; ihnen ist bewusst, dass das Schiff untergehen wird; sie schnappen sich die Rettungsboote und befehlen dem Orchester, so lange Schlaflieder zu spielen, bis sie sich im Schutz der Nacht davonmachen können, bevor auch die anderen Klassen bemerken, dass das Schiff bedrohlich Schlagseite hat.

Diese Leute – Eliten, die man wohl nicht anders denn als obskurantistisch bezeichnen kann – haben verstanden, dass sie nur dann komfortabel überleben können, wenn sie erst gar nicht mehr den Anschein erwecken, als würden sie mit dem Rest der Welt *einen gemeinsamen Raum teilen*. Die Globalisierung nimmt so eine ganz neue Wendung: Von der Reling herab sehen die unteren, mittlerweile hellwachen Klassen, wie die Rettungsboote am Horizont verschwinden. Das Orchester spielt immer noch

Refugium Europa 143

»Näher, mein Gott, zu Dir!«, doch der Musik gelingt es nicht länger, das Wutgeheul zu übertönen.

Ja, Wut ist das richtige Wort, wenn man diese enttäuschte, fassungslose Reaktion darauf verstehen möchte, dass die Menschen im Stich gelassen und verraten wurden.

Um sich einen Reim auf die gegenwärtige Situation zu machen, benutzen und missbrauchen Politiker und Kommentatoren den Begriff »Populismus«. Man wirft dem »Volk« Engstirnigkeit vor, beklagt sich darüber, dass es in Angstvorstellungen, seinem angeborenen Misstrauen gegenüber den Eliten und seinem schlechten Geschmack gefangen sei, dass es leidenschaftlich an seiner Identität, an Folklore und archaischen Grenzen festhalte – nicht zu vergessen natürlich seine unentschuldbare Gleichgültigkeit und Uneinsichtigkeit gegenüber Fakten. Das »Volk« sei undankbar, es mangele ihm an Gastfreundlichkeit und Offenheit, an Rationalität und Wagemut (einem Wagemut, der vor allem von jenen gepredigt wird, die überall dort ein sicheres Plätzchen finden, wo sie mit ihren Bonusmeilen hinfliegen können).

Man übersieht dabei, dass das »Volk« tatsächlich *kaltblütig verraten wurde* – und zwar von denen, die den Plan, den Planeten wirklich und *gemeinsam mit allen anderen* zu modernisieren, einfach aufgegeben haben, weil sie vor allen und besser als alle anderen verstanden haben, dass eine solche Modernisierung gar nicht möglich ist – eben weil der Planet für ihre Träume von grenzenlosem Wachstum nicht ausreicht.

Die Wahl Donald Trumps sorgt wenigstens insofern für politische Klarheit, als die Richtung, welche er für die Vereinigten Staaten vorsieht, dem Kurs, den wir eigentlich einschlagen müssten, *so diametral entgegengesetzt* ist, dass das Wesen des dritten Attraktors (neben dem Lokalen und dem Globalen) umso deutlicher erkennbar wird. Die eigentliche Innovation Trumps besteht nämlich darin, dass er auf der systematischen *Leugnung* des Klimawandels eine ganze politische Bewegung errichten will. Zum ersten Mal organisiert der Klimawandel-Negationismus alle politischen Optionen. Welche Klarheit!

Man verkennt die Originalität der Faschisten, wenn man Trump mit den Bewegungen der dreißiger Jahre gleichsetzt. Das Einzige, was Trump mit diesen Strömungen gemeinsam hat, ist der Umstand, dass auch er eine Formel gefunden hat, welche die alten Eliten nicht auf der Rechnung hatten. Die Innovation der Faschisten wiederum lag durchaus auf der Linie des hergebrachten Vektors, der von regionalen Gegebenheiten ausgeht und nach Modernisierung strebt. Sie amalgamierten die Rückkehr zu einer erträumten Vergangenheit (Rom, Germania) mit revolutionären Idealen und der industriellen sowie technischen Modernisierung. Bei dieser Gelegenheit erfanden sie, gegen die Idee des Individuums, die Figur des totalen Staates – eines Staats im permanenten Kriegszustand.

In der aktuellen Innovation sucht man vergeblich nach solchen Elementen. Der Staat wird verachtet, das Individuum vergöttert. Es geht vor allem darum, Zeit zu gewinnen, indem man sich aller Pflichten entledigt, bevor auch die anderen begreifen, dass es eine Welt, die zu diesem Amerika passt, gar nicht gibt.

Trumps Originalität besteht in der Kombination von drei Fluchtwegen: erstens einer *Flucht nach vorne*, bei der die Gewinne maximiert und der Rest der Welt seinem Schicksal überlassen werden soll (die Minister, die

Refugium Europa 145

angeblich die »kleinen Leute« repräsentieren, sind Milliardäre!); zweitens einer *Flucht zurück*, bei der ein ganzes Volk sich in nationalen und ethnischen Kategorien wiederfinden soll (»Make America great again«, und zwar hinter einer Mauer); und schließlich drittens der *expliziten Leugnung* der geologischen und klimatischen Gegebenheiten.

Der »Trumpismus« – wenn man diese Bewegung so nennen kann – stellt eine politische Innovation dar, wie sie nicht alle Tage vorkommt und die wir absolut ernst nehmen müssen. Ähnlich wie der Faschismus zur totalen Verblüffung der Politiker und Analysten der Zeit zwei Extreme in sich vereinte, kombiniert auch der Trumpismus diametrale Gegensätze und täuscht damit, zumindest eine Weile, die Welt. Anstatt sich beiden Fluchtwegen – zur Globalisierung und zum alten Nationalstaat – zu verweigern, tut Trump so, als könne man sie miteinander fusionieren. Das geht freilich nur, wenn man den Konflikt zwischen der Modernisierung auf der einen und ihren terrestrischen Bedingungen auf der anderen Seite negiert. Daher die zentrale Rolle des Klimaskeptizismus, für den es sonst keine Erklärung gäbe. (Erinnern wir uns daran, dass Klimapolitik bis in die Bill-Clinton-Ära ein Feld gewesen ist, auf dem sich die beiden amerikanischen Parteien weitgehend einig waren.)

Man versteht leicht, warum das so ist: Der totale Realitätsverlust der Kombination – Milliardäre, welche die Angehörigen der sogenannten Mittelklassen zurück in eine sichere Vergangenheit führen sollen – springt ins Auge. Das Ganze funktioniert nur unter der Bedingung, dass man die *geo*politische Realität ausblendet.

Zum ersten Mal versucht eine politische Bewegung

nicht einmal mehr den Anschein zu erwecken, sie habe die Absicht, sich ernsthaft mit der geopolitischen Lage auseinanderzusetzen; sie entledigt sich stattdessen aller Verpflichtungen und situiert sich sozusagen *offshore* – genau wie die Steueroasen. Ihren Anführern kommt es in erster Linie darauf an, dass sie die Welt, von der sie längst wissen, dass sie nie wieder eine gemeinsame sein wird, nicht länger mit den Massen teilen müssen. Als könne man sich von der Erde, dem dritten Attraktor, diesem Gespenst, das jede Politik stets heimsucht, endgültig lösen.

Es ist bezeichnend, dass wir diese Erfindung einem Immobilienunternehmer verdanken, der notorisch verschuldet ist, von einer Pleite zur nächsten stolpert und seine Bekanntheit vor allem dem Reality-TV verdankt, also einer weiteren Spielart des Irrealismus und Eskapismus. Die totale Indifferenz gegenüber Fakten, die sowohl seinen Wahlkampf als auch seine Regierung kennzeichnet, ist die logische Konsequenz einer Strategie, die so tut, als könne man sich von jeder Verankerung in irgendeiner terrestrischen Realität verabschieden. Wenn man die Leute glauben macht, man bräche zu den Böden der Vergangenheit auf, während man sie in Wahrheit auf ein Territorium führt, das für die Masse der Wähler überhaupt nicht existiert, darf man es mit empirischen Belegen nicht so genau nehmen!

Es hat keinen Sinn, sich darüber aufzuregen, dass den Trump-Wählern »die Fakten egal« sind. Sie sind nicht dumm. Es ist vielmehr so: Gerade *weil* die geopolitische Situation insgesamt verleugnet werden muss, wird die Gleichgültigkeit gegenüber Fakten so essenziell. Wenn man den massiven Widerspruch zwischen der Flucht nach vorne und der Flucht zurück wirklich erkennen würde,

Refugium Europa 147

müsste man schließlich sofort mit der Erdung beginnen! In diesem Sinn stellt der Trumpismus – freilich *ex negativo*, im Modus der Zurückweisung – die erste ökologistische Regierung dar.

Selbstredend sollten sich die »kleinen Leute« keine allzu großen Illusionen darüber machen, wie das Abenteuer enden wird. Die größte Anziehungskraft übt Trump auf jene winzige Elite aus, die schon zu Beginn der achtziger Jahre begriffen hat, dass es für sie *und* weitere neun Milliarden Individuen keine gemeinsame Welt mehr geben wird: »Treiben wir die Deregulierung endgültig auf die Spitze, pumpen wir alles aus der Erde, was es dort noch zu holen gibt – ›Drill baby, drill!‹. Mit Trumps Hilfe gewinnen wir für uns und unsere Kinder vielleicht noch dreißig oder vierzig Jahre Aufschub. Und wenn danach die Sintflut kommt, sind wir längst tot.«

Kriminalbeamte haben Erfahrung mit windigen Figuren, die »Schneeballsysteme« betreiben. Trumps Innovation besteht darin, dass er ein solches Spiel auf der Ebene der mächtigsten Nation der Welt veranstaltet. Portrait des Trump als Staats-Madoff! Der Grund dafür ist leicht zu finden: Trump führt das Land an, das von einer Rückkehr zur Realität, einer Kehrtwende in Richtung des Attraktors Erde *am meisten zu verlieren hätte*. Die Entscheidung mag wahnsinnig sein, rätselhaft ist sie nicht.

Man muss kein Hellseher sein, um zu wissen, dass das Ganze in einem Flammenmeer enden wird. Darin liegt die einzige wirkliche Parallele zu den verschiedenen Faschismen. Laut Marx wiederholt sich die Geschichte einmal als Tragödie und einmal als Farce, es gibt jedoch eine weitere Möglichkeit: Sie kann sich als tragische Schmierenkomödie endlos wiederholen.

Die mit der Wahl Trumps verbundene Klärung verschafft den *progressiven Kräften* – von nun an definiert als jene, die ihre Aufmerksamkeit auf den Attraktor Erde richten – zumindest einen Eindruck vom Ausmaß der Schwierigkeiten, vor denen sie stehen. Es geht nicht länger allein darum, diejenigen umzustimmen, die von einer Rückkehr zum heimischen Boden träumen, oder um Allianzen mit denen, die Zugang zur globalisierten Welt verlangen. Heute geht es vielmehr darum, sich jenen frontal in den Weg zu stellen, die der Rattenfänger in eine Richtung lockt, die uns immer weiter von der Erde entfernt.

Peter Sloterdijk hat einmal gesagt, Europa sei ein Club von Nationen, die sich von allen Großmachtfantasien verabschiedet haben. Sollen die Brexiteers, die Trumpisten, die Türken, Chinesen und Russen doch ihren Träumen von imperialer Größe nachhängen. Solange sie den Menschen versprechen, sie könnten nach wie vor über ein Territorium im Sinne der Kartografie regieren, stehen ihre Chancen, die Erde zu beherrschen – von der sie in Wahrheit natürlich genauso beherrscht werden wie wir –, nicht besser als unsere. Die Herausforderung ist also *auf Europa zugeschnitten*, auf den Kontinent, der diese eigenartige Globalisierung erfunden hat und ihr nun gemeinsam mit allen anderen zum Opfer fällt. Die Geschichte gehört denen, die als Erste auf einer neuen, bewohnbaren Erde landen – es sei denn die anderen, die Träumer der *Realpolitik* alter Schule, kommen ihnen zuvor, indem sie die Erde endgültig zum Verschwinden bringen.

Aus dem Französischen von Tobias Haberkorn

Keine Angst vor der Freiheit
Paul Mason

Der Ort ist das englische Leigh, wir schreiben das Jahr 1976: Zum ersten Mal in meinem Leben höre ich das N-Wort in der Öffentlichkeit. Ich stehe mit meinem Vater und etwa viertausend anderen Zuschauern bei einem Rugbyspiel auf der Tribüne. Unser Verein hat einen schwarzen Spieler verpflichtet. Es ist sein erstes Heimspiel.

In den siebziger Jahren wurden die Anhänger der beiden Mannschaften im Stadion noch nicht voneinander getrennt. An diesem Tag benahmen sich die Fans der Gastmannschaft widerwärtig. Wann immer unser neuer Spieler den Ball in die Hände bekam, begann ein Teil von ihnen, Affenlaute zu machen, und einige beschimpften ihn als »dummen Nigger«. Noch schlimmer war, dass einige unserer Fans in die Schmährufe einstimmten. Ich fühlte mich beschämt und machtlos.

Dann bekam unser neuer Mann den Ball, überrannte drei Gegenspieler und legte den Ball im gegnerischen Malfeld ab. Ich habe noch immer den Gesichtsausdruck meines Vaters vor Augen und erinnere mich an die Stille im Stadion, als er sich auf der Tribüne umdrehte, die Arme ausbreitete und schrie: »Was sagt ihr jetzt zu dem Nigger?!«

Was gab einem kaum gebildeten weißen Arbeiter die moralische Autorität, dem Rassismus entgegenzutreten? Mein Vater genoss keinen besonderen Status: Er war weder ein Gewerkschaftsführer noch im Pub als Raufbold gefürchtet. Er war einfach ein Arbeiter, der sich entschlossen hatte, anderen Mitgliedern seiner Gemeinschaft ihre traditionellen Wertvorstellungen in Erinnerung zu rufen.

Leigh war kein radikaler Ort, aber dort herrschte eine kategorische, wenn auch implizite politische Kultur, die auf drei Pfeilern ruhte: Hass auf alles, was mit den Reichen zu tun hatte, Misstrauen gegenüber allem, was »von draußen« kam, und Ablehnung gegenüber all jenen, die offenbar dem marktwirtschaftlichen Denken Vorrang vor dem menschlichen Anstand gaben, das heißt gegenüber Handelsvertretern, Mieteintreibern und Dieben.

Da die Ausgrenzung Außenstehender eine tragende Säule unseres Widerstandsgeistes war, war uns bewusst, dass der Rassismus bösartig werden würde, sollte er je Besitz von uns ergreifen. Die Bergleute aus der Generation meines Vaters pflegten Schwarze mit einem Zitat aus dem Paul-Robeson-Film *The Proud Valley* zu begrüßen: »Sind wir unten in der Grube nicht alle schwarz?« Aber niemand war auf den Tag vorbereitet, an dem die Gruben stillgelegt wurden, die Fabriken ihre Tore schlossen, die Werksmannschaften und die Arbeitervereine verschwanden.

Als Großbritannien im Jahr 1980 in die Rezession schlitterte und die Arbeiterschaft von der Massenarbeitslosigkeit getroffen wurde, sagte mein Vater, der die Weltwirtschaftskrise der dreißiger Jahre als Kind erlebt hatte, zu mir: »Wenn eine weitere Depression kommt, werden die Rassenvorurteile zurückkehren.« Wie sich herausstellte, war dafür keine Depression nötig.

Im Jahr 2016 stimmten zwei Drittel der Wähler in meiner Heimatstadt für den Brexit. Obwohl die Labour Par-

Keine Angst vor der Freiheit

ty in jenem Jahr noch die Gemeinderatswahl gewann, belegte die rassistische UK Independence Party (UKIP) in der Hälfte der Wahlbezirke den zweiten Rang und löste die Konservativen als wichtigste Alternative zu Labour ab. Bei der Parlamentswahl im Jahr 2015 erhielt die UKIP in Leigh knapp 9000 von 45 000 abgegebenen Stimmen. Im Jahr 2010 hatten rund 2700 Wähler für die faschistische British National Party gestimmt, und diese Wähler sind mittlerweile in der Anhängerschaft der UKIP aufgegangen. In Städten wie Leigh kann sich die fremdenfeindliche Rechte in den nächsten Jahren Hoffnung auf die Mehrheit machen.

In Pubs und Vereinen versuchen ehemalige Bergbaugewerkschaftler und Betriebsräte, die Stellung zu halten: Sie werben für den Sozialismus, bringen Argumente gegen den Rassismus vor, versuchen, den Leuten klarzumachen, dass die Reichen und die Sparpolitik schuld an Armut und Stagnation sind. Das Problem ist, dass sie sogar dann, wenn sie die Oberhand behalten, einen Preis dafür bezahlen müssen: Sie müssen unverhohlenen Rassismus und Fremdenfeindlichkeit im öffentlichen Raum hinnehmen, wo solche Ansichten vor dreißig Jahren tabu waren.

Einige haben die Kultur des Widerstands gegen das Kapital durch eine Kultur der Revolte gegen Globalisierung, Zuwanderung und Menschenrechte ersetzt. Der Grund dafür ist nicht nur im wirtschaftlichen Versagen des Neoliberalismus, sondern auch darin zu suchen, dass sich die Geschichte, die seine Apostel erzählten, als Illusion erwiesen hat. Der Grund für die Lähmung der Linken liegt nicht in ihrer Unfähigkeit, eine ökonomische Kritik an der freien Marktwirtschaft zu formulieren, sondern in ihrem Unvermögen, der Erzählung, mit der die extreme Rechte ihren Kampf führt, eine eigene entgegen-zusetzen. Eine genaue Beschäftigung mit diesem narrati-ven Konflikt hat nichts mit der klassischen postmoder-nen These zu tun, in der das Zeichen dem Bezeichneten vorausgeht. Er ist eine Frage von Leben und Tod für die Sozialdemokratie geworden.

Der Angriff des Neoliberalismus

Der Neoliberalismus kündigte sich durch rachsüchtige Maßnahmen an: Thatcher und Reagan setzten in den Jah-ren 1980 bzw. 1981 eine prozyklische Wirtschaftspolitik in Gang, um traditionelle Industrien zu zerstören. Ihr Ziel war es, die Arbeiterklasse zu spalten und die Ge-werkschaften ihrer Schlagkraft zu berauben.

Foucault hatte vorausgesagt, jeder von uns würde zu einem »Unternehmer seiner selbst« werden.[1] Aber die Generation meines Vaters hatte andere Vorstellungen. In ihren Augen waren Konkurrenz und vom Kommerz mo-tiviertes Verhalten tabu. Ihnen musste erst durch jahre-lange Arbeitslosigkeit und Demütigung im Wohlfahrts-system beigebracht werden, einander in den Rücken zu fallen. Oder sie lernten es an ihren plötzlich unsicheren Arbeitsplätzen in Fabriken, zu denen die Gewerkschaf-ten nun keinen Zutritt mehr hatten.

Für die Neoliberalen ging es in diesem Kampf darum, Millionen Menschen eine neue Erzählung aufzuzwingen. Eine ganze Generation von Arbeitern wurde gezwungen, sich so zu verhalten, als hätte die Logik des Marktes Vor-rang vor der Logik des Ortes oder der Klassenidentität – selbst wenn sie das nicht glaubte.

Keine Angst vor der Freiheit

Die Löhne brachen ein. Die Solidarität löste sich auf. Die archetypischen Außenseiter in unseren Gemeinden – der Dieb, der Gauner, der Mieteintreiber, der Streikbrecher – wurden zu volkstümlichen Helden des Thatcherismus. Sie bauten kleine Unternehmen auf: Reinigungsfirmen, Sicherheitsfirmen, Sonnenstudios und Firmen, die Fabrikarbeitern beim Aufsetzen von Lebensläufen halfen. Rund um diese Betriebe gedieh das organisierte Verbrechen, und in den Reihenhaussiedlungen, in denen die Gemeinschaft einst für so etwas wie Ordnung gesorgt hatte, nisteten sich Drogendealer, Sexarbeiterinnen und Kredithaie ein.

Um es klar zu sagen: Wir wurden gebrochen. Einige leisteten Widerstand, darunter die Bergleute, die in den Jahren 1984/85 zwölf Monate lang streikten. Aber die meisten gingen ohne Kampf in die Knie. Anfangs bestand die Strategie der Arbeitergemeinden darin, abseits des Arbeitsplatzes passiven kulturellen Widerstand gegen den Neoliberalismus zu leisten. Am Arbeitsplatz gewöhnten sich die Arbeiter daran, unter Druck gesetzt und ausgebeutet zu werden, und fügten sich den neuen Ritualen, der veränderten Sprache und den neuen Normen. Aber im privaten Raum und an semisozialen Orten – daheim bei der Familie, im Arbeiterverein, im Pub – beklagten sie sich offen über die Missstände.

In den achtziger Jahren begann die Arbeiterklasse, eine Kultur zu entwickeln, die sich gezwungenermaßen außerhalb der Arbeitswelt entfaltete. In den neunziger Jahren wurde daraus eine Arbeiterkultur, die keine Beziehung mehr zur Arbeit hatte, der Arbeit gegenüber gleichgültig war und nur in der Welt jenseits der Arbeit existierte.

Anfang der neunziger Jahre fand etwas Verbreitung, das die Notlage der Arbeiterklasse linderte: der Kredit. Die Pfandleihe, die seit der Weltwirtschaftskrise der dreißiger Jahre aus unserem Leben verschwunden war, kehrte zurück: Nun konnte man seine billige Stereoanlage, seine Gitarre aus chinesischer Produktion und den Kinderwagen versetzen. Auch an eine Hypothek kam man problemlos heran, und das galt nicht nur für jene, die gearbeitet und gespart hatten, sondern auch für jene, die weder das eine noch das andere getan hatten. Jedermann bekam eine Kreditkarte, auch der Dummkopf, der das Limit regelmäßig überzog und irgendwann zahlungsunfähig wurde. Dann tauchten Firmen auf, die Überbrückungskredite mit Jahreszinsen von tausend Prozent für jene anboten, deren Lohn nicht bis zum Monatsende reichte. Und obendrein begannen die Preise grundlegender Güter dank der Globalisierung und des Eintritts Chinas in den Weltmarkt deutlich zu sinken.

Wenn die Arbeiterklasse in den neunziger Jahren das Gefühl hatte, besser zu leben als zehn Jahre zuvor, so lag das daran, dass Kredite und die billigen Güter aus China ihr großes Problem ausglichen: die Lohnstagnation. Nun verkündete die Sozialdemokratie die Botschaft, Globalisierung und finanzielle Deregulierung seien gut für die arbeitenden Menschen.

Die moralischen Auswirkungen des Strukturwandels

Der Neoliberalismus führte zahlreiche strukturelle Veränderungen herbei. Die wichtigsten waren die Verlagerung der produzierenden Industrien in Billiglohnländer, die Zerlegung von Großunternehmen in aus kleineren Betrieben bestehende »Wertschöpfungsketten«, Steuersenkungen zum Rückbau des öffentlichen Sektors, die Privatisierung der öffentlichen Dienste und die Finanzialisierung des Alltagslebens. Nur indem wir die narrativen Auswirkungen dieser Veränderungen sowie ihre direkten wirtschaftlichen Effekte nachvollziehen, können wir den ideologischen Zusammenbruch des Zentrismus verstehen, der im Jahr 2016 begonnen hat.

Die *Verlagerung der Produktion* in Billiglohnländer diente dazu, die Lohnkosten zu senken und den Anteil der Arbeitseinkommen am Bruttoinlandsprodukt zu verringern. Der wichtigste Industriebetrieb, den Leigh in diesem Prozess verlor, war Coles Cranes, ein großer Baumaschinenhersteller, dessen Mutterunternehmen bankrottging. Aber die narrative Wirkung bestand, wie David Harvey es ausgedrückt hat, in der »Vernichtung des Raums«: Einer ganzen Gesellschaftsklasse wurde signalisiert, dass *der Ort, die wichtigste Quelle ihrer Identität, seine Bedeutung verloren hatte.*

Die *Umstrukturierung* der Unternehmen, die in Einzelteile mit unterschiedlichen Gewinnzielen zerlegt wurden, diente dazu, sämtliche Bestandteile des Unternehmenslebens dem Diktat der Finanzmärkte zu unterwerfen. Es hatte keinen Sinn mehr, einen Geselligkeitsverein und eine Bowlingbahn zu unterhalten (in der örtlichen Fabrik, in der ich im Jahr 1979 arbeitete, gab es beides). Die Kantine konnte bleiben, aber sie wurde jetzt von einer externen Cateringfirma beliefert und musste Profit abwerfen. Auch diese Veränderung sandte ein klares Signal aus: *Das Unternehmen zog sich aus allen informellen sozialen Verpflichtungen zurück.*

Die dritte große Strukturreform bestand im *Abbau der progressiven Besteuerung*. Das ideologische Ziel lautete, den Staat zu verkleinern. Aber als die Vermögenspreisinflation begann und rund um den Erdball Steuerparadiese entstanden, entfalteten die Steuersenkungen eine sekundäre Wirkung: Sie vergrößerten die Ungleichheit und schränkten die soziale Mobilität ein. Die Erosion des Wohlfahrtsstaates und der kostenlosen öffentlichen Dienste signalisierte der Arbeiterklasse, dass *die seit dem Zweiten Weltkrieg geltende soziale Übereinkunft aufgekündigt worden war*. Nur jene Teile des Wohlfahrtsstaats, die den Zwecken des Kapitals dienten, blieben erhalten.

Die *Privatisierung*, die vierte Waffe des Neoliberalismus, machte frisches Kapital frei, das Profit erzeugen konnte, und löste auf diese Art die Profitkrise, welche die Spätphase der keynesianischen Ära gekennzeichnet hatte. Die Privatisierung von Autobahnen und Eisenbahnen, die chaotische Aufsplitterung der Nahverkehrsnetze, die neuen Möglichkeiten, den Armen den Strom und das Gas abzudrehen – all das diente dazu, die öffentlichen Dienste so teuer wie möglich zu machen. Die narrative Wirkung dieser Veränderungen bestand darin, die Vorstellung von einem öffentlichen wirtschaftlichen Raum zu untergraben: Von nun an war es folgerichtig, das eigene Leben ausgehend von der Annahme zu planen, dass man im Notfall nicht auf die Unterstützung des Staates und der größeren Gemeinschaft hoffen durfte, sondern sich ausschließlich auf sich selbst und die eigene Familie verlassen konnte. Obendrein machte Thatcher dem sozialen Wohnungsbau ein Ende. Die Botschaft an die Arbeiterfamilien war unmissverständlich: *Von nun an seid ihr auf euch gestellt. Der Staat ist nicht dazu da, euch zu helfen, sondern wird alle öffentlichen Dienste so teuer und knapp wie möglich machen.*

Die *Finanzialisierung* des Konsums war lediglich ein Aspekt der umfassenden Finanzialisierung des Kapitalismus. Ab diesem Moment diktierte die Analystenklasse in den Investmentbanken den Unternehmen ihre Prioritäten. Sentimentale Manager, die an den Ritualen der Sozialpartnerschaft festhalten wollten, an die sie sich in den sechziger und siebziger Jahren gewöhnt hatten, wurden geschasst. Und dies war das deutlichste aller kulturellen Signale. Den höchsten Status genoss nicht länger der Boss vor Ort, der sich mit dem Vertrauensmann der Gewerkschaft duzte. *Der Held des Thatcherismus war der Egomane in der Wertpapierabteilung der Investmentbank.* Nach dem Zweiten Weltkrieg war die Bourgeoisie ein geschlossener Klub gewesen, aber jetzt konnte ein aggressives, selbstsüchtiges Mitglied der Arbeiterklasse in die neue unternehmerische Elite aufsteigen.

Der Neoliberalismus feierte den Finanzhai als neuartigen Helden der Arbeiterklasse und begann, die »Arbeiterkultur« als prokapitalistische Ideologie zu verpacken. Jetzt wurden Ignoranz und Egoismus bejubelt – genau das Gegenteil dessen, wofür die Kultur der Arbeiterklasse gestanden hatte. Vergleicht man eine beliebige Episode der Seifenoper *Coronation Street* aus den sechziger Jahren mit dem in der Thatcher-Zeit entstandenen und noch heute erfolgreichen Konkurrenzprodukt *EastEnders*, so sieht man (natürlich durch den Weichzeichenfilter des Klischees), welche moralischen Auswirkungen der Neoliberalismus gehabt hat. An die Stelle der ruhigen und rationalen Sprache der sechziger Jahre trat Gebrüll, es wurden Türen zugeschlagen, Frauen mit geballter Faust bedroht, es gab Selbstmorde und Depressionen und die allgegenwärtige Angst vor Drogen und Einbrechern. Sucht, Wut und Abhängigkeit lenkten diese neuen dramatischen Archetypen, so wie die Götter die Figuren in einem griechischen Drama lenken. Die Figuren hatten Handlungsmacht und Komplexität eingebüßt und waren zu zweidimensionalen lebenden Ziffern und Dienern des Schicksals herabgesunken.

Während die Generation meines Vaters Antirassismus, Internationalismus und autodidaktischen Altruismus geatmet hatte, versorgte der Neoliberalismus die entgegengesetzten Neigungen mit Sauerstoff.[2] Über drei Jahrzehnte hinweg unterspülte und zersetzte dies den Widerstand der Arbeiterklasse gegen den Neoliberalismus. Und als der Neoliberalismus selbst zusammenbrach, wurde nicht länger der herkömmliche Konservatismus mit Sauerstoff versorgt, sondern der autoritäre rechtsextreme Populismus.

Das narrative Versagen des Neoliberalismus

Das neoliberale Kartenhaus stürzte Stockwerk für Stockwerk ein. Ende der neunziger Jahre war klar, dass der Neoliberalismus das Versprechen der sozialen Mobilität gebrochen hatte. Als Anfang des 21. Jahrhunderts die Dotcom-Blase platzte und Unternehmensskandale wie der des englischen Lebensversicherers Equitable Life die Börsen erschütterten, wurde der Zugang zum System der Betriebsrenten abgeschnitten, die das obere Drittel der Arbeitnehmer absichern sollten.

Als die Verlagerung der Produktion in Billiglohnländer mehr und mehr Industriegemeinden zerstörte, deren Angehörige nun auf Tätigkeiten im öffentlichen Sektor oder auf die Sozialhilfe angewiesen waren, signalisierte die Labour Party, dass sie nicht versuchen würde, die Umwälzungen zu bremsen oder die alten Formen des sozialen Zusammenhalts zu verteidigen. Auf dem Labour-Parteitag 2005 warnte Tony Blair die Genossen davor, an der Globalisierung zu zweifeln, denn das sei so, als wollte man in Zweifel ziehen, dass auf den Sommer der Herbst folgen werde:

> Die sich wandelnde Welt ist gleichgültig gegenüber der Tradition. Sie verzeiht keine Schwäche. Sie kennt keinen Respekt für in der Vergangenheit gewachsenes Ansehen. Sie kennt keine Gepflogenheiten und keine Bräuche. Es ist eine Welt voller Chancen, aber nur für jene, die sich rasch anpassen, die sich nicht beklagen, die willens und fähig sind, sich zu ändern.[3]

Dies war ein letzter Aufruf an die Adresse der ehemaligen Industriearbeiter: Sie mussten die letzten Überreste ihrer Kultur über Bord werfen. Blair und Gordon Brown setzten alles auf die Finanzialisierung. Die Deregulierung des Kreditmarktes würde sogar den Armen die Möglichkeit geben, am rasanten Anstieg der Vermögenspreise teilzuhaben. Die wachsende Finanzwirtschaft würde hohe Steuereinnahmen generieren, die man in Form von Sozialleistungen, Steuergutschriften, höheren Gesundheitsausgaben, neuen Investitionen in den sozialen Wohnungsbau und einem erleichterten Zugang zu den Hochschulen an die Arbeiterklasse weitergeben wollte. Am Vorabend der Finanzkrise erhielten bis zu sieben Millionen Menschen und ein Drittel aller Haushalte staatliche Transferleistungen.

Als das Finanzsystem zusammenbrach, war es auch um das vom Finanzsektor zusammengehaltene sozialdemokratische Auffangnetz geschehen. An seine Stelle trat die Austerität. Die Ausgaben für das Gesundheitswesen und die Sozialleistungen wurden gekürzt. Der Entzug der Leistungen trieb so viele Familien in die Abhängigkeit von den Tafeln, dass der größte Anbieter von Lebensmittelhilfe bald 1,1 Millionen Rationen pro Jahr unter Bedürftigen verteilte. Eine Million ehemalige Arbeitskräfte, die das Rentenalter noch nicht erreicht hatten, verloren ihre Ansprüche auf Zuschüsse bei der medizinischen Versorgung und auf Behindertenunterstützung. Und als das Sicherheitsnetz riss, entzog die Arbeiterklasse der Einwanderungspolitik ihre Zustimmung.

Warum die Arbeiterklasse der Einwanderung ihre Zustimmung entzog

So wie die Vereinigten Staaten, Deutschland oder Frankreich hatte auch Großbritannien nach dem Zweiten Weltkrieg Millionen Zuwanderer aufgenommen. Der plumpe Rassismus einer Minderheit weißer, konservativer Arbeiter wurde dadurch gemildert, dass sich die Einwanderer in die britische Kultur integrierten. Nur wenige weiße Arbeiter wandten sich dem Faschismus zu, sie drückten ihre Ablehnung jedoch auf eine so gewalttätige Art aus, dass sie sich leicht unterdrücken ließ. In den achtziger Jahren war die tatsächliche Arbeiterklasse in den großen Städten durch und durch multiethnisch: Einwanderer aus der Karibik, Muslime, Hindus, Somalier. Sie alle litten anfangs unter Marginalisierung und Rassismus, aber mittlerweile findet man sie an den typischen Arbeitsplätzen in den Städten: im öffentlichen Nahverkehr, im

Krankenhaus, an der Supermarktkasse und im Software-unternehmen.

Der EU-Beitritt von zehn osteuropäischen Ländern änderte das. Die britische Regierung ermutigte die Bürger dieser Länder, das in den EU-Verträgen festgeschriebene Recht auf Freizügigkeit zu nutzen und nach Großbritannien zu kommen (für Rumänen und Bulgaren galten anfangs Beschränkungen).

Die Zustimmung der Briten zur Zuwanderung war seit den siebziger Jahren durch eine strenge Kontrolle des Zustroms von Arbeitskräften aus Kenia, Indien oder Bangladesch gewährleistet worden. Doch die Migranten aus Osteuropa kamen nicht, weil man es ihnen erlaubt hatte: Sie hatten *das Recht dazu*. Sie würden nie britische Bürger sein. Im Jahr 2016 gab es drei Millionen von ihnen, die jedoch nicht an Parlamentswahlen teilnehmen durften.

Dazu kam, dass die Zuwanderung aus Osteuropa gezielt eingesetzt wurde, um das Lohnniveau zu drücken und die Arbeitsbedingungen zu verschlechtern, selbst wenn sich das in den allgemeinen makroökonomischen Ergebnissen kaum niederschlug. Die osteuropäischen Migranten passten perfekt zu den neuen prekären Beschäftigungsverhältnissen. Und in den Rechtssachen »Viking« und »Laval« bestätigte der Europäische Gerichtshof das Recht von Arbeitgebern, Niedriglohnbezieher aus einem Land in ein anderes zu transferieren.

Eine dritte Veränderung bestand darin, dass die Migranten aus Osteuropa in Kleinstädte strömten, die bis dahin kaum Bekanntschaft mit der Zuwanderung gemacht hatten, da die schwarzen und asiatischen Einwanderer in erster Linie von den Ballungsgebieten angelockt worden waren. In den kleinen Gemeinden gab es kaum robuste Netzwerke von der Art, die das Funktionieren der multiethnischen Großstädte gewährleisteten, während die öffentlichen Dienste in den Kleinstädten ohnehin bereits überlastet waren. Die Zuwanderung aus Osteuropa sandte zudem noch ein weiteres narratives Signal an die britische Arbeiterklasse: *Dies ist die Art von Arbeitern, die wir uns wünschen, denn sie sind flexibel, fügsam und rechtlos, sie tragen wenig zum Wohlergehen der Gemeinschaft bei und verlangen keine Gegenleistung.*

Die neoliberale Rechtfertigung der Zuwanderung aus Osteuropa war in erster Linie fatalistisch: Dies war einfach eine »Tatsache des modernen Lebens«, an der man nichts ändern konnte. Als erste Studien zeigten, dass die Löhne am unteren Ende des Arbeitsmarkts tatsächlich sanken, bezeichneten die Neoliberalen dies als unbedeutende Randerscheinung, die durch den makroökonomischen Nutzen mehr als aufgewogen werde. Als klar wurde, wie verunsichert die heimischen Arbeitskräfte darauf reagierten, dass die Zuwanderung aus Osteuropa das Sozialsystem unter Druck setzte, nahm die gemäßigte Linke an, diese Wirkung könne ausgeglichen werden, indem man die betroffenen Regionen finanziell unterstützte; dabei machte sie sich nicht die Mühe, auf den Einwand zu antworten, dass das Geld ja von irgendwoher kommen müsse.

Die Neoliberalen glaubten, sie könnten der Ablehnung gegenüber den Zuwanderern Herr werden – schließlich hatten sie dreißig Jahre lang erfolgreich Raum, Individualität und Ortsbezogenheit zerstört. Die Globalisierung war ein unaufhaltsamer natürlicher Prozess, und die Menschen würden sich schließlich ebenso damit abfinden wie mit allen anderen Strukturreformen. Aber es kam anders.

Keine Angst vor der Freiheit

Die britischen *working poor* zettelten eine Revolte an, die ein erstes Loch in das multilaterale globale System riss: den Brexit.

Unter den 52 Prozent der Briten, die für den Austritt ihres Landes aus der Europäischen Union stimmten, waren nicht nur weiße Arbeiter. Aus Umfragen nach der Wahl geht hervor, dass auch 27 Prozent der schwarzen und 33 Prozent der asiatischen Briten für den Brexit stimmten. Und 59 Prozent aller Befürworter des EU-Austritts gehörten der Mittel- oder Oberschicht an. Besonders deutlich fiel das Votum für den Brexit jedoch in den Kleinstädten aus, wo sich die Reste der Arbeiterkultur zu einer »Identität« verfestigt hatten, deren wichtigstes Merkmal der Trotz war, nicht nur gegen die Globalisierung, sondern gegen die liberale, transnationale, auf Menschenrechte setzende Kultur, welche durch die Globalisierung entstanden war.

Verblüffend ist, dass diese Rebellion der Armen, die sich sozusagen im Gegner geirrt hatten, auch die Mittelschicht der Kleinstädte mitriss. In den Großstädten stimmten die qualifizierten Arbeitskräfte überwiegend für den Verbleib in der EU, aber in den kleinen ehemaligen Industriestädten kam es anders. Nach der Abstimmung gaben zahlreiche Angehörige der Mittelschicht zu: »Ich wollte für den Verbleib stimmen, aber ich verstand, warum die Armen leiden, und um sie zu unterstützen, stimmte ich für den Austritt.«

Wir können die Wut nur besiegen, wenn wir verstehen, woher sie kommt. Die Wut der in Großbritannien geborenen schwarzen und weißen Arbeiter richtete sich weniger gegen die Zuwanderer als gegen das Migrationssystem. Dieses war und ist *das* Symbol schlechthin für die

Bestrebung des Neoliberalismus, den Raum, die Gemeinschaft und die nichtabstrakte Arbeit auszulöschen. Wir
können den Rassismus eines Arbeiters, der die autoritären Rechtsextremisten wählt, nicht nur mit wirtschaftlichen Mitteln überwinden. Stattdessen müssen wir in
einer vernetzten und individualistischen Welt die sozialdemokratische plebejische Identität wiederherstellen.

Der Kampf um die richtige Erzählung

Seit dem Jahr 2008 ist klar, dass die Globalisierung scheitern wird, wenn wir den Neoliberalismus nicht über Bord
werfen. Mit dem Brexit und der Wahl Donald Trumps
hat der Zerfallsprozess begonnen.

Der Neoliberalismus verdankte seine fatale Anziehungskraft auf die Eliten und zwei Generationen von Ökonomen einer scheinbaren Vollkommenheit. Sein wirtschaftlicher Inhalt bestätigte die Vorstellung, der Kapitalismus
sei im Grunde gleichbedeutend mit den freien Markt-
kräften, dem Überleben der Stärksten und dem schlan-
ken Staat. In seiner politischen Form passte er wunderbar
zu der liberaldemokratischen Annahme, wir seien alle
Bürger – keine Arbeitnehmer oder Arbeitgeber – und unsere Rechte seien in erster Linie nicht kollektiver, sondern individueller Natur. Nicht einmal heute – nachdem
Renzi gestürzt wurde, da Hollande dem Ende seiner Präsidentschaft entgegenstolpert und Schäuble weitere Einsparungen in Griechenland fordert – hat die gesellschaftliche und politische Elite des Neoliberalismus damit
begonnen, diese Prämissen infrage zu stellen. Stattdessen
geht es in die entgegengesetzte Richtung: Der autoritäre

Keine Angst vor der Freiheit 165

Populismus, der in ganz Europa eine Minderheit von Wählern aus der Arbeiterklasse mobilisiert, fordert im Grunde eine Deglobalisierung. Seine reaktionäre Natur besteht nicht nur in seiner Vorliebe für Rassismus, Islamfeindlichkeit und gesellschaftlichen Konservatismus, sondern auch darin, dass er die Komplexität des Problems nicht einmal ansatzweise versteht.

Anders als in den dreißiger Jahren des vergangenen Jahrhunderts muss der wirtschaftliche Nationalismus heute ein komplexes, gewachsenes und widerstandsfähiges System zerstören. Dieses könnte sicherlich durch einen Währungskrieg oder eine Reihe massiver Schuldenabschreibungen erschüttert werden, und wenn es dazu kommt, werden die Städte in den Ländern, die zu den Verlierern zählen, bald aussehen wie New Orleans nach dem Hurrikan Katrina. Glücklicherweise deutet die politische Demografie jedoch darauf hin, dass die Entwicklung eine ganz andere Richtung als in den dreißiger Jahren nehmen dürfte. Eine ganze Generation hat sich ebenjene individualistischen und freizügigen Verhaltensweisen sowie Überzeugungen angeeignet, welche die fremdenfeindliche extreme Rechte so verabscheut. Nach Angaben des Markt- und Meinungsforschungsinstituts YouGov hegen rund 19 Prozent der Briten rechtsextreme Überzeugungen, und 29 Prozent vertreten »autoritäre populistische« Ansichten, die größte Gruppe (rund 37 Prozent) ist jedoch der »europafreundlichen, internationalistischen Linken« zuzurechnen.[4]

Die moderne Gesellschaft ist nicht mit jener der Weimarer Republik vergleichbar, in der unter einer dünnen Schicht von Toleranz und Multikulturalismus reaktionäre, hierarchische und nationalistische Vorstellungen

schlummerten. Die neuen Verhaltensweisen und Überzeugungen, das heutige Maß an Toleranz und die enge
Bindung an die universellen Menschenrechte sind Produkte des technologischen Wandels und der Bildung. Dieses Weltverständnis müsste gewaltsam aus den Köpfen,
Körpern und Mikrostrukturen der meisten Menschen
unter fünfunddreißig gerissen werden.

Ich habe an anderer Stelle argumentiert,[5] dass das In-
dustrieproletariat nicht nur in den achtziger Jahren mit
seinem Widerstand gegen den Neoliberalismus geschei-
tert ist, sondern infolge der technologischen Revolution
seine Funktion als Agent des gesellschaftlichen Wandels
verloren hat. Seinen Platz hat eine amorphe Gruppe ein-
genommen, deren Angehörige Soziologen wie Manuel
Castells als »vernetzte Individuen« bezeichnen. Dieser
Gruppe gehören nicht nur die unteren Schichten der Fach-
leute und Studenten, sondern ein Großteil der Arbeitnehmer an: der Krankenpfleger, die Kellnerin, der Soft-
wareentwickler. Selbst der Großteil der verbliebenen
Industriearbeiter mit stabiler Beschäftigung wird von den
Normen der von der Hochtechnologie beherrschten Arbeitswelt in diese globale Kultur gepresst.

In diesem Sinn sind die vernetzten Individuen die
»aufgehobene Arbeiterklasse«. Wenn es einen kollektiven historischen Akteur gibt, der den Übergang vom Kapitalismus zu einem neuen System vorantreiben kann, so
ist es der junge, vernetzte, relativ freie Mensch. Die Angehörigen dieser Gruppe sind keine Klasse – obwohl sie der
Zusammenbruch des Neoliberalismus kollektiv ihrer wirtschaftlichen Zukunft beraubt hat. Wenn wir sie als Akteure in ein Szenario der dreißiger Jahre des 20. Jahrhunderts einsetzen, dann zeigt sich, wie die Geschichte ein
gutes Ende nehmen kann.

Keine Angst vor der Freiheit

Erich Fromm gelangte in seiner Untersuchung über den Faschismus zu dem Schluss, dass die Wirtschaftskrise nicht der einzige Grund für den Aufstieg dieses Systems gewesen sei: Auch die »Furcht vor der Freiheit« habe dazu beigetragen. Das deutsche Kleinbürgertum und einige Arbeiter hätten aufgrund ihrer autoritären Geisteshaltung auf ihre Machtlosigkeit mit der Sehnsucht reagiert, beherrscht zu werden.

Fromm erklärte den Zusammenbruch des erbitterten Widerstands der organisierten Arbeiterschaft und der liberalen und katholischen Bourgeoisie gegen den Nationalsozialismus mit »innere[r] Müdigkeit und Resignation«[6] sowie mit dem Vermächtnis der Niederlagen, welche die deutschen Arbeiter zwischen 1919 und 1923 erlitten hatten. So kam es, dass die Ideologien des Widerstands um das Jahr 1930 zu bröckeln begannen.

Heute ist es die neoliberale, zentristische politische Elite, die mit fassungsloser Resignation auf Trump, den Brexit und die Desintegration der Weltordnung reagiert. In dieser Situation sind die vernetzten Individuen gefordert: Sie müssen sich engagieren und mit den Internationalisten in den Arbeitergemeinden in den Kleinstädten verbünden. Sie müssen sich auf das besinnen, was von der Erzählung übrig geblieben ist, die der Generation meines Vaters die Kraft gab, den Rassismus zum Schweigen zu bringen, und dieses Narrativ mit der Hoffnung auf eine bessere Zukunft verschmelzen.

Es ist nicht Aufgabe der Sozialdemokratie, die konservativen Begierden autoritärer Populisten zu mildern. Vielmehr muss sie eine überzeugende Alternative anbieten, eine Alternative, die den Erfordernissen und Wünschen der vernetzten, gebildeten plebejischen Mehrheit der Arbeitnehmer entspricht. Das bedeutet, dass sie die taktischen Erwägungen über Bord werfen muss, auf denen die Politik des »Dritten Weges« beruhte. Blair, Clinton, Schröder und Renzi nahmen an, die Stimmen der Facharbeiter in den Kleinstädten seien der Sozialdemokratie ohnehin sicher, und glaubten, sie müssten sich nur um die Mittelschicht bemühen.

Der Zusammenbruch des Neoliberalismus und die stetige Erosion des progressiven Kerns der Kultur der Arbeiterklasse zwingen uns, diese Annahmen zu überprüfen. Eine Sozialdemokratie, die sich zu den Menschenrechten, zur Gleichberechtigung der Geschlechter, zur persönlichen Freiheit und zum Schutz von Migranten und Flüchtlingen bekennt, muss den Kern ihrer Anhängerschaft neu definieren: Ihre Zielgruppe sind die Gehaltsempfänger in den Großstädten, die vernetzte Jugend, die öffentlichen Bediensteten, die technologisch geschulten und globalistischen Beschäftigten der Großkonzerne. Dazu kommen natürlich die ethnischen Minderheiten, die zugewanderten Arbeitskräfte und die Frauen.

Eine erneuerte und radikalisierte Sozialdemokratie kann keine Kompromisse mit jener reaktionären Geisteshaltung schließen, die in meiner Geburtsstadt von einem Fünftel der Wähler Besitz ergriffen hat. Aber sie kann diesen Menschen wirtschaftliche Hoffnung geben. Sie kann ihnen vor allem Geld anbieten – auf dem Finanzmarkt geliehenes, durch Besteuerung der Reichen eingesammeltes oder von der Zentralbank gedrucktes Geld –, das in Schulen, Eigenheime, Arbeitsplätze, den öffentlichen Nahverkehr und das Gesundheitswesen investiert wird. Mittlerweile haben wir uns daran gewöhnt, dass sich halsstarrige plebejische Rassisten telefonisch in

Rundfunksendungen zu Wort melden, um zu erklären, dass sie die Zerstörung der britischen Wirtschaft dem Verbleib in der EU und einem Leben mit der Zuwanderung vorziehen. Tatsächlich haben sie verstanden, was auf dem Spiel steht. Aber sie, ihre Familien und ihre Gemeinden werden bald herausfinden, dass man Rassismus nicht essen kann.

Der große Fehler der Linken – und hier schließe ich neben den schwächelnden sozialdemokratischen Parteien die radikalen Linken von Syriza und Podemos ein – war, dass sie nicht begriffen, wie fragil die neoliberale Erzählung war. Als sich ein Teil dieser Geschichte als haltlos erwiesen hatte, ergab sie in ihrer Gesamtheit keinen Sinn mehr. Wir kritisierten den wirtschaftlichen Inhalt des Neoliberalismus, aber wir bauten unsere eigene Erzählung auf der Annahme auf, seine politischen Formen würden Bestand haben. Jetzt muss die Linke den rechtsextremen Nationalismus in den Arbeitergemeinden mit einer anderen Erzählung bekämpfen.

Der Neoliberalismus ersetzte die alte Erzählung von Zusammenarbeit und Zusammenhalt durch eine Geschichte, die von Individuen handelte. Diese Individuen waren abstrakte Personen mit abstrakten Rechten: Das Namensschild an ihrer Uniform war kein Ausdruck ihrer Identität, sondern sie trugen es nur, damit ihre Kunden oder ihr Chef sie identifizieren konnten. Die Arbeiter in den besiegten und vergessenen Gemeinden klammerten sich an das, was von ihrer kollektiven Identität übrig geblieben war. Aber da die Utopie, auf der diese Identität beruhte – der Sozialismus – von allen einschließlich der sozialistischen Parteien für unmöglich erklärt worden war, begannen sie, ihre Identität an dem festzumachen, was ihnen geblieben war: am Dialekt, am Heimatort, an der Familie und an der ethnischen Zugehörigkeit.

Die geldpolitische Lockerung durch die Zentralbanken und die staatlichen Rettungsmaßnahmen haben die von der Generation meines Vaters gefürchtete wirtschaftliche Depression verhindert, aber sie haben auch eine mittlerweile seit 2008 andauernde Stagnation heraufbeschworen. Eine Situation, die der britische Zentralbankchef Mark Carney beim G20-Gipfel im März 2016 als »Gleichgewicht von Niedrigwachstum, Niedriginflation und Niedrigzinsen« bezeichnete. Aber unter diesen Umständen kann es kein Gleichgewicht geben, vor allem nicht, wenn die Austeritätsmedizin fortgesetzte Kürzungen der Sozialleistungen und Löhne erzwingt, von denen die einkommensschwachen Gemeinden abhängen.

Solange der Neoliberalismus eine kohärente Geschichte erzählte, konnten seine Opfer – die gering qualifizierten Arbeiter in den zerstörten Industriestädten – mit einer Identität überleben, die nur im privaten Raum ausgedrückt werden konnte. Aber zwischen 2008 und 2016 verlor die neoliberale Erzählung derart schnell jegliche Überzeugungskraft, dass selbst ihre Kritiker überrascht waren. Insofern durchleben wir gerade eine Phase wie jene, die Russland in der Zeit der Perestroika durchmachte.

Ende der achtziger Jahre erlebten viele Russen unter Gorbatschow einen »Bewusstseinsbruch«, als klar wurde, dass der Kollaps des sowjetischen Systems bevorstand. Aber bis dahin hatten die meisten Leute so gehandelt, gesprochen und sogar gedacht, als wäre das System für die Ewigkeit gemacht. Und trotz ihrer zynischen Haltung gegenüber seiner Brutalität nahmen viele Menschen an den Aufmärschen und an den vom Staat vorgeschriebe-

Keine Angst vor der Freiheit 171

nen Ritualen teil. Der russische Anthropologe Alexej Jurtschak hat die Entwicklung in einem Buch beschrieben, dessen Titel vielsagend ist: *Everything Was Forever, Until It Was No More* (Alles war für die Ewigkeit, bis es vorbei war).

Seit Trumps Wahlsieg ist vorstellbar, dass auch die westliche Welt und mit ihr die Globalisierung, die liberalen sozialen Werte, die Menschenrechte und die Rechtsstaatlichkeit zusammenbrechen können. Wenn das eintritt, wird der Kapitalismus von Moskau bis Washington xenophob, oligarchisch und nationalistisch werden. Sollte es dazu kommen, müssten alle Projekte zur Errichtung einer gerechten Gesellschaft und zur Befreiung des Menschen wie in den dreißiger Jahren des vergangenen Jahrhunderts auf nationaler Ebene neu definiert werden.

Aber das können wir vermeiden. Die Linke sollte sich darauf konzentrieren, die Globalisierung zu retten, indem sie den Neoliberalismus beseitigt. Wie Carney angedeutet hat, brauchen wir insbesondere neue Mechanismen zur Bekämpfung der Ungleichheit und zur Umverteilung der Erträge des Handels und des technologischen Fortschritts: Sie sollten den Arbeitern und der Jugend zugutekommen. Um das zu bewerkstelligen, müssen wir die fünf zuvor beschriebenen Strukturreformen teilweise rückgängig machen:

- Wir müssen eine Industriepolitik betreiben, die Industriearbeitsplätze in die nördliche Hemisphäre zurückbringt, gleichgültig, welche Auswirkungen dies auf das Wirtschaftswachstum in der südlichen Hemisphäre hat.

- Wir müssen die Großunternehmen zwingen, ihre gesellschaftlichen Pflichten nicht gegenüber einer abstrakten Zivilgesellschaft, sondern gegenüber realen, konkreten Gemeinden anzuerkennen.

- Wir müssen wichtige öffentliche Dienste wieder verstaatlichen, um sie billig oder kostenlos anbieten zu können und so die Auswirkungen der prekären Beschäftigung abzufedern.

- Wir müssen der Kapitalflucht in Steuerparadiese ein Ende machen und das Schattenbankenwesen zerschlagen, um zu versteuernde Milliardenvermögen wieder ins Land zu holen. Mit den erhöhten Steuereinnahmen müssen wir die öffentlichen Investitionen unverzüglich massiv erhöhen, um das Leben der Arbeiterklasse zu verbessern.

- Wir müssen die Wirtschaft definanzialisieren, indem wir die Löhne anheben, die Abhängigkeit vom Kredit verringern und die Schuldenlast des öffentlichen und privaten Sektors durch Abschreibungen, kontrollierte Inflation und gegebenenfalls Kapitalkontrollen stabilisieren.

Diese Maßnahmen würden die Globalisierung nicht beenden. Aber sie würden sie teilweise rückgängig machen. Sie würden das stabilisieren und retten, was von der global vernetzten Wirtschaft zu retten ist, aber der Preis dafür wäre, dass die Globalisierung gebremst und kontrolliert zurückgeschraubt würde. Sobald das gesellschaftliche Ungleichgewicht behoben ist, müssen wir den Fortschritt wieder in Gang setzen. Ob das Wirtschaftswachstum in den Entwicklungsländern durch den Globalisierungsstopp gleichmäßiger verteilt wird und sich daher verlangsamt, ist eine nachrangige Frage für die Bevölkerung der Nordhalbkugel.

Schon lange bevor diese Maßnahmen tatsächlich zu

Keine Angst vor der Freiheit   173

wirken beginnen würden, könnten sie einfach dadurch
eine unmittelbare Wirkung erzielen, dass sie sich wie seinerzeit der Keynesianismus von Roosevelts New Deal in
der Vorstellung von Millionen Menschen in ein kohären-
tes Projekt verwandeln.

Man kann die Migration in einer Welt der Mobiltelefo-
nie, des Internets und des organisierten Verbrechens unmöglich aufhalten, ohne jene mörderischen Maßnahmen
zu ergreifen, die in den Köpfen der Vertreter der Alt-
Right-Bewegung herumspuken: elektrifizierte Grenz-
zäune, Aussetzung des internationalen Rechts und staatlich sanktionierter Mord an den Grenzen. Die OECD
schätzt, dass die USA und die EU bis 2060 jeweils fünfzig
Millionen Einwanderer aufnehmen müssen, um zu verhindern, dass das Wirtschaftswachstum zum Erliegen
kommt.[7] Daher muss die Bevölkerung wieder vom Nutzen der Zuwanderung überzeugt werden. Um das zu erreichen, müssen wir (a) die Zuwanderung steuern und
überwachen und jene Orte, an denen sie sich negativ auf
die öffentlichen Dienstleistungen auswirkt, gezielt mit
zusätzlichen Ressourcen unterstützen, (b) Arbeitsmarkt-
reformen durchführen, um die Arbeitgeber daran zu hindern, entwurzelte, nicht integrierte Migranten als ideale
»abstrakte Arbeitskräfte« einzusetzen, und (c) die Sparpolitik beenden. Eine Abkehr von der Austerität und
eine Ankurbelung des Wachstums durch Investitionen
würde nicht nur innerhalb weniger Monate den Wettbewerb um Wohnungen, medizinische Versorgung und Schul-
plätze verringern, sondern auch ein Positivsummenspiel
in Gang setzen und die Migrationsdebatte auf eine ganz
andere Grundlage stellen.

Trumps Wahlsieg und der Brexit haben gezeigt, dass

wir über die rein ökonomische Kritik am Neoliberalismus hinausgehen müssen. Die konkrete politische und wirtschaftliche Herausforderung für die Linke besteht darin, die postneoliberale Erzählung zu entwerfen. Alle Parteien, alle Politiker, alle Strukturen und alle Theorien, die diesem Unterfangen im Weg stehen, sollten ausgemustert werden. Wir haben keine Zeit zu verlieren.

Aus dem Englischen von Stephan Gebauer

Anmerkungen

1 Michel Foucault, *Geschichte der Gouvernementalität II: Die Geburt der Biopolitik. Vorlesungen am Collège de France 1978/1979*, Frankfurt am Main: Suhrkamp 2006, S. 314.

2 Ich danke dem Schriftsteller Jim Crace für die Anregung, das Bild der »Sauerstoffzufuhr« zu verwenden.

3 Der englische Text von Blairs Rede auf dem Parteitag ist online verfügbar unter: {http://news.bbc.co.uk/2/hi/uk_news/politics/4287370.stm} (Stand Januar 2017).

4 Joe Twyman, »Trump, Brexit, Front National, AfD: Branches of the same tree« (16. November 2016); online verfügbar unter: {https://you gov.co.uk/news/2016/11/16/trump-brexit-front-national-afd-bran ches-same-tree/} (Stand Januar 2017).

5 Vgl. mein Buch *Postkapitalismus: Grundrisse einer kommenden Ökonomie*, Berlin: Suhrkamp 2016.

6 Erich Fromm, *Die Furcht vor der Freiheit*, München: dtv 2008 [1941], S. 154.

7 Henrik Braconier, Giuseppe Nicoletti und Ben Westmore, »Policy challenges for the next 50 years« (2014), OECD Economic Policy Papers 9; online verfügbar unter: {http://www.oecd.org/economy/Poli cy-challenges-for-the-next-fifty-years.pdf} (Stand Januar 2017).

Politik im Zeitalter des Zorns.
Das dunkle Erbe der Aufklärung
Pankaj Mishra

Die politischen Erdbeben unserer Zeit – ob nun der Triumph Donald Trumps, eines Rassisten, der sich sexueller Übergriffe rühmt, die elektorale Apotheose von starken, des Massenmords beschuldigten Männern in Indien und auf den Philippinen (Narendra Modi und Rodrigo Duterte) oder die massenhafte Zustimmung für so skrupellose Despoten und Imperialisten wie Wladimir Putin und Recep Tayyip Erdoğan in Russland und der Türkei – haben gezeigt, welch gewaltige Kräfte sich aufgestaut haben. Der nahezu gleichzeitige Aufschwung der Demagogie in aller Welt verweist auf eine gemeinsame Ausgangslage mitbedingender Faktoren, auch wenn die Abspaltungen unserer Zeit, vom Islamischen Staat (IS) bis zum Brexit, zahlreiche lokale Ursachen haben. Zum einen sind ethische Zwänge allenthalben schwächer geworden, oft unter dem Druck der öffentlichen Meinung. Was früher einmal als »muslimische Wut« bezeichnet und mit Mobs vollbärtiger braunhäutiger Männer identifiziert wurde, zeigt sich plötzlich weltweit – bei safranfarben gekleideten buddhistischen Verfechtern ethnischer Säuberungen in Myanmar ebenso wie bei blonden Nationalisten in Deutschland. Freud schrieb einmal, »daß die primitiven, wilden und bösen Impulse der Menschheit bei keinem Einzelnen verschwunden sind, sondern noch fortbestehen, wenngleich verdrängt, im Unbewußten …, und auf die Anlässe warten um sich wieder zu betätigen«.[1]

Wie können wir diesen nahezu weltweiten Zusammenbruch verstehen, der gleichermaßen moralischer, emotionaler und politischer Natur zu sein scheint? Mit unseren Begriffen und Kategorien, die aus drei Jahrzehnten eines ökonomistischen Liberalismus stammen, lässt sich eine derartige Explosion unkontrollierter Kräfte offenbar nicht erfassen. Die »Massen« scheinen plötzlich weitaus formbarer, ihr Verhalten weit weniger voraussagbar zu sein, als man angenommen hatte, weshalb denn viele Eliten in Politik, Wirtschaft und Medien verwirrt und bestürzt sind. Der *Economist*, ein zuverlässiger Lieferant wohlmeinenden Denkens für diese Auserwählten, schwankte erst kürzlich zwischen Entrüstung über »postfaktische Politik« (ein in sich falscher Begriff) und einer an Rip Van Winkle gemahnenden Ankündigung eines »neuen Nationalismus«. Publikationen wie *Vanity Fair* lesen sich wie Parodien auf die *New Left Review*, wenn sie sich nun verspätet mit dem Fiasko des globalen Kapitalismus beschäftigen, zuvörderst mit dessen Unvermögen, das eigene Versprechen allgemeinen Wohlstands zu erfüllen, und mit seiner Verachtung für das demokratische Gleichheitsprinzip.

Abgedroschene rhetorische Gegensatzpaare – progressiv/reaktionär, Faschismus/Liberalismus, rational/irrational – werden reaktiviert. Doch während eine aufgeschreckte Intellektuellenbranche mit schnellen Entwicklungen und der fließenden Bedeutung menschlichen Handelns Schritt zu halten versucht, kann man sich kaum des Verdachts erwehren, dass unsere Suche nach rationalen politischen Alternativen zur aktuellen Unordnung vielleicht einem fatalen Irrtum erliegt. Denn die Gegner des neuen politischen »Irrationalismus«, ob nun der Linken, der Mitte

Politik im Zeitalter des Zorns

oder der Rechten zugehörig, werden immer noch von der Annahme behindert, dass Individuen rational handeln, sich von materiellen Eigeninteressen leiten lassen und deshalb durch deren Frustration zwar in Wut versetzt, durch ihre Erfüllung aber auch besänftigt werden können.

Diese Vorstellung menschlicher Motivation wurde erstmals während der Aufklärung entwickelt, die Tradition und Religion verachtete und die menschliche Fähigkeit, individuelle und kollektive Interessen rational zu bestimmen, an deren Stelle setzte. Nach diesem auf der linken wie auch auf der rechten Seite des ideologischen Spektrums akzeptierten Erklärungsmuster ist das egoistische bürgerliche Individuum, der Homo oeconomicus, die menschliche Norm, ein mit freiem Willen begabtes Subjekt, dessen natürliche Triebe und Wünsche von seinen obersten Motiven geprägt sind: dem Streben nach Glück und der Vermeidung von Schmerz. Diese simple Sicht blendete immer schon viele Faktoren aus, die im menschlichen Leben stets präsent sind: etwa die Furcht, Ehre, Würde und gesellschaftlichen Status zu verlieren; das Misstrauen gegenüber Veränderungen; den Reiz stabiler und vertrauter Verhältnisse. Für komplexere Motive wie Eitelkeit, die Angst, verwundbar zu erscheinen, oder das Bedürfnis, ein bestimmtes Bild von sich zu entwerfen, war darin kein Platz. Vom materiellen Fortschritt besessen, übersahen die Hyperrationalisten auch den Reiz einer durch »Rückständigkeit« geprägten Identität und die hartnäckigen Freuden einer Opferrolle.

Unsere eigene Missachtung dieser außerökonomischen Motive wirkt umso erstaunlicher, wenn wir uns vor Augen halten, dass der »Rationalismus« der Aufklärung mit seiner Fixierung auf individuelles Glück schon Ende des 19. Jahrhunderts, wie Robert Musil 1922 schrieb, »verächtlich und lächerlich geworden« war.[2] Tatsächlich sind die moderne Literatur, die Philosophie und die Kunst größtenteils gerade durch die These definiert, dass der Mensch von mehr getrieben ist als bloß rationalem Egoismus, Konkurrenz und Erwerbsstreben, die Gesellschaft mehr ist als ein Vertrag zwischen logisch kalkulierenden und autonomen Individuen und Politik mehr ist als das Handeln unpersönlicher Technokraten, die mithilfe von Meinungsumfragen, Studien, Statistiken, mathematischen Modellen und Technologie hyperrationale Fortschrittsprojekte entwickeln. Noch hinter der einfachsten weltlichen Transaktion verbirgt sich der riesige Bereich des Unbewussten. Der mit rationalen Berechnungen betraute Verstand ist, wie Freud schrieb, »ein schwächliches und abhängiges Ding«, ein »Spielball und Werkzeug unserer Triebneigungen und Affekte«.[3]

Die verblüffenden Revolutionen unserer Zeit und unser Erstaunen über sie machen es erforderlich, das Denken wieder im Bereich der Triebe und Affekte zu verankern. Diese Umbrüche verlangen nicht weniger als eine radikale Erweiterung unseres Verständnisses dessen, was es heißt, ein Mensch zu sein. Solch eine Reise, die erstmals vor einem Jahrhundert unternommen wurde, führt uns unvermeidlich weit über den Liberalismus und seine angeblichen Gegengifte – gleiches Wirtschaftswachstum und gerechte Verteilung – hinaus. Wir können in unserer postkommunistischen und postliberalen Zeit nichts Besseres tun, als mit dem freimütigen Eingeständnis zu beginnen, das der nach eigenem Bekunden liberale Internationalist Michael Ignatieff kürzlich in einem Aufsatz über

Politik im Zeitalter des Zorns 179

den marxistischen Denker Perry Anderson machte, dass nämlich »der Humanismus der Aufklärung gepaart mit einer historischen Vision [...] die Welt, in der wir leben, nicht zu erklären« vermag.[4]

Das ist in jedem Fall ein kolossaler intellektueller Misserfolg; denn das Aufklärungsideal einer universellen Marktgesellschaft war niemals vollständiger verwirklicht als in den letzten zwei Jahrzehnten einer hektischen Globalisierung. Marx konnte im 19. Jahrhundert noch über Jeremy Bentham spotten, weil der »den modernen Spießbürger, speziell den englischen Spießbürger, als den Normalmenschen« angesehen habe.[5] In unserer Zeit hingegen gelangte die Ideologie des Neoliberalismus, eine verdinglichte Form des Rationalismus der Aufklärung wie auch des Utilitarismus des 19. Jahrhunderts, zu einer nahezu vollständigen Vorherrschaft in Wirtschaft und Politik, vor allem nach der Diskreditierung ihres sozialistischen Rivalen 1989.

Der Erfolg des Neoliberalismus zeigt sich in zahlreichen Neuerungen, die inzwischen vollkommen selbstverständlich erscheinen. Das Wachstum des Bruttoinlandsprodukts ist der unersetzliche Maßstab nationaler Macht und nationalen Reichtums; individuelle Freiheit wird mit Wahlmöglichkeiten bei Konsumentscheidungen gleichgesetzt; vom Markt wird erwartet, dass er werthaltige Produkte und Dienstleistungen liefert, während man die Aufgaben des Staates auf die Sicherung eines fairen Wettbewerbs beschränkt. Marktbasierte Indizes des Erfolgs oder Misserfolgs diktieren inzwischen sogar das universitäre und kulturelle Leben.

Die mit dem Neoliberalismus einhergehende breitere intellektuelle Revolution war nicht weniger dramatisch.

Der Zusammenbruch des Kommunismus – uneheliches Kind des Rationalismus und Humanismus der Aufklärung – ermunterte Leitartikler wie auch Politiker und Unternehmer zu der Annahme, Demokratie und Kapitalismus westlicher Prägung hätten das moderne Rätsel der Ungerechtigkeit und Ungleichheit gelöst. Nach dieser utopischen Vision sollte eine auf freien Märkten, Wettbewerb und individuellem Unternehmertum basierende Weltwirtschaft ethnische und religiöse Differenzen abmildern, in allen Teilen der Erde zu Wohlstand und Frieden führen und letztendlich jedes irrationale Hindernis für die Ausbreitung der liberalen Moderne – wie etwa den islamischen Fundamentalismus – aus dem Weg räumen.

Heute liegt dieser nach dem Ende des Kalten Kriegs entstandene Konsens in Trümmern. Nach dem umfangreichsten Experiment in aufgeklärtem Eigennutz, der Maximierung des Glücks und der Schaffung freier Märkte sind Fanatiker und Glaubenseiferer im Herzen des modernen Westens stärker als jemals zuvor. Thomas Piketty mag richtigliegen mit seiner Behauptung, Trumps Sieg habe seine Ursache »hauptsächlich in der ökonomischen und geografischen Ungleichheit in den Vereinigten Staaten«.[6] Aber auch viele begüterte Männer und Frauen, von Afroamerikanern und Hispanics ganz zu schweigen, stimmten für einen zwanghaften Grapscher; und die wohlhabenden Schichten Indiens, der Türkei, Polens und der Philippinen halten treu zu ihren immer sprunghafteren Demagogen. Die neuen Repräsentanten der Abgehängten und Geknechteten – Trump und Nigel Farage in einem vergoldeten Aufzug, der Gründer des IS mit einer Rolex am Handgelenk und Modi in einem Maßanzug

Politik im Zeitalter des Zorns 181

von der Londoner Savile Row – veranstalten absurdes politisches Theater in höchster Vollendung.

Gary Younge hat recht mit seiner Warnung, der »Zusammenhang zwischen wirtschaftlichen Ängsten und rechtsgerichtetem Nationalismus« werde möglicherweise übertrieben.[7] Mike Davis' These zu nihilistischen Leidenschaften – dass manche Leute »um jeden Preis Veränderungen in Washington wollten, selbst wenn man dazu einen Selbstmordattentäter ins Oval Office setzen« müsse[8] – findet ihr Echo bei Barack Obama, der meint, Trump habe überzeugend dargelegt, »dass er diesen Ort in die Luft jagen werde«. Wähler, die den Ansichten pseudorationaler Meinungsforscher und Datenanalytiker in aller Welt trotzen, ähneln inzwischen Dostojewskis Mann aus dem Kellerloch, dem Urbild des Verlierers, der davon träumt, sich an den Gewinnern seiner Gesellschaft zu rächen.

Dostojewski, der in den sechziger Jahren des 19. Jahrhunderts, während der ersten Blütezeit des Liberalismus, schrieb, war einer der Ersten, die den heute auch uns beunruhigenden Verdacht äußerten, rationales Denken habe keinen entscheidenden Einfluss auf das menschliche Verhalten. Er setzte seinen Mann aus dem Kellerloch der damals in Russland populären, von eifrigen Lesern John Stuart Mills und Benthams importierten Idee eines rationalen Egoismus oder materiellen Eigennutzes entgegen. Dostojewskis Protagonist attackiert geradezu obsessiv die positivistische Annahme der Kapitalisten wie auch der Sozialisten, wonach der Mensch ein logisch kalkulierendes Tier sei:

> Oh, sagen Sie bitte, wer hat als erster verkündigt, wer zuerst bekanntgemacht, daß der Mensch nur deswegen Gemeinheiten begehe, weil er seine wahren Interessen nicht kenne; und daß, wollte man ihn aufklä-

ren, seine Augen für diese wahren, normalen Interessen öffnen, dieser Mensch sofort aufhören würde, Gemeinheiten zu begehen; er würde gut und edel werden, denn einmal aufgeklärt und seine eigentlichen Vorteile einsehend, müßte er seinen Vorteil im Guten finden, bekanntermaßen aber könnte niemand vorsätzlich gegen seine eigenen Vorteile handeln.[9]

Dostojewski schuf einen später von Nietzsche, Freud, Weber und Musil (um hier nur einige der »Meister des Zweifels« zu nennen) weiter ausgearbeiteten Denkstil, der sich schließlich zu einer intellektuellen Revolte gegen die zuversichtlichen Gewissheiten rationalistischer Ideologien liberaler, demokratischer oder sozialistischer Prägung auswachsen sollte. Musil, ausgebildeter Maschinenbauingenieur, war durchaus kein Propagandist der neoromantischen Kulte und Blut-und-Boden-Nationalismen seiner Zeit. Das Problem, das er sah, war keineswegs ein Mangel an »Seele«: »Wir haben nicht zuviel Verstand und zuwenig Seele, sondern wir haben zuwenig Verstand in den Fragen der Seele«, schrieb er.[10] Die meisten anderen Autoren und Denker des Fin de Siècle, die über das scheinbar Reale und das Rationale hinausgehen wollten, unternahmen ihre Analysen der komplexen Antriebe menschlichen Handelns mit einem hohen Maß an intellektueller Präzision. Dabei untersuchten sie nicht nur die Bedeutung des Verdrängten und Dunklen im privaten Leben, sondern auch die Rolle verborgener Akteure im sozialen und politischen Leben der liberalen Demokratie. Man bekomme den Eindruck, schrieb Freud 1927 in *Die Zukunft einer Illusion*, »daß die Kultur etwas ist, was einer widerstrebenden Mehrheit von einer Minderzahl auferlegt wurde, die es verstanden hat, sich in den Besitz von Macht- und Zwangsmitteln zu setzen«.[11]

Die aus der komplexen Neubestimmung menschlicher

Subjektivität hervorgegangenen Werke der Kunst, Literatur und Philosophie beschrieben sogar das alltägliche Bewusstsein (das bekannteste Beispiel ist hier sicherlich James Joyce' *Ulysses*) als bestimmt von einer Reihe unsteter Reisen: in eine nicht zu unterdrückende und oft schmerzhafte Vergangenheit, eine täuschende Gegenwart und eine von ungewissen Gefahren geprägte Zukunft. Zwischen menschlichem Handeln und seinen erklärten Prinzipien und Idealen besteht nach Ansicht der Moderne stets eine gewisse Differenz; es gibt eine irreduzible Lücke zwischen Theorie und Praxis, in der Angst, Hoffnung, Eitelkeit, Zorn und Rachegefühle lauern. Was wir das »Selbst« nennen, ist eine dynamische Entität, die sich ständig im Wechselspiel zwischen dem von Freud sogenannten »psychischen Apparat« und den in historischer Entwicklung begriffenen sozialen und kulturellen Bedingungen herausbildet und umgestaltet.

In diesem Sinne sind weder die »wütenden« Muslime von heute noch die Anhänger der Alt-Right-Bewegung unverbesserliche Fanatiker und Rassisten. Sie besitzen kein festes Selbst, das sich von den projizierten Ängsten, Wünschen und Zielen unterscheide, die sich wie alles Menschliche aufgrund der eigenen Widersprüche immer wieder auflösen. Deshalb lassen sich ihre angeblich rassistischen oder religiösen Ressentiments nicht angemessen durch eine genaue Lektüre des Koran oder der Meldungen auf der Website von Breitbart News erfassen. Am ehesten versteht man sie über das Wechselspiel des unvermeidlich gespaltenen menschlichen Selbst mit seinem sozialen, politischen und kulturellen Kontext.

Das besondere Kennzeichen dieses Kontextes, das für mancherlei Pein und Streit im Selbst sorgt, ist ein Paradoxon: die Tatsache, dass es, obwohl die Ideale der modernen Demokratie niemals so populär waren wie heute, immer schwieriger oder sogar unmöglich geworden ist, sie unter den Bedingungen der neoliberalen Globalisierung zu verwirklichen. Alexis de Tocqueville hatte einen beunruhigenden Komplex von Gefühlen bemerkt, der während der ersten großen demokratischen Revolution in den Vereinigten Staaten ausgebrütet wurde. Er hatte die Sorge, die in der Neuen Welt versprochene Meritokratie und Chancengleichheit müssten zu maßlosem Ehrgeiz, zerstörerischem Neid und chronischer Unzufriedenheit führen. Zu manchen Zeiten werde die Leidenschaft für die Gleichheit sich »bis zur Besessenheit steigern« und viele veranlassen, sich mit einer Einschränkung ihrer Freiheit abzufinden und sich nach einem starken Mann zu sehnen.[12]

Wir erleben heute weltweit Ausbrüche von Angst und Hass, weil die von Tocqueville beobachtete demokratische Revolution sich in die entlegensten Winkel der Welt ausgebreitet hat. Die Begeisterung für die Gleichheit wird mit einem von der globalen Konsumökonomie verlangten Streben nach Wohlstand verbunden, wodurch die Spannungen und Widersprüche im Seelenleben verschärft und dann in den öffentlichen Bereich hinausgetragen werden. »Wer in Freiheit leben will«, warnte einst Tocqueville, »muss sich an ein Leben voller Ungewissheit, Veränderung und Gefahr gewöhnen.«[13] Solch einem Leben fehlt es ganz entsetzlich an Stabilität, Sicherheit, Identität und Würde, selbst wenn es mit materiellen Gütern geradezu überschwemmt wird. Dennoch gehört es heute zum Alltag all jener Menschen auf der ganzen Erde, die durch rationale Nützlichkeitserwägungen entwurzelt, erniedrigt und überflüssig gemacht werden.

Die verbreitete Erfahrung der Moderne als eines großen Mahlstroms erhöht noch den Reiz des Ressentiments,
eines existenziellen Ressentiments gegen das Sein anderer Menschen, das durch eine intensive Mischung aus Gefühlen des Neids, der Demütigung und der Ohnmacht
verursacht wird, deren Ausbreitung und Verstärkung die
Zivilgesellschaft vergiften und die politische Freiheit unterminieren. Im Ressentiment, einer Verbindung diverser
Gefühle, zeigt sich am deutlichsten das menschliche Selbst
in seinen fundamental instabilen Beziehungen zur Au-
ßenwelt. Rousseau besaß ein tiefgründiges Verständnis
dieses Gefühlskomplexes, auch wenn er den Ausdruck
selbst nie benutzte. In seinen Augen leben Menschen in
einer Marktgesellschaft weder für sich selbst noch für
ihr Land; sie leben für die Befriedigung ihrer Eigenliebe,
ihrer *amour-propre* – des Wunschs und des Bedürfnisses,
von anderen anerkannt und ebenso geschätzt zu werden,
wie man sich selbst schätzt.

Doch solche Eitelkeit, auf grelle Weise exemplifiziert
in Trumps Ergüssen auf Twitter, ist dazu verdammt, auf
ewig unbefriedigt zu bleiben. Sie ist einfach allzu alltäglich
und allzu abhängig von wankelmütigen Meinungen. Letztlich führt sie zu Selbstverachtung und zu einem ohnmäch-
tigen Hass auf andere und kann überdies rasch zu einem
aggressiven Drang entarten, der bewirkt, dass man sich
nur anerkannt fühlt, wenn man anderen vorgezogen wird,
und dass man Freude an ihrer Erniedrigung empfindet.

Ressentiment steht in einem direkten Zusammenhang
mit der Verbreitung der Ideale einer demokratischen
Marktgesellschaft. Max Scheler entwickelte im frühen
20. Jahrhundert eine systematische Theorie des Ressentiments als einer typisch modernen Erscheinung, die in Ge-

sellschaften auftritt, in denen formale soziale Gleichheit zwischen den Menschen herrscht, zugleich aber massive Unterschiede der Macht, der Bildung, des sozialen Status und des Vermögens bestehen. Solche Disparitäten gibt es heute überall, zusammen mit erweiterten Vorstellungen individueller Erwartung und Gleichheit. Im neoliberalen Zeitalter florierte die Sehnsucht nach Wohlstand, Status und Macht unter den ungünstigsten Bedingungen; und Chancengleichheit – das Versprechen, dass Talent, Bildung und harte Arbeit durch individuelle Aufwärtsmobilität belohnt werden – war nach dem Ende des Kalten Kriegs 1989 keine bloß amerikanische Illusion mehr. Gleichheitsfantasien breiteten sich aus, obwohl die strukturelle Ungleichheit sich vertiefte. Und so wurde aus dem Ressentiment als einer europäischen oder amerikanischen Krankheit schließlich eine weltweite Epidemie.

Diese Epidemie breitete sich umso schneller aus, als die egalitären Ideale der Demokratie mit neoliberalen Idealen des privaten Vermögensaufbaus in Konflikt geraten und transnationale Unternehmen wie auch Individuen sich vom Nationalstaat lösen. Rationale Projekte zur Schaffung von mehr Wohlstand durch vernetzte Städte oder zur Entwicklung einer faireren Gesellschaft durch die Sharing Economy übersehen, dass die meisten Menschen heute entweder in Staaten mit schwindender Souveränität oder in diversen kaum verstandenen sozialen und politischen Kollektiven leben. Sie leiden nicht nur unter der Tatsache, dass – wie Tocqueville in einem anderen Zusammenhang meinte – alte Gewissheiten hinsichtlich ihrer Stellung in der Welt ebenso verschwunden sind wie ihre Bande zu traditionellen Gemeinschaften und Unterstützungssystemen. Ihre soziale Isolation hat sich in vie-

Politik im Zeitalter des Zorns

len Ländern auch aufgrund des Niedergangs der Sozialdemokratie und postkolonialer Nation-Building-Projekte verstärkt.

Tatsächlich scheint der Neoliberalismus die Loslösung von größeren Kollektiven zur Voraussetzung für privates Wachstum und Selbstüberhöhung gemacht zu haben. Das neue Individuum ist heute wahrhaftig zur Freiheit verdammt, selbst wenn es auch weiterhin von sehr dichtmaschig integrierten politischen und kulturellen Mächten versklavt wird: vom undurchsichtigen Wirken des Finanzkapitals, von den rigorosen Apparaten der sozialen Sicherungsnetze, des Rechtssystems und des Strafvollzugs wie auch vom ideologischen Druck der Bildungseinrichtungen, der Medien und des Internets. Da kann es kaum verwundern, dass die Zahl der Menschen, die Frauen und Minderheiten zu Sündenböcken machen oder auch nur bei Twitter jemanden suchen, den sie beschimpfen können, ein exponentielles Wachstum verzeichnet. Diese scheinbaren Rassisten und Frauenfeinde leiden offensichtlich seit Langem unter etwas, das Albert Camus im Anschluss an Schelers Definition des Ressentiments eine »unheilvolle, abflußlose Absonderung einer fortgesetzten Ohnmacht« genannt hat.[14] Es war dieser Schlamm, eine Art Wundbrand sozialer Organismen, der schon lange ganz offen in der *Daily Mail* und bei Fox News schwärte und sich schließlich vulkanartig in Trumps Sieg entlud.

Dass Arme und Reiche gleichermaßen für einen habituellen Lügner und Steuerhinterzieher stimmten, bestätigt wieder einmal, dass die Wünsche der Menschen nicht der Logik der eigenen Interessen folgen und diesen Interessen sogar schaden können. Tatsächlich befinden wir uns in der gespenstig vertrauten Situation, in der militant enttäuschte Massen Ende des 19. Jahrhunderts begannen, radikalen Alternativen zur schmerzhaften Fortführung eines Experiments in rationaler Politik und Ökonomie zu erliegen.

Weite Teile der Geschichte des frühen 20. Jahrhunderts gelten als warnendes Beispiel, das uns vor Augen führt, wie die Manipulation des Massenunbewussten durch Demagogen und ein geschickt eingesetztes Verständnis der Massenpsychologie und der Medien ihren Teil zum Aufstieg völkermörderischer Regime und zweier Weltkriege beitrugen. Allerdings bereitete auch das verheerende Versagen des rationalen Liberalismus den Weg für hyperrationale totalitäre Lösungen. Stalins Sowjetunion mit ihrer ultramodernen sozioökonomischen und kulturellen Sozialtechnologie war, wie der US-amerikanische Historiker Stephen Kotkin schreibt, die »exemplarische Aufklärungsutopie«.[15]

Die von Nationalsozialismus und Stalinismus ausgelösten Traumata waren derart verheerend, dass sie in einer ironischen Wende des Schicksals dabei halfen, den Liberalismus nach 1945 zu rehabilitieren. Tatsächlich ist es eine überaus wichtige Erkenntnis, dass der von seinem ruinösen Versagen beschmutzte Liberalismus in der Pattsituation des Kalten Krieges neuen intellektuellen Glanz erhielt. Unter Berufung auf die Aufklärung setzten angloamerikanische Liberale den nichtkommunistischen Westen unerschütterlich mit segensreicher Rationalität gleich und brandmarkten dessen Gegner als todbringend irrational – ein intellektueller Reflex, in den in jüngster Zeit auch Laptop-Krieger gegen den radikalen Islam verfielen.

Nationalsozialismus und Stalinismus gingen, wie Horkheimer und Adorno behaupteten, aus der Dialektik der

Aufklärung hervor, und ein rassistischer britischer Imperialismus war nach Ansicht von Hannah Arendt und Simone Weil tatsächlich deren Vorläufer. Dennoch unterdrückten die Ideologen der freien Welt die peinlichen Verbindungen zwischen ihrem Rationalismus und dem Irrationalismus anderer, um sich auf eine hohe moralische Warte stellen zu können. Während des Kalten Krieges schufen Gegensätze wie der zwischen dem rationalen Westen und dem irrationalen Osten, zwischen Aufklärung und Gegenaufklärung, zwischen freiheitlicher Demokratie und Totalitarismus, zwischen der Freiheit und ihren Feinden wie auch zwischen dem Westen und seinen Feinden ein vollkommen neues intellektuelles Klima.

Der außergewöhnliche Einfluss, den der Liberalismus im Kalten Krieg auf die angloamerikanische Politik und Kultur ausübte, zeichnete jedoch ein irreführendes Bild von dessen innerer Kohärenz. Viele Erfolge Europas und Amerikas nach 1945 gingen in Wirklichkeit auf sozialstaatliche Programme zurück, die man dem Sozialismus entlehnte. Aufgrund der Diskreditierung, die der Sozialismus 1989 erlebte, blieb der Liberalismus ohne seinen mächtigsten Herausforderer und Gesprächspartner zurück, der ihn letztlich gestärkt hatte. Der Sozialstaat wurde in Westeuropa und Amerika damals bereits aufgegeben. In den neunziger Jahren versackte der Liberalismus in einem seichten Ökonomismus, der materialistischen und mechanistischen Ideologie des Neoliberalismus. Und gerade dessen rückwärtsgewandte These, das Wirkliche sei das Vernünftige und es gebe keine Alternativen, hat uns unfähig gemacht, viele politische Phänomene unserer Zeit zu begreifen.

Gewiss können jene, die den Einbruch archaischer

Muster wie der Identifizierung und Verfolgung von Sündenböcken in die postmodernen Gesellschaften des Westens zu erklären versuchen, dabei nicht mehr auf den ideologischen Determinismus der Linken oder der Rechten oder auch eines »Dritten Weges« zurückgreifen. Diese konkurrierenden Entwürfe für die Verwirklichung eines guten Lebens lagen unserem Wissen über die menschliche Gesellschaft zugrunde und erklärten historische Ereignisse durch eine Teleologie des Fortschritts. Während des Kalten Krieges und danach verwendete man viel geistige Arbeit darauf, Persönlichkeiten, Epochen und Kulturen zu eigenständigen Totalitäten und eindrucksvollen Vorbildern zu stilisieren: Winston Churchill, die westliche Zivilisation, den Liberalismus und die Moderne.

Der metaphysische Urknall unserer Zeit bedroht nicht nur diese eitlen Projekte, die Identitätspolitik der Eliten, sondern die Demokratie schlechthin. Seit dem späten 18. Jahrhundert hat man Religion und Tradition ständig kritisiert in der Hoffnung, rational eigennützige Individuen könnten eine liberale politische Gemeinschaft bilden, die ihre gemeinsamen Gesetze bestimmt und die Würde wie auch die gleichen Rechte ihrer Bürger ohne Ansehung der ethnischen Zugehörigkeit, der Rasse, der Religion und des Geschlechts sichert. Diese Grundprämisse der säkularen Moderne, bislang von religiösen Fundamentalisten gefährdet, wird heute von gewählten Demagogen in ihren Kernlanden, Europa und den Vereinigten Staaten, bedroht.

Wie soll es nun weitergehen? Wir können die Krise der Demokratie natürlich wie bisher durch beruhigende Dualismen definieren wie die zwischen liberal und autoritär, religiös und säkular und dergleichen. Fruchtbarer wäre es da, die Demokratie als einen hochgradig belasteten emotionalen und sozialen Zustand zu begreifen, der heute weltweit instabil geworden ist. So wäre es immerhin möglich, das aktuelle Wirken des Ressentiments in verschiedenen politischen Regimen und Klassen zu untersuchen und zu verstehen, warum ethnisch-nationalistische Überlegenheitsgefühle und Frauenfeindlichkeit in Indien und der Türkei wachsen, unter den Bedingungen sozialer Mobilität dort und unter denen der Stagnation oder des Niedergangs in Amerika und Großbritannien.

Die Erhebung eines gehässigen Twitter-Trolls zum mächtigsten Mann der Welt ist der letzte von zahlreichen Beweisen, dass die idealisierten Ansprüche angloamerikanischer Eliten hinsichtlich Demokratie und Liberalismus niemals mit der politischen und ökonomischen Realität in ihren Ländern übereinstimmten. Diese Länder wurden ursprünglich mithilfe rassistischer und imperialistischer Gewalt aufgebaut und zudem in den letzten Jahrzehnten durch Globalisierung und Terrorismus ständig verändert und sogar deformiert. Im Zeitalter der Krisen, das mit dem 11. September 2001 begann, verdampfte der dünne Inhalt der Ideologien des Kalten Krieges. Zurück blieb ein Überrest nostalgischer Sehnsucht nach den Gewissheiten des antitotalitären, »liberalen« Westens.

Kurz vor seinem Tod äußerte Tony Judt, der wohl profilierteste Liberale des Kalten Kriegs, die Hoffnung, die Jungen würden die sozialdemokratischen Ideale seiner Jugend wieder zum Leben erwecken, wenn sie die auf kollektiven Zielen basierende Politik des sozialen Zusammenhalts in Gestalt des »sozialstaatlichen Gemeinwesens« entdeckten.[16] In seinem jüngsten Buch äußert sich der führende liberale Denker Frankreichs, Pierre Manent, intellektuell anerkennend über Michel Houellebecqs mutwilliges Plädoyer für den Islam als eine nachaufklärerische Religion. Und Simon Schama twitterte nach Trumps Sieg, wir bräuchten einen neuen Churchill, um den Faschismus in Europa und Amerika zu bekämpfen.

Solches An-die-Brust-Schlagen oder Auf-die-Schulter-Klopfen läuft letztlich auf eine irrationale Forderung hinaus: dass die Gegenwart sich selbst aufheben und einer Rückkehr in die Vergangenheit weichen möge. Es ist ein Versuch, die schmerzhafte Erkenntnis zu umgehen, dass die Voraussetzungen für die Ziele der traditionellen Linken und Rechten, die Solidarität auf der Grundlage der Klasse, der Rasse, des Geschlechts und der Nation zu schaffen versuchten, inzwischen verschwunden sind. Klagen – uns fehlte die richtige Art rückgratstärkender Führer oder rationaler Kultur oder politischer Gemeinschaft oder Religiosität oder geschlechtsbezogener Solidarität oder nationalen Zusammenhalts – ignorieren den fragmentierten Charakter unserer Politik, Gesellschaft und Technologie, die in ihrer ständigen Veränderung schon lange hybrid und unentschieden ist: gleichermaßen bereit, LGBT-Rechte zu fördern oder die Folter wieder einzuführen und Fake News zu verbreiten. Auch ist die Sehnsucht nach den alten Zeiten keine angemessene Reaktion auf die massive aktuelle Legitimationskrise der demokratischen Institutionen.

Politische Gegenmittel gegen die von Modi, Erdoğan, Putin, Brexit und Trump entfesselten finsteren Pathologien erfordern einen ungeschönten Blick auf die schlechten neuen Zeiten – etwas weitaus Zukunftsorientierteres als Solidaritätsmodelle, die vom Islam, einer nationalistischen Pädagogik für die Unterdrückten oder einem unbeirrbaren Glauben daran inspiriert sind, dass die Globalisierung am Ende die versprochenen Vorteile liefern werde. Die notwendige Arbeit lässt sich nur auf der Grundlage eines reicheren und vielfältigeren Bildes menschlicher Erfahrung und menschlicher Bedürfnisse leisten, wie die Meister des Zweifels es skizzierten.

Unsere quantitative Fixierung auf das, was zählt und darum gezählt und analysiert werden kann, schließt allzu lange schon aus, was nicht zählt: subjektive Gefühle. Die Religion der Technologie und des Bruttoinlandsprodukts und die aus dem 19. Jahrhundert überkommene krude Kalkulation der eigenen Interessen beherrschen seit nahezu drei Jahrzehnten die Politik und das intellektuelle Leben. Heute offenbart die Gesellschaft aus offenkundig um den rationalen Markt organisierten unternehmerischen Individuen ein unerhörtes Ausmaß an Elend und Verzweiflung und löst eine nihilistische Rebellion gegen Ordnung schlechthin aus.

Da so viele Orientierungspunkte zerstört sind, vermögen wir kaum zu sehen, wohin der Weg uns führt, oder gar einen Weg vorzuzeichnen. Aber schon um überhaupt eine Grundorientierung zu finden, benötigen wir vor allem mehr Präzision in Fragen der Seele. Sonst laufen wir Gefahr, dass es uns in unserer Vernarrtheit in rationale Motive und Resultate so ergeht, wie Tocqueville es einmal beschrieb: »Von einem rasch fließenden Strome dahingetrieben, bleibt unser Blick hartnäckig an ein paar Trümmerresten haften, die man am Ufer noch sieht, während die Strömung uns mitreißt und uns rücklings den Abgründen zutreibt.«[17]

Aus dem Englischen von Michael Bischoff

Anmerkungen

1 Brief von Sigmund Freud an Frederik van Eeden (28. Dezember 1914), zit. nach Ernest Jones, *Das Leben und Werk von Sigmund Freud*, 3 Bde., Bern/Stuttgart: Huber 1962, Bd. II, S. 434.

2 Robert Musil, »Das hilflose Europa oder Reise vom Hundertsten ins Tausendste« (1922), Abschnitt 10; online verfügbar unter: {http://gu tenberg.spiegel.de/buch/essays-6938/1} (Stand Januar 2017).

3 Freud an van Eeden, a.a.O., S. 434.

4 Michael Ignatieff, »Messianic America: Can he explain it?«, in: *The New York Review of Books* (19. November 2015).

5 Karl Marx, *Das Kapital*, in: ders. und Friedrich Engels, *Werke* (= MEW), herausgegeben vom Institut für Marxismus-Leninismus beim ZK der SED, Bd. 23, Berlin: Dietz 1972 [1867], S. 637, Fn. 63.

6 Thomas Piketty, »We must rethink globalization, or Trumpism will prevail«, in: *The Guardian* (16. November 2016); online verfügbar unter: {https://www.theguardian.com/commentisfree/2016/ nov/16/globalization-trump-inequality-thomas-piketty} (Stand Januar 2017).

7 Gary Younge, »How Trump took middle America«, in: *The Guardian*; online verfübar unter: {https://www.theguardian.com/member ship/2016/nov/16/how-trump-took-middletown-muncie-election} (Stand Januar 2017).

8 Mike Davis, »Not a revolution – yet« (15. November 2016); online verfügbar unter: {http://www.versobooks.com/blogs/2948-not-a-revo lution-yet} (Stand Januar 2017).

9 Fjodor M. Dostojewski, *Winterliche Aufzeichnungen über sommerliche Eindrücke, Aufzeichnungen aus dem Kellerloch. Aus dem Tagebuch eines Schriftstellers*, Reinbek bei Hamburg: Rowohlt 1962, S. 84.

10 Musil, »Das hilflose Europa oder Reise vom Hundertsten ins Tausendste«, Abschnitt 18, a.a.O.

11 Sigmund Freud, *Die Zukunft einer Illusion*«, in: ders., *Gesammelte Werke*, Bd. XIV, London: Imago 1948, S. 327.

12 Alexis de Tocqueville, *Über die Demokratie in Amerika*, München: dtv 1976, S. 583.

13 Alexis de Tocqueville, *Voyages en Angleterre et Irlande*, zit. nach ders., *Journeys to England and Ireland*, London/New Brunswick: Transaction Publishers 2003, S. 116.

14 Albert Camus, *Der Mensch in der Revolte*, Reinbek bei Hamburg: Rowohlt 1964, S. 21.

15 Stephen Kotkin, *Magnetic Mountain: Stalinism as a Civilization*, Berkeley/Los Angeles: University of California Press 1997, S. 364.

16 Tony Judt und Timothy Snyder, *Nachdenken über das 20. Jahrhundert*, Frankfurt am Main: Fischer 2015, S. 385.

17 Tocqueville, *Über die Demokratie in Amerika*, a. a. O., S. 9.

Mut zur Verwegenheit
Robert Misik

Es ist jetzt schon beinahe dreißig Jahre her, da schrieb Pierre Bourdieu einen kleinen Aufsatz mit dem schlichten Titel »Politik denken«. Die ersten Sätze lauten:

> Wir werden von Politik überflutet. Wir schwimmen im unentwegten und wechselhaften Strom des täglichen Geschwätzes über die vergleichbaren Chancen und Verdienste austauschbarer Kandidaten. Es ist nicht nötig, die Leitartikler von Zeitungen und Zeitschriften zu lesen oder ihre »Analysen« [...]. [Diese] Äußerungen zur Politik sind, wie das leere Gerede über gutes oder schlechtes Wetter, im Grunde flüchtig.[1]

Es bahnte sich damals etwas an, mit dessen Resultaten wir heute konfrontiert sind, zumindest in jenen Landstrichen, die man früher noch die »westliche Welt« nannte. Aus alten Weltanschauungsparteien, die zugleich auch Klassen- und Milieuparteien waren, wich im Lauf der Zeit alles Leben, der Typus des bisher bekannten Parteiführers verschwand und wurde nach und nach ersetzt durch den neuen Typus des professionellen Berufspolitikers. Alle Profi-Politiker zusammen waren das Feld der Politik, und das Referenzsystem des Profi-Politikers waren die anderen Profi-Politiker. Sie bildeten, so stellte es sich in den Augen der Bürger jedenfalls zunehmend dar, eine abgesonderte Sphäre, deren Angehörige zwar um kleine Vorteile rivalisierten, zugleich aber in enger Komplizenschaft miteinander verbunden waren.

Schlimmer noch: Aus Sicht der Menschen hatte es den Anschein, die Angehörigen dieses politischen Establishments versuchten, sich an die neue globale ökonomische

Elite anzupassen. Mit letzterer pflegten die Profi-Politiker enge Kontakte, während die Verbindungen zu den Bürgern immer loser wurden. Zu allem Überfluss entwickelte sich auch noch ein hermetischer Jargon, den die Leute irgendwann nicht mehr hören konnten.

Die Tatsache, dass seit nunmehr bald zwanzig Jahren die Einkommen der Arbeiter und der unteren Mittelschicht stagnieren, kam zu alldem noch hinzu und wurde ebenfalls in den Deutungsrahmen des »Die da oben, die Eliten, sie interessieren sich keinen Deut dafür, sie nehmen es noch nicht einmal wahr« eingepasst.

Damit haben wir schon einige der Ingredienzen zusammen, die sich im Brexit-Votum, in der Wahl Donald Trumps zum US-Präsidenten und ganz allgemein im Aufstieg des Rechtspopulismus in Europa verdichten. Was zunächst an den Rändern wucherte und sich dann als wabernder Verdruss in den Gesellschaften breitmachte, summiert sich mittlerweile zu potenziellen Mehrheiten und bedroht die pluralistische Demokratie. Der Aufstieg der autoritären Antipolitik ist allerdings nicht die Ursache, sondern die Folge eines Versagens der etablierten Politik, insbesondere der Parteien der demokratischen Linken, weshalb in der Folge primär von diesen die Rede sein soll.

Let's talk about Class

Mit den welthistorischen Veränderungen, die wir mit dem Jahr 1989 verbinden, begann eine neue Ära. Das gilt für die progressiven Parteien und die diversen Milieus, die sie trugen, und natürlich erst recht für neue Milieus, die seither entstanden sind. Dabei geht es nicht nur, nicht einmal primär um den Untergang des Realsozialismus, den Fall der Mauer, das Ende der Blockkonfrontation oder die Verunsicherung eines »sozialistischen« Narrativs. Vielmehr überlagerten sich in jenen Jahren unterschiedliche Prozesse: Man rief das »Ende der Geschichte« sowie den Triumph des Kapitalismus aus und zugleich den einer bestimmten Form der liberalen pluralistischen Demokratie. Der Marktfundamentalismus und der Neoliberalismus wurden ideologisch dominant. Zeitgleich wurden die westlichen Gesellschaften von weiteren Modernisierungsprozessen erfasst, etwa dem Aufstieg vieler junger Menschen aus Arbeitermilieus in die urbane Mittelschicht. Die Arbeiterklasse? Die gibt's doch gar nicht mehr! Und was von ihr noch übrig war, würde sich bald im Fluidum zeitgenössischer Modernität auflösen.

Auch die sozialistischen und sozialdemokratischen Parteien wurden immer mehr zu Mittelschichtsparteien und hatten nur mehr eine vage Ahnung davon, wer eigentlich ihre Wählerinnen und Wähler waren. Die strukturierenden Netzwerke in den Arbeitervierteln, die früher den Kern der Parteiorganisationen ausgemacht hatten, lösten sich auf, wurden porös, wirkten antiquiert. In Wirklichkeit verwandelten sich unsere Gesellschaften aber nicht in nivellierte Mittelschichtsgesellschaften. Es gab auch viele »Verlierer« – die wurden allerdings vergessen.

Aber selbst das ist zu grob gesprochen. Denn es geht nicht allein um die krassen Dichotomien zwischen »absoluten Gewinnern« und »absoluten Verlierern«. Die Gruppe derjenigen, die sich heute mehr oder weniger bewusst als die Vergessenen betrachten, ist keineswegs homogen. Da ist, erstens, die arbeitende Mittelschicht, deren Angehörige sich freilich selbst nie als »Arbeiterklasse« bezeichnen und die auch von Soziologen so nicht genannt würden (im Unterschied zu den USA übrigens, wo »working class« und »middle class« oft synonym gebraucht werden und es sehr viel selbstverständlicher ist, sich als Angehöriger der »working class« zu definieren). Büroangestellte, Installateure, Arbeiter, die noch ein ordentliches Auskommen haben, die sich aber mit Recht durch die globalen ökonomischen Veränderungen bedroht fühlen. Ihre Löhne und Gehälter stagnieren seit Jahren, und sie wissen, dass sie im Konkurrenzkampf heute leichter unter die Räder kommen können als noch vor zwei Jahrzehnten. Sie spüren, dass das Eis unter ihren Füßen dünner wird.

Diese Gruppen sind nicht identisch mit denen, die unmittelbare Angst vor dem ökonomischen Absturz haben müssen, und auch nicht mit denen, die hart arbeiten, aber nur sehr geringe Einkommen erzielen – etwa das neue Dienstleistungsproletariat (die Verkäuferin beim Bäcker, der Paketbote usw.). Schon gar nicht sind sie identisch mit denen, die überhaupt keine Jobs mehr finden, weil sie zu schlecht qualifiziert sind.

Und sie alle sind nicht identisch mit »den Armen«, ganz im Gegenteil: Diese Bevölkerungsgruppen sind stolz darauf, dass sie ihre Familien mit ihrer Arbeit durchbringen, und jubeln nicht automatisch über Sozialprogramme, die den Armen helfen. Die US-amerikanische Juristin Joan C. Williams hat die verschiedenen Bedrohungslagen und die daraus resultierenden politisch-emotionalen Reaktionsweisen der »weißen Arbeiterklasse« in ihrem Essay »What so many people don't get about the U. S. working class« analysiert.[2] Mutatis mutandis lässt sich ihre Karte

Mut zur Verwegenheit

der sozialen Lagen zumindest auch auf die meisten europäischen Länder übertragen.

Dennoch gibt es einiges, das die Angehörigen all dieser Milieus betrifft: Sie alle haben das Gefühl, dass sie politisch keine wirklichen Fürsprecher mehr haben. Sie alle haben das Gefühl, dass Globalisierung und europäische Integration für sie mehr Kosten als Nutzen generieren. Und sie haben damit auch weitgehend recht. In der ökonomischen Debatte ist heute umstritten, ob noch mehr Freihandel und noch mehr Deregulierung für die volkswirtschaftliche Entwicklung noch Vorteile bringen oder ob die Nachteile nicht längst überwiegen. Eines ist freilich nicht mehr umstritten: Selbst wenn es für »das Aggregat«, also eine Nation insgesamt, Vorteile bringen sollte, so sind diese ungerecht verteilt, weshalb es stets Gewinner und Verlierer gibt. Und diejenigen, die nicht zu den Gewinnern zählen, wissen nach 25 Jahren sehr genau, dass die Konkurrenz zunimmt, dass der soziale und materielle Stress steigt – und dass die Formeln in den Sonntagsreden der Globalisierungsbefürworter in ihren Ohren nur Gewäsch sind.

All diese Bevölkerungsgruppen spüren, dass die etablierten progressiven Parteien sich für sie in der Regel nicht mehr interessieren und dass deren Repräsentanten selbst Teil der globalen Oberklasse geworden sind. Und damit haben sie zumindest nicht gänzlich unrecht. Andersherum ausgedrückt: Unsere Gesellschaften sind immer noch in Klassen zerrissen, aber wir haben nicht einmal eine klare Vorstellung davon, wie diese fortdauernden Klassenrisse und die neuen sozialen Spaltungen aussehen.

Kulturelle Entfremdung

Progressive Parteien wie etwa die österreichische Sozial-demokratie stützten sich seit je auf prekäre Bündnisse un-terschiedlicher Milieus. Im Nachhinein stellen wir uns diese Allianzen immer als harmonische vor, aber der Gra-ben zwischen, beispielsweise, einem feinsinnigen linken Intellektuellen wie Max Adler und einem volkstümlichen Gewerkschaftsfunktionär aus der Obersteiermark war ver-mutlich auch in den zwanziger Jahren mehr als eine gering-fügige Differenz im Lebensstil. Arbeiterklasse, das hieß immer auch: Der Mann war der Herr im Haus, die Höhe des Einkommens stellte einen Maßstab für Maskulinität dar, für intellektuelle Verzärteltheiten hatte man nicht wirklich etwas übrig. Aber das Bündnis hielt, irgendwie.

Seien wir nicht blauäugig: Auch in den heutigen »Ar-beiterklassen«, bei den Arbeitern, in der arbeitenden Mit-telschicht, in den unterschiedlichen Angestelltengrup-pen, im neuen Dienstleistungsproletariat, aber auch bei den ökonomisch völlig Abgehängten gibt es andere kul-turelle Wertvorstellungen als in den progressiven Mittel-schichten und in den Akademikermilieus in den Innen-städten.

Mittlerweile ist aber noch ein Faktor dazugekommen: Die traditionellen Milieus haben das Gefühl, die Angehö-rigen der urbanen kosmopolitischen Gruppen blickten auf sie und ihren Lebensstil herab. Zur ökonomischen Verun-sicherung kommt eine soziale Verunsicherung, der Sta-tus ist in doppelter Hinsicht bedroht. Die Schweizer Po-litikwissenschaftlerin Silja Häusermann hat das in einem Interview so formuliert:

Es sind nicht die Armen, auch nicht die Prekarisierten, es ist der untere Mittelstand, der rechtsnational wählt. Diese Menschen verarmen nicht, aber sie sind verunsichert, haben Abstiegsängste. Sie erheben Anspruch auf einen Status, den sie nicht mehr haben – als Arbeitnehmer, als männliche Ernährer der Familie. Sie sind unzufrieden damit, wie sich die Welt entwickelt. Das ist sehr allgemein gefasst, aber irgendwie geht alles in eine Richtung, die ihnen nicht richtig scheint: bei den Frauen, bei den Jungen, im Arbeitsmarkt, im Bildungswesen ...[3]

Kulturelle Milieus, die sich vor wenigen Jahren noch als konventionell – und damit als hegemonial – verstehen konnten (wobei sie das vermutlich nicht einmal bewusst taten, da es für sie ohnehin selbstverständlich war), haben plötzlich das Gefühl, sie würden nicht mehr respektiert. Und auch damit haben sie nicht völlig unrecht. Niemand hat diese Prozesse so hart und schonungslos beschrieben wie Didier Eribon in *Rückkehr nach Reims*. Seine Eltern waren Kommunisten, er ging zum Studium nach Paris und muss sich retrospektiv eingestehen, dass er »für das real existierende Arbeitermilieu« in seinem »tiefsten Inneren vor allem Ablehnung empfand«.[4] Heute wählt seine Familie den Front National. Nicht weil sie rassistisch wurde (das war sie nämlich schon immer), sondern weil sie sich kulturell abgewertet und in ihren ökonomischen Anliegen von den vorhandenen Linksparteien nicht mehr vertreten fühlt.

Der gesellschaftliche Wandel ist inzwischen so weit fortgeschritten, dass sich Linksparteien, wenn sie erfolgreich sein wollen, auf zwei Milieus bzw. Aktivisten- und Wählersegmente stützen müssen, die in etwa gleich groß sind: die modernen, linken oder linksliberalen urbanen Mittel- und die verschiedenen Teilsegmente der oben beschriebenen Arbeiterklassen. Grob gesagt: Wenn eine linke Partei knapp 40 Prozent der Stimmen ergattern will, wird jeweils die Hälfte aus diesen Milieus kommen müssen. Doch diese Milieus unterscheiden sich dramatisch.

John Harris hat einige Wochen nach dem Brexit-Votum im *Guardian* eine ausführliche Analyse zu den Dilemmata der Labour Party veröffentlicht. Titel: »Hat die Linke eine Zukunft?«[5] Darin legt er überzeugend dar, dass sich die Probleme linker Parteien nicht von heute auf morgen mit einem simplen Politikwechsel werden lösen lassen. Überspitzt könnte man sagen: Die Blairisten haben aus Labour eine Mittelschichtssozialdemokratie gemacht, die sich ausschließlich an den Einstellungen der urbanen Mittelklassen orientiert und die Arbeiterklasse vergessen hat. Also rückt man nach links, wählt Jeremy Corbyn zum Anführer und gewinnt so wieder Glaubwürdigkeit bei den einfachen Leuten.

So einfach ist es aber nicht: Corbyn selbst ist ja der Held der progressiven Studierenden, der eher internationalistisch Gesinnten, der überzeugten Linken. Diese Gruppen wünschen sich eine ganz andere Politik als Wähler aus der Arbeiterklasse, die für den Brexit stimmten, als Leute, die finden, dass ihnen Immigranten die Jobs wegnehmen und dass die linken Akademiker sich viel zu viel mit LGBT-Rechten und Fragen der Political Correctness beschäftigen. Ein »Linksruck« wird aus diesen beiden Großmilieus daher nicht automatisch wieder einen erfolgreichen progressiven Block machen. Schlimmer: Der Linksruck kann dazu führen, dass Corbyn die Leute aus den progressiven urbanen Milieus verliert, ohne bei der Arbeiterklasse signifikant an Unterstützung zu gewinnen.

Das eine Milieu ist gegen Migration und Multikulti, das andere für Internationalismus, Menschenrechte und

Solidarität. Die einen sind für Protektionismus, die anderen profitieren durchaus von der Globalisierung. Die einen stimmten in überwiegender Mehrheit für den Brexit, die anderen in überwiegender Mehrheit dagegen. Das heißt: Hier gibt es nicht nur ziemlich tiefe Gräben, sondern es herrscht eine Distanz, die kaum noch überbrückbar erscheint.

Die Europäische Union vorwärtsbringen

Es wird also sicherlich kein Sonntagsspaziergang, aus diesen verschiedenen Gruppen wieder eine Allianz zu schmieden. Klare Konzepte sind dafür in jedem Fall eine Vorbedingung, wenngleich sicherlich keine hinreichende. In jedem Fall brauchen wir dafür einen politischen Kurswechsel.

Die neoliberale Dominanz muss auf den verschiedensten Ebenen zurückgedrängt werden. Zunächst einmal auf der Ebene der politisch-ökonomischen Diskurse. Hier hat sich allerdings seit der Finanzkrise bereits einiges getan: Vor fünfzehn Jahren war die marktradikale Hegemonie schier ungetrübt, das Mantra von Flexibilisierung, Globalisierung, Deregulierung, Strukturreformen und Wettbewerbsfähigkeit wurde praktisch nicht herausgefordert. Auch die meisten hergebrachten, reformorientierten Mitte-links-Parteien passten sich dem herrschenden Paradigma an, was auch heißt, dass sie über kein eigenes Paradigma und keine eigenen Konzeptionen mehr verfügten, denen sie vertrauten. Was heißt: Sie misstrauten den eigenen Konzeptionen und kapitulierten vor denen des Gegners.

Heute ist das Bild anders: Dass flächendeckende Austerität nicht funktioniert, ist mittlerweile dem letzten verbohrten Sturkopf klar (mit Ausnahme vielleicht von Wolfgang Schäuble und ein paar gut bezahlten Lobbyisten, für die freilich das Wort Upton Sinclairs gilt, dass es schwierig sei, »einen Menschen dazu zu bringen, etwas zu verstehen, wenn sein Gehalt davon abhängt, dass er es nicht versteht«). Dass man Wachstum nicht generiert und die Krise nicht überwindet, indem man überall in der Eurozone die Einkommen reduziert, wird kaum noch jemand bestreiten, der halbwegs ernst genommen werden will. Das Wettbewerbsfähigkeitsmantra, das nur zu einem Race to the Bottom führt, hat die pluralistischen Gesellschaften an den Rand des Kollaps gebracht.

Ökonominnen und Ökonomen – von Paul Krugman bis Joseph Stiglitz und Branko Milanovic, von Dani Rodrik über Thomas Piketty bis Mariana Mazzucato – haben in unzähligen Arbeiten nicht nur das herrschende Paradigma attackiert, sondern gleichzeitig ein Programm für zeitgenössische Progressive entwickelt. Dabei heben sie die Rolle des Staates und die Bedeutung einer gerechteren Einkommensverteilung für die wirtschaftliche Entwicklung ebenso hervor wie die wachstumshemmenden Effekte von zu viel internationaler Konkurrenz. Mittlerweile ist in der globalen Debatte schon – von Wall-Street-nahen Magazinen wie *Forbes* bis zur vielgelesenen Website vox.com – vom »New Liberal Consensus« die Rede, vom »neuen linksliberalen Konsens«. Das heißt natürlich nicht, dass es in wirtschaftspolitischen Diskussionen nun eine progressive Hegemonie gibt, aber die neoliberale Diskurshoheit ist immerhin einer Art »Gleichgewicht des Schreckens« gewichen. Vielleicht kann man sogar die Behauptung in den Raum stellen, dass die neoliberale Konzeption bald kaum noch eine Rolle spielen wird: In den realen politischen Machtkämpfen, die auf uns zukommen, werden linksliberale Programme denen der populistischen Nationalisten gegenüberstehen – ein Duell, in dem die Ansätze der alt-neoliberalen Eliten untergehen werden. (Die traditionellen Mitte-rechts-Parteien, üblicherweise flexibel, werden versuchen, eine der beiden Positionen zu adoptieren: Sie werden sich entweder wieder als Parteien der sozialen Gerechtigkeit inszenieren oder nach Art der bayerischen CSU die Rechtspopulisten situativ auf bestimmten Politikfeldern kopieren, oder sich diesen, wie weite Teile der US-Republikaner, bis zur Ununterscheidbarkeit annähern.)

Das Problem besteht also nicht länger darin, dass es keine progressiven Ideen gibt – das Problem besteht vielmehr darin, diese Ansätze in Politik zu übersetzen. Auf eine ganz eigene Art und Weise gilt das für die Europäische Union. Deren politisch-ökonomische Architektur ist insofern implizit neoliberal, als sie die Implementierung linker Konzepte in praktische Politik extrem schwierig macht. Die EU besteht (noch) aus 28 Mitgliedsstaaten, die Eurozone aus 19. Selbst sachte Kurskorrekturen setzen einen Konsens unter den Regierungen (oder zumindest einer Mehrheit unter diesen) voraus, und selbst dann würden sie im Mehrebenensystem von EU-Parlament und Kommission weichgespült. Wird national eine Linksregierung gewählt, wird sie mit den engen Grenzen des realpolitisch Machbaren konfrontiert – brutal wie die Syriza-Regierung in Griechenland, etwas sanfter wie die Linksregierung in Portugal.

Systematisch formuliert, braucht es für einen Kurswechsel dreierlei: Erstens lebendige nationale Linksparteien, die glaubwürdig genug sind, um in ihren Ländern Wahlen zu gewinnen. Zweitens einen Ausbau der progressiven Diskursherrschaft in Europa, um die Bedingungen für ein Umsteuern herzustellen. Und drittens Allianzen erneuerter linker Regierungen auf europäischer Ebene. Das ist nicht leicht, aber auch nicht unmöglich.

Empirisch haben wir in Europa heute: traditionelle Sozialdemokratien, die sich in den vergangenen Jahrzehnten zum Teil mehr, zum Teil weniger dem neoliberalen Paradigma angepasst haben und die nun, ebenso mit mehr oder weniger Erfolg, dabei sind, sich neu zu erfinden. Das Spektrum reicht von der deutschen Sozialdemokratie über die schwer gebeutelte französische Sozialistische Partei, die in einer recht erfolgreichen rot-grünen Allianz regierende schwedische Sozialdemokratie, die österreichische SPÖ unter einem energetischen jungen Kanzler bis hin zur oppositionellen Labour Party mit Jeremy Corbyn an der Spitze. Zugleich entstehen neue Linksparteíen, die wie Syriza die etablierten Sozialdemokraten ersetzen, wie Podemos mit ihnen in Konkurrenz stehen (was im Endeffekt beiden Parteien schadet) oder wie die portugiesischen Linksparteien mit den regierenden Sozialisten eine Allianz bilden.

Die Realität mit klaren Augen sehen

Die progressiven Parteien müssen wieder zu glaubwürdigen Repräsentanten der ökonomisch verletzlichsten Teile der Gesellschaft werden. Damit das gelingen kann, sind ein paar Punkte zu beachten:

Erstens: Wir müssen den oben beschriebenen Realitäten endlich klar ins Auge sehen.

Zweitens: Nach dreißig Jahren, in denen die einfachen Leute den Preis für die neoliberale Globalisierung gezahlt haben und voller Frust sind, ist es tödlich, wenn Linksparteien als Teil des Establishments wahrgenommen werden. Sie brauchen ein Programm und eine Rhetorik des radikalen Wandels und sie müssen erkennbar den Konflikt mit den globalisierten Eliten suchen, nicht den Kompromiss mit ihnen.

Drittens: Alles, was als Arroganz gegenüber den Wählern (und sei es auch nur fälschlicherweise) angesehen werden könnte, muss weg. Christian Kern, der neue Parteivorsitzende der SPÖ, hat bei seiner Antrittsrede auf dem Parteitag im Juni 2016 einen wichtigen Satz gesagt:

> Ich glaube, als ersten Schritt haben wir eines zu tun: Wir sollten den Satz aus unserem Vokabular streichen: »Wir müssen rausgehen zu den Leuten.« Weil natürlich ist das nicht so gemeint, aber es kommt vielleicht herablassend an. Und es ist auch absurd und es ist auch falsch, weil was heißt das, »wir wollen rausgehen zu den Leuten«? Wir sind die Leute! Wir sind die Leute, und wir gehören zu diesen Leuten, und diese Menschen gehören zu uns.

Viertens: All das heißt noch lange nicht, dass man sich den in den Arbeiterklassen durchaus vorhandenen Vorurteilen anpassen muss. Es ist zudem keineswegs so, dass diese Bevölkerungsgruppen wütend sind, weil die »Kulturlinken« Themen wie ein drittes WC für Transgenderpersonen fordern. Sie sind wütend, weil sie das Gefühl haben, solchen Anliegen werde *viel* Augenmerk geschenkt, während ihrer ökonomischen und sozialen Lage überhaupt *kein* Augenmerk geschenkt wird.

Fünftens: Gute Jobs, die Einkommensentwicklung, bezahlbares Wohnen, Bildung und Lebenschancen für die

Kinder und ähnliche Themen sind die Schlüsselfragen – wer nicht glaubwürdig verkörpert, dass es ihm darum geht, und wer nicht glaubwürdig klarmachen kann, dass er zumindest einen Plan hat (den man dann vielleicht nur mit viel Geduld und Schritt für Schritt umsetzen kann), wird keine Chance haben.

Sechstens: Die Netzwerke der Arbeiterbewegung haben die Lebenswelten in den unterprivilegierten Vierteln strukturiert, mit deren Niedergang sind dann jedoch schwarze Löcher entstanden, weshalb die Menschen sich heute alleingelassen fühlen. Daher gilt es, auf Stadtteilebene moderne Strukturen aufzubauen, zum Beispiel nach den Modellen des Community Organizing. Also: Sich nützlich machen für die Mitbürger, dafür sorgen, dass die unterschiedlichsten Gruppen ermächtigt werden, dass sie sich organisieren und ihre Interessen artikulieren und durchsetzen können.

Siebtens: Macht nicht den Fehler, die Arbeiterklasse generell als frauenfeindlich, antifeministisch, ausländerfeindlich abzutun. Selbst der ärgste Stahlarbeiter-Macho will in Zeiten der Ein-Kind-Familie, dass seine Tochter alle Entwicklungschancen hat und einen guten, ordentlich bezahlten Job bekommt.

Achtens: Es gilt, Aktivisten zu fördern und zu Parteifunktionären aufzubauen, die in diesen Milieus Glaubwürdigkeit haben. Linksparteien werden heute vor allem von Leuten aus der akademischen Mittelschicht repräsentiert, aber in den Arbeitervorstädten sind viel zu oft Apparatschiks präsent, die den Siebziger-Jahre-Typus verkörpern und glauben, sie hätten das Ohr am Volk, während das Volk sie am liebsten mit einem ordentlichen Fußtritt aus dem Wirtshaus befördern würde. In toten

Mut zur Verwegenheit

Parteiorganisationen kommen allerdings nur solche Apparatschiks hoch. Daher braucht es Kanäle, über die auch gute junge Leute aus der arbeitenden Mittelschicht und der Arbeiterklasse aufsteigen können.

Dilemmata, die bleiben werden

Linke Intellektuelle, egal welcher Spielart, haben bisweilen die unangenehme Angewohnheit, so zu tun, als ließen sich alle Probleme der Welt von heute auf morgen lösen, wenn man nur auf ihre Ratschläge hören würde. Dieses Superioritätsgetue (auch ich bin dagegen nicht immer völlig immun) steht üblicherweise in einem krassen Missverhältnis zu ihrer chronischen Erfolglosigkeit. Wäre die Sache nämlich wirklich so einfach, hätte jeder von uns längst eine neue Partei gegründet und sie im Handumdrehen zur absoluten Mehrheit geführt. Nähmen wir die acht skizzierten Punkte als Richtschnur, wäre vermutlich schon einiges gewonnen, aber es wären keineswegs alle Probleme gelöst. Ein paar Dilemmata bleiben.

Der grassierende Verdruss (bei dem es sich eigentlich um zweierlei Verdruss handelt: einerseits den Verdruss progressiver Mittelschichten angesichts der Verstaubtheit der Apparatschik-Parteien und der Selbstabkoppelung der Politik-Politik; andererseits den Verdruss der ökonomisch verwundbarsten sozialen Gruppen angesichts der Tatsache, dass sie den Eindruck haben, dass sich niemand für sie interessiert, während es wirtschaftlich immer weiter bergab geht) hat eben mehrere Ursachen. Neue linke Allianzen – erneuerte Parteien, neugegründete Parteien, Bewegungen etc. – werden diesen Humus, auf dem der rechte Populismus derzeit so prächtig gedeiht, aber nur dann in den Sauerteig progressiver Politik verwandeln können, wenn sie eine vorwärtsgerichtete Botschaft haben. Eine Rhetorik des »Verteidigens« (»Wir verteidigen den Sozialstaat« etc.) oder gar des sturen »Weiter so« ist mit Sicherheit zum Scheitern verurteilt, wenn man nicht gleichzeitig eine Vision anbieten kann, die auch Hoffnungen nährt. Wer mit der impliziten Botschaft antritt: »Wählt uns, denn mit uns wird es langsamer schlechter«, kann den Schlüssel zum Amtssitz des Premierministers gleich an den Anführer der jeweiligen rechtspopulistischen Partei aushändigen. Und schließlich brauchen wir auch noch das, was Barack Obama »the audacity of hope« genannt hat, die »Verwegenheit der Hoffnung«.[6]

Natürlich ist es nicht einfach, das alte progressive Bündnis aus jenen, die neue bürgerliche Freiheitsrechte erkämpfen und unsere Gesellschaften modernisieren wollen, und jenen, die für ökonomische Wohlfahrt eintreten (also das Bündnis zwischen »bürgerlicher Intelligenz und Arbeiterklasse«, wie man das früher einmal nannte), zu erneuern. Manche halten das sogar für unmöglich, etwa John Harris oder auch Silja Häusermann, die sagt: »Egal was die Linke macht, sie verliert am einen oder anderen Ende.«

Doch nur, weil etwas nicht leicht ist, ist es noch lange nicht unmöglich. Frühere progressive Bewegungen – von den Arbeiterbewegungen des 19. Jahrhunderts bis zur amerikanischen Bürgerrechtsbewegung – entstanden auch nicht in Situationen, in denen die Umstände einfach und der Kampf leicht zu gewinnen war. Im Gegenteil: Die Linke ist nicht begründet worden, damit sie es leicht hat, sondern um das Unmögliche zu schaffen, nämlich allen Widrigkeiten und scheinbaren Aussichtslosigkeiten zum Trotz die Welt und die Lebensumstände der Menschen zu verbessern, um Menschenrechte und Freiheit zu erkämpfen und abzusichern – und um die Gesellschaften mit Demokratie zu durchfluten.

Anmerkungen

1 Pierre Bourdieu, »Politik denken« [1988], in: *Politik. Schriften zur Politischen Ökonomie* 2, herausgegeben von Franz Schultheis und Stephan Egger, Berlin: Suhrkamp 2013, S. 7-9, S. 7.

2 Joan C. Williams, »What so many people don't get about the American working class«, in: *Harvard Business Review* (10. November 2016); online verfügbar unter: {https://hbr.org/2016/11/what-so-many-people-dont-get-about-the-u-s-working-class} (Stand Januar 2017).

3 Carlos Hanimann, »Egal was die Linke macht«, Interview mit Silja Häusermann, in: *Die Wochenzeitung* 47/2016 (24. November); online verfügbar unter: {https://www.woz.ch/-74ce} (Stand Januar 2017).

4 Didier Eribon, *Rückkehr nach Reims*, Berlin: Suhrkamp 2016 [2009], S. 24.

5 John Harris, »Does the Left have a future?«, in: *The Guardian* (6. September 2016); online verfügbar unter: {https://www.theguardian.com/politics/2016/sep/06/does-the-left-have-a-future} (Stand Januar 2017).

6 Barack Obama, *The Audacity of Hope: Thoughts on Reclaiming the American Dream*, New York: Crown 2006 (die deutsche Übersetzung erschien 2007 unter dem Titel *Hoffnung wagen: Gedanken zur Rückbesinnung auf den American Dream*, München: Riemann). Der englische Buchtitel bezieht sich auf eine Formulierung aus Obamas Rede auf dem Parteitag der Demokraten, auf dem John Kerry im Juli 2004 als Präsidentschaftskandidat nominiert wurde.

Entzivilisierung
Über regressive Tendenzen in westlichen Gesellschaften
Oliver Nachtwey

Es hat nicht viel gefehlt, und auf den ersten schwarzen Präsidenten der USA wäre eine Frau gefolgt. Stattdessen hat dieses Amt nun ein misogyner, fremdenfeindlicher und paranoider Immobilienunternehmer errungen, der seine Affekte kaum kontrollieren kann, ja, der das vielleicht gar nicht will. Donald Trump verkörpert in vielen Hinsichten die Negation dessen, wie sich die westliche Welt selbst beschreibt: als Gesellschaften der Selbstkontrolle, in denen die Kräfte des sozialen Fortschritts zu Hause sind, die Aufklärung, Gleichberechtigung und soziale Integration vorantreiben. In diesen Gesellschaften ist etwas ins Rutschen geraten, sie werden in ihrem Selbstbild erschüttert: Etwas Rohes und Rasendes ist nun in die politische Öffentlichkeit eingezogen, es wird schamlos gehasst, gefährliche Gefühle, Gewaltfantasien und sogar Tötungswünsche werden frivol artikuliert.

Die Affektkontrolle erodiert an vielen Orten: im Internet, auf der Straße, im Alltagshandeln. Norbert Elias hat den Prozess der Zivilisation als langfristige Tendenz der sozialen Verflechtung skizziert, die zu mehr Affektkontrolle und Selbststeuerung führt. Nimmt man die genannten Symptome zusammen, dann erfahren wir gerade gefährliche Prozesse einer regressiven Entzivilisierung.

Sicher, die Echokammern und die Filterblasen des Internets verstärken Ressentiments. Es wäre jedoch zu kurz gegriffen, in diesen – im Wortsinne – sozialen Medien die verursachende und nicht lediglich die gestaltende Kraft des Ressentiments zu sehen. Den Algorithmen die Schuld zu geben, wäre in etwa, als würde man das Radio für Goebbels verantwortlich machen. Und man sollte nicht vergessen, dass die sozialen Medien zuvor auch als Kraftquelle eines demokratischen Aufbegehrens gesehen wurden (zum Beispiel im Kontext des Arabischen Frühlings). Es gilt daher, die gesellschaftlichen Ursachen der Entzivilisierung zu analysieren.

Die Grundkonstellation, welche die westlichen Gesellschaften in diese soziale, politische und kulturelle »Malaise des Unbehagens«[1] gebracht hat, ist von großen Ungleichzeitigkeiten in Bezug auf das Verhältnis von Lebensführung, Gleichberechtigung und Ungleichheit geprägt. Zwei Beispiele aus den USA: Die Lebenserwartung der Amerikaner ist insgesamt gestiegen, die weißer männlicher Arbeiter jedoch gesunken.[2] Afroamerikaner haben bei der Partizipation in sozialen, kulturellen und politischen Institutionen große Fortschritte erzielt, in den Südstaaten müssen sie längst nicht mehr in separaten Abteilen Platz nehmen. Die Zeiten der formellen Segregation sind vorbei – solange man nicht genauer hinschaut. Tut man dies jedoch, erkennt man, dass die liberale Gleichstellung mit einem System der massenhaften Internierung von Schwarzen in Gefängnissen und der Produktion einer stigmatisierten Unterklasse einhergeht.[3]

In der folgenden Skizze können nicht all diese Probleme umfassend erörtert werden, ich möchte jedoch einige historisch-soziologische Argumente entwickeln, die möglicherweise zum Verständnis der Erschütterungen beitragen, von denen westliche Industriestaaten (und nicht nur sie) derzeit durchgerüttelt werden. Paradoxerweise ist die aktuell zu beobachtende Regression dabei zumindest teilweise eine Nebenfolge sozialer Fortschritte. Bei solchen ungleichzeitigen und gegenläufigen Entwicklungen, in denen der Fortschritt den Rückschritt in sich trägt, handelt es sich um Prozesse einer »regressiven Modernisierung«, welche die westlichen Kapitalismen heute kennzeichnet. Häufig betrifft sie die horizontale Gleichstellung von Gruppen mit unterschiedlichen Merkmalen (zum Beispiel Geschlecht oder Ethnie), die mit neuen vertikalen Ungleichheiten und Diskriminierungen einhergeht.[4] Diese spezifische Kombination aus Fortschritt und Rückschritt hat normative Zivilisationszumutungen und vermeintliche Verlierer produziert, die sich in regressive Affekte der Entzivilisierung flüchten.

Zivilisierung und Entzivilisierung

Eine der zentralen Theorien, die sich mit dem Prozess der Zivilisation beschäftigen, stammt von Norbert Elias. Die moderne Zivilisation ist für Elias das Ergebnis eines umfassenden Wandels der Sozial- und Persönlichkeitsstrukturen, der durch soziale Differenzierung und umfassende menschliche Verflechtungszusammenhänge gekennzeichnet ist. Dies führt zu einer stärkeren individuellen Selbstregulierung, zu einem neuen psychischen Habitus in der Affektkontrolle, zu einer Weitung des Gedankenraums und insbesondere zum Verzicht auf unmittelbare Bedürfnisbefriedigung sowie zu einer neuen Langfristigkeit im Denken.[5]

Der Ausgangspunkt des Zivilisationsprozesses liegt in

der Herausbildung von Zentralgewalten und von Konkur-
renz- und Distinktionsprozessen in der höfischen Gesellschaft. Er ist aber auch das Resultat des späteren Aufstiegs bestimmter sozialer Gruppen. Zwischen dem 18.
und dem 20. Jahrhundert, als das mittlere Bürgertum zum
Adel sowie zum Großbürgertum aufschloss (und teilweise mit ihnen verschmolz) und die Etablierten zwang, die
gesellschaftliche Macht mit ihm zu teilen, vertraten seine
Angehörigen zunächst vor allem die Idee des Fortschritts.
Zudem standen sie für einen optimistischen Blick in die
Zukunft,[6] und mitunter zogen sie sogar Teile der indus-
-triellen Arbeiterklasse mit. Durch diese gesellschaftliche
Aufwärtsbewegung, in der zwar bestimmte Gruppen
ihre Vorrechte teilweise einbüßten, in der aber alle Gruppen von der sozialen Modernisierung mitgerissen wurden, traten auch die habituellen Gruppenkonflikte in den
Hintergrund.[7]

Ihre Ausgangsprämisse teilt Elias' Zivilisationstheorie
mit der *Dialektik der Aufklärung* von Max Horkheimer
und Theodor W. Adorno:[8] Beide greifen auf eine Annahme Sigmund Freuds zurück, laut dem mit der Entwicklung der Kultur eine Triebsublimierung einhergeht, so
dass sich äußere Sachzwänge für die Individuen schließlich in Selbstzwänge verwandeln. Horkheimer und Adorno gehen davon aus, dass eine rationalisierte Welt zugleich
eine Welt der anonymisierten Herrschaft darstellt.

Während Adorno und Horkheimer eine Tendenz zur
totalen sozialen Herrschaft über das Individuum sehen,
analysiert Elias den Prozess der Individualisierung als
Wandel der Persönlichkeitsstruktur, der historisch von
der jeweiligen gesellschaftlichen Machtbalance abhängt.
Elias betrachtet den Zivilisationsprozess jedoch weder

als ungebrochen noch als evolutionär fortschrittlich, die Zivilisation ist für ihn »niemals beendet und immer gefährdet«.[9] Daher sei sie stets durch ihr Gegenteil bedroht: Entzivilisierung. Eine solche hatten auch Horkheimer und Adorno als immanente Gefahr der Modernisierung thematisiert: »[A]nstatt in einen wahrhaft menschlichen Zustand einzutreten«, so ihre Befürchtung, könne die Menschheit »in eine neue Art von Barbarei versink[en]«.[10]

Im Folgenden werde ich beide Spuren der Entzivilisierung verfolgen. Dabei vertrete ich die Ansicht, dass eine Kombination der Position der Kritischen Theorie, welche die Rolle der Systemzwänge auf das Individuum in den Blick nimmt, und der Perspektive von Elias, die den Prozess der Individualisierung sowie die Bedeutung veränderter gesellschaftlicher Machtbalancen begreifbar werden lässt, einen Beitrag zu den aktuell auftretenden Prozessen der Entzivilisierung leistet – wenn man sie um eine vermittelnde Dimension ergänzt: die Rolle der Gemeinschaft und der intermediären Assoziationen. Im ersten Schritt entwickle ich eine Diagnose zu den Auswirkungen (neo)liberaler Systemzwänge auf die Individuen und zu Desintegrationsdynamiken im Kontext der regressiven Modernisierung. Im zweiten Schritt wird die Rolle sozialer und ökonomischer Abstiege diskutiert, bevor die entwickelten Argumente im Hinblick auf Entzivilisierungsprozesse zusammengeführt werden.

Individualisierung und regressive Modernisierung

Individualisierung ist ein Element des Zivilisationsprozesses: Dass ihre Mitglieder als autonome Subjekte agieren können, gehört zu den elementaren Selbstbeschreibungen moderner Gesellschaften. Der Prozess der Individualisierung beruht auf der Freisetzung aus tradierten und eingrenzenden Sozialformen: Traditionale Sozialbeziehungen, Familien, lokale Gemeinschaften, Nachbarschaftsbindungen, sie alle haben an Bedeutung verloren. Das Paradoxe ist jedoch, dass das moderne Individuum, weil es die traditionalen Sozialbindungen abgestreift hat, letztlich gesellschaftsabhängiger geworden ist.[11] Da immer mehr Menschen lebensweltlich mobil sind, wohnt man häufig nicht mehr in derselben Straße wie die Eltern und braucht einen Kita-Platz, damit der Nachwuchs versorgt ist, während man arbeiten geht. Aber durch die Entkollektivierung des Sozialstaats und den Abbau seiner Solidaritätsreserven ist das Individuum nunmehr negativ individualisiert. Das Risiko des sozialen Abstiegs, das zum Signum westlicher Kapitalismen geworden ist, wird nicht mehr aufgefangen.

Leicht übersieht man in diesem Kontext die Rolle von Gemeinschaften und intermediären Assoziationen. So statisch und muffig die traditionellen Lebenswelten und (Klassen-)Milieus auch gewesen sein mögen, sie waren Räume entlastender Gegendeutungen – etwa im Fall von Arbeitslosigkeit –, soziale Risiken galten dort nicht als Resultat individuellen Versagens, sondern als geteiltes Schicksal. Vereine und Klubs, Orte, die man heute der Zivilgesellschaft zurechnen würde, boten nicht nur Rück-

Entzivilisierung 221

zugsräume und Entlastung vom gesellschaftlichen Druck, sondern hier ließ sich (wenn auch im Kleinen) die Gesellschaft – oder gleich eine Gegen-Gesellschaft – organisieren. Das galt sowohl für die Arbeiterklasse als auch für die eher bürgerlichen Mittelschichten. Man erlebte Selbstwirksamkeit, hatte einen Ort, wo die eigene Stimme zählte. Hier konnte man Ressentiments artikulieren, fand aber zugleich eine Form von Sozialisation, kollektiver Identität, sozialer Einbettung und eben auch sozialer Kontrolle. Gemeinschaften und intermediäre Assoziationen sind in diesem Sinne immer auch Schulen der Demokratie und Zivilität.[12] Die nachlassende Bedeutung der Gemeinschaft und der intermediären Assoziationen hat zur Folge, dass das Individuum angesichts gesellschaftlicher Zwänge und Wandlungsprozesse häufig auf sich allein gestellt ist.

Die dystopische Perspektive, die Adorno und Horkheimer in Bezug auf die Individualisierung einnahmen, scheint sich insofern in gewissen Bereichen zu bestätigen. Nach der Finanzkrise wurde zwar von unterschiedlichen Seiten das Ende des Neoliberalismus ausgerufen, und in der Tat ist der Staat in die Wirtschaftspolitik zurückgekehrt. Doch der Neoliberalismus wurde nicht beerdigt, sondern lediglich abgesichert. Der Markt ist weiterhin die Referenzgröße für alle Lebensbereiche. Pierre Bourdieu hat solche Mechanismen *symbolische Gewalt* genannt:[13] Man hat den Markt wie selbstverständlich verinnerlicht, stimmt seiner Logik – teils willig, teils widerwillig – zu. Im Neoliberalismus ist die Last des Selbstzwangs, der permanenten Sublimierung hoch: Man muss immer wettbewerbsfreudig sein, sich vergleichen, vermessen und optimieren. Zumutungen, Entwürdigungen, Demütigungen und Scheitern muss man sich selbst anlasten – und danach freudig auf eine neue Chance warten. Generell fühlen sich angesichts der entsprechenden kulturellen Veränderungen gerade traditionalistische Akteure verunsichert, was die geltenden Verhaltensstandards anbelangt. Und wer sich dem Neoliberalismus widersetzen möchte, den *bestrafen* Markt und Staat in einträchtiger Allianz. Die Griechen können ein Lied davon singen.

Der Neoliberalismus, der quasireligiöse Glaube an den Markt, ist eine Verkörperung der »instrumentellen Vernunft«.[14] Im Rahmen der Herrschaft der instrumentellen Vernunft wird, so Horkheimer, alles einer Zweck-Mittel-Rationalität unterworfen, der Logik der Beherrschung der Natur und des Selbst. Der zutiefst autoritäre Marktglaube ist ein »anonymer Gott, der die Menschen versklavt«, weil er sich selbst als alternativlos darstellt.[15] Diese Deutung von Horkheimer erweist sich als äußerst fruchtbar, um den Umschlag von Autonomie in Autoritarismus zu verstehen: Die Alternativlosigkeit des Marktes zwingt das Individuum, dessen Anforderungen zu verinnerlichen. Die Vordenker der Aufklärung gingen davon aus, dass der Einzelne die Welt beherrschen kann. Unter der Ägide der totalen instrumentellen Vernunft wird die Kontrolle des Einzelnen über die Welt jedoch zur totalen Kontrolle der Welt über den Einzelnen. Marktkonforme Individualität wird nun zum gesellschaftlichen Imperativ.

Die tatsächlich gewachsene Autonomie des modernen Individuums ist gebunden an seine Marktperformativität. Die Gewinner erhalten eine Autonomiedividende, die Verlierer erfahren Disziplinierung und Stigmatisierung. Das moderne Individuum ist zwar nach wie vor abhängig

Entzivilisierung 223

von Institutionen, aber es wird dadurch immer weiter desozialisiert. Es verwandelt sich von einem Bürger, der in ein mehr oder weniger organisiertes Gemeinwesen mit Institutionen der kollektiven Solidarität eingebunden ist, in einen Marktbürger, einen Kunden mit Rechten. Entbettete Märkte produzieren jedoch permanente Ungewissheit und lassen die Selbstwirksamkeitserfahrungen vieler Individuen erodieren – sie glauben nicht mehr, dass sie die aktuelle Situation und die Zukunft beherrschen können. Das Bedürfnis nach Überschaubarkeit, Kontrollierbarkeit und Sicherheit wird nicht länger erfüllt. Auch unsere permissive Kultur hat paradoxerweise zu einer Zunahme von Schuldgefühlen geführt, da man zwar vieles darf, aber doch zivilisiert und wirtschaftlich produktiv bleiben muss. Kurzum: Der Selbstzwang, die Internalisierung wird wieder zu einem gesellschaftlichen Fremdzwang – Affekte stauen sich an, die zivilisierte Selbstkontrolle lässt nach, und Ressentiments entweichen wie durch ein Überdruckventil.

Auch Prozesse der sozialen Desintegration spielen eine Rolle. So hat beispielsweise Axel Honneth mit Rückgriff auf Talcott Parsons argumentiert, dass das (a) Rechtssystem, die (b) Ökonomie und die (c) Familie jeweils eine zweifache Funktion ausüben: die der System- und die der Sozialintegration. Allerdings hat sich die Funktionsweise dieser Subsysteme in den letzten Jahrzehnten gewandelt, sie sind zu Ressourcen der Desintegration, ja sogar einer »Verwilderung des sozialen Konflikts« geworden.[16] Man kann für jede dieser Sphären eine Art regressive Modernisierung ausmachen: (a) Im Bereich der rechtlichen Gleichstellung von Minderheiten hat sich in der letzten Zeit einiges getan. Doch während hinsichtlich der horizontalen Gleichstellung der Geschlechter, der Ethnien, der LGBTs etc. große Fortschritte erzielt wurden, haben sich die *sozialen* Staatsbürgerrechte (zum Beispiel für Leiharbeiter) fragmentiert. Dies hat dazu beigetragen, dass (b) in der Ökonomie prekäre Arbeitsverhältnisse zugenommen haben. So gesehen, folgten Emanzipationsprozesse in den letzten dreißig Jahren der Logik des Liberalismus, in dem kulturelle Gleichstellung und ein deregulierter Markt miteinander verkoppelt sind.

Honneth betont schließlich, dass nach Parsons (c) vor allem die Rolle des Vaters und Familienoberhauptes zur sozialen Pazifizierung beigetragen habe. In der Rolle des Familienoberhauptes konnten die Anerkennungsdefizite, die man im Berufsleben erfuhr, ausgeglichen werden. Mittlerweile haben jedoch viele Männer nicht nur das Monopol auf die Stellung als Ernährer verloren, sondern auch die symbolische Rolle des Familienvorstandes.

Abstieg und Zivilisationserosion

Die Fortschritte zivilisatorischer Verhaltensstandards im 20. Jahrhundert beruhten nicht nur auf der zunehmenden Selbstkontrolle, sondern auch auf der »Einhaltung des gewohnten Lebensstandards«.[17] Zu den zentralen Voraussetzungen zählt also ein hohes Maß an sozialer und physischer Sicherheit. Status- und Rangkämpfe gab es zwar auch in den zunehmend integrativen und egalitären Gesellschaften, diese wurden jedoch verstärkt in Arenen wie zum Beispiel Sport, Konsum und Kultur verlagert.

Ferner mobilisierten sich ab der Mitte des 20. Jahrhunderts neue soziale Bewegungen, welche die Machtbalance

Entzivilisierung

in der Gesellschaft verschoben haben, man denke nur an die Frauenbewegung und an Bewegungen, deren Anhänger eine Anerkennung ihrer subjebtiven Rechte und ihrer sexuellen usw. Identität einforderten. Die Etablierten behielten zwar ihre Position, allerdings entstanden so bereits im späten 20. Jahrhundert neue Status-, Identitäts- und Verhaltensunsicherheiten.

Seit den achtziger, spätestens seit den neunziger Jahren hat sich die Grunddynamik westlicher Gesellschaften jedoch grundlegend verändert. Der Prozess des kollektiven Aufstiegs ist an ein Ende gekommen, es geht nicht mehr für alle nach oben, sondern für einige wieder nach unten – vor allem für solche Gruppen, die sich vormals zum erweiterten Kreis der Etablierten zählen konnten, etwa die aus Facharbeitern bestehende untere Mittelklasse. Der gesellschaftliche Fortschritt kannte natürlich auch früher Verlierer, doch die Verlierer von heute sind häufig die halbwegs Etablierten von gestern.

Elias hatte zwei Dimensionen vor Augen: erstens den Auf- und Abstieg von Gruppen innerhalb eines Staates und zweitens die Position von Nationen im Weltsystem. Mit Blick auf die Prozesse der Vergangenheit analysiert er:

> Die unmittelbaren Folgen eines solchen Abstiegs, eines Macht- und Statusverlusts sind gewöhnlich Gefühle der Niedergeschlagenheit und der Desillusionierung, der Wert- und Ziellosigkeit, durchsetzt mit Neigungen zu Zynismus, Nihilismus, Rückzug auf sich selbst, die das Übergewicht erlangen können.[18]

Gerade auf der Ebene des Weltsystems hatten bestimmte Gruppen in den einstmals führenden westlichen Staaten in den letzten zwanzig, dreißig Jahren einen relativen Abstieg zu verzeichnen. Und oft sind es genau diese Gruppen, bei denen autoritäre Botschaften à la »Make XY great again« verfangen. Dies hat viel mit der globalen Entwicklung des Kapitalismus zu tun, der seine spezifische Form der regressiven Modernisierung erfährt. Zunächst, so kann man feststellen, hat sich die globale Ökonomie außerordentlich positiv entwickelt. Die Einkommensungleichheit zwischen den Staaten ist seit den späten achtziger Jahren gesunken, was vor allem mit dem wirtschaftlichen Aufschwung in Asien zu tun hat. Die Brics-Staaten (Brasilien, Russland, Indien, China und Südafrika) haben aufgeschlossen und den Status von »Entwicklungsländern« hinter sich gelassen. Dort leben auch die Gewinner der Globalisierung, die neuen globalen Mittelschichten, selbst wenn sie, gemessen am Lebensstandard der Mittelschicht in westlichen Ländern, weiterhin relativ arm sind. Innerhalb der westlichen Welt hat die Ungleichheit jedoch zugenommen, weil hier die Einkommen der unteren Mittelklassen stagnierten oder bestenfalls minimal stiegen.[19] Die Mittel- und Arbeiterklassen der alt-industrialisierten Welt sind die Verlierer der globalen Modernisierung, sie müssen dabei zusehen, wie sie gegenüber drei Gruppen an Boden verlieren: gegenüber den kosmopolitischen Eliten, den hochqualifizierten Globalisierungsgewinnern und gegenüber den Mittelklassen der aufstrebenden Kapitalismen. Und gerade für Männer mit niedrigen oder mittleren Qualifikationen kommen Abstiegserfahrungen und Verunsicherungen in anderen Dimensionen hinzu: Sie haben, wie bereits angesprochen, häufig auch die Position als symbolisches Familienoberhaupt eingebüßt und zudem das Gefühl, sie würden zugunsten von Flüchtlingen und anderen Minderheiten benachteiligt. Die entsprechenden Ressentiments entstehen nicht nur im moralischen Untergrund, um dann von politischen Entrepreneuren aufgegriffen zu werden. Sie werden auch von etablierten Akteuren geschürt und dadurch legitimiert. So sagte etwa der bayerische Ministerpräsident Horst Seehofer bereits im März 2011: »Wir werden uns gegen Zuwanderung in deutsche Sozialsysteme wehren – bis zur letzten Patrone.« Angesichts solcher Sätze darf die Rhetorik von Pegida nicht verwundern.

Entzivilisierungsprozesse

Als Gründe für eine mögliche Entzivilisierung nennt Norbert Elias unter anderem Machtkonflikte und Veränderungen in den Figurationen von Etablierten und Außenseitern. Machtverluste »im Verhältnis zu aufsteigenden Außenseitergruppen« lösten »nicht nur aus wirtschaftlichen Gründen einen erbitterten Widerstand, ein oft kaum mehr realitätsgerechtes Verlangen nach Restauration der alten Ordnung aus«, die betroffenen Gruppen fühlten sich vielmehr auch »in ihrem eigenen Selbstwert erniedrigt«.[20] Hätten die Etablierten den Eindruck, sie würden durch die Ankunft von Außenseitern bedroht, reagierten sie mit abwertenden Stigmatisierungen.[21] Hier liegt auch die tiefere Ursache der Entzivilisierung. Dass den Verunsicherten

häufig kein Mittel zu grob und barbarisch ist, liegt daran, daß ihre Macht und ihr Bild von sich selbst als einer großen und großartigen Formation einen höheren Wert für sie hat als nahezu alles andere [...]. Und je schwächer, je unsicherer und verzweifelter sie auf ihrem Abstiegsweg werden, je schärfer sie zu spüren bekommen, daß sie um ihren Vorrang mit dem Rücken zur Wand kämpfen, desto roher wird zumeist ihr Verhalten, desto akuter ist die Gefahr, daß sie die zivilisierten Verhaltensstandards, auf die sie stolz sind, selbst mißachten und zerstören. Denn zivilisierte Verhaltensstandards sind für herrschende Gruppierungen vielfach nur so lange sinnvoll, wie sie, neben allen sonstigen Funktionen, Symbole und Werkzeuge ihrer Macht bleiben. Daher kämpfen Machteliten, herrschende Klassen oder Nationen im Namen ihrer überlegenen Werte, ihrer überlegenen Zivilisation oft mit Methoden, die den Werten, für die sie einzutreten behaupten, diametral entgegengesetzt sind. Mit dem Rücken zur Wand werden die Verfechter leicht zu den größten Zerstörern der Zivilisation. Sie werden leicht zu Barbaren.[22]

Solche Phänomene der Entzivilisierung zeigen sich nicht nur in den (unteren) Mittelschichten, sondern auch bei den Eliten. Besonders anfällig scheinen jedoch Männer mittleren Alters mit einer mittleren Qualifikation und einem mittleren Einkommen zu sein. Mehr kann man noch nicht dazu sagen, die Forschung steht hier am Anfang. Was haben sie gemeinsam, außer dass sie Hassbotschaften im Internet verfolgen oder selbst verbreiten, nachdem sie mit ihrer Familie zu Abend gegessen haben? Sie fühlen sich abgewertet und ausgenutzt – von den Eliten, von der Globalisierung, von den Frauen, von den Flüchtlingen. Sie haben den Eindruck, sie würden zu sozialen Außenseitern gemacht, zu einer Minderheit im eigenen Land, der niemand zuhört und für die sich niemand interessiert. Diesen gefühlten Statusverlust versuchen sie durch »negative Klassifikationen« anderer Gruppen auszugleichen.[23] Materielle und kulturelle Statusängste sind die Treiber von Ressentiments, negativen Affekten, identitärer Schließung und von Verschwörungstheorien – Aspekte, die schon früh als Kennzeichen autoritärer Persönlichkeitsstrukturen ausgemacht wurden.[24] Möglicherweise ist es vor diesem Hintergrund gerade die Unterwerfung unter die vermeintliche ökonomische Alternativlosigkeit des Marktes, die »autoritäre Aggressionen« freisetzt.[25]

Entzivilisierung 229

Wer den Eindruck hat, gesellschaftlich ausgeschlossen zu sein, verliert das Gefühl der Selbstwirksamkeit. Viele Menschen greifen daher zu bestimmten Strategien, um ihren Selbstwert wieder zu erhöhen. Diese können sowohl auf der Ebene der Praxis als auch auf der der Wahrnehmung angesiedelt sein. Ein paradoxes Resultat besteht darin, dass man sich eine Entlastung durch den Fremdzwang seitens einer autoritären Instanz wünscht. Elias schrieb mit Blick auf den Nationalsozialismus, in Situationen der Unsicherheit könne sich ein »Verlangen nach der Fremdkontrolle eines starken Herrschers« einstellen.[26] Über Ressentiments könnten sich die Verunsicherten wieder ermächtigen, eine Identität, ein neues Wir-Gefühl erlangen. Das Grundproblem, das sich angesichts der radikalisierten Individualisierung stelle, sei insofern die Frage nach der Rolle kollektiver Identitäten, schließlich seien Menschen stets auf »Wir«-Gefühle angewiesen.[27] Die Politik der Identität ist insofern auch eine Reaktion auf die Erosion der Gemeinschaft und der intermediären Assoziationen. Radikalisierung erlaubt es den Menschen, sich wieder souverän zu fühlen.

Offenkundig erachten es einige Gruppen in der Gegenwart nicht länger als lohnenswert, sich zivilisiert zu verhalten. Als entbettete Individuen, die vor allem im Internet kaum noch sozialer Kontrolle unterliegen und sich für hasserfüllte Botschaften nicht verantworten müssen, lassen sie ihren Vorurteilen freien Lauf. Am Ende treffen sie sich in den Affektkoalitionen der Ressentimentgeladenen: bei der AfD, bei Auftritten von Donald Trump oder Marine Le Pen. Was diese Gruppen eint, ist die Negation der Zivilisation in der Praxis im Namen einer imaginierten abendländischen Zivilisation.

Anmerkungen

1 Leo Löwenthal, *Falsche Propheten. Studien zum Autoritarismus, Schriften 3*, Frankfurt am Main: Suhrkamp 1990 [1949], S. 29.

2 Vgl. Göran Therborn, »An age of progress?«, in: *New Left Review* II/99 (2016), S. 27-38, S. 35.

3 Vgl. Michelle Alexander, *The New Jim Crow. Mass Incarceration in the Age of Colorblindness*, New York: New Press 2010.

4 Vgl. Oliver Nachtwey, *Die Abstiegsgesellschaft. Über das Aufbegehren in der regressiven Moderne*, Berlin: Suhrkamp 2016.

5 Norbert Elias, *Über den Prozess der Zivilisation*, Bd. I: *Wandlungen des Verhaltens in den weltlichen Oberschichten des Abendlandes*, Frankfurt am Main: Suhrkamp 1976a [1939]; Bd: II: *Wandlungen der Gesellschaft – Entwurf einer Theorie der Zivilisation*, Frankfurt am Main: Suhrkamp 1976b [1939].

6 Daraus resultierte später ein konservatives Element: Als der Aufstieg der bürgerlichen Mitte seinen Zenit erreicht hatte, schwand der Optimismus und es ging zunehmend darum, die einmal erreichte Position zu verteidigen. Der Blick richtete sich fortan weniger auf die Zukunft, sondern stärker auf die Vergangenheit und die Nation (vgl. Norbert Elias, *Studien über die Deutschen. Machtkämpfe und Habitusentwicklung im 19. und 20. Jahrhundert*, Frankfurt am Main: Suhrkamp 1992 [1989], S. 174 ff).

7 Klassenkämpfe haben Elias weniger interessiert, da es ihm vor allem um den langfristigen Wandel der Persönlichkeitsstrukturen ging.

8 Vgl. Max Horkheimer und Theodor W. Adorno, *Dialektik der Aufklärug*, Frankfurt am Main: Fischer 1988 [1944].

9 Elias, *Studien über die Deutschen*, a.a.O., S. 225.

10 Horkheimer/Adorno, *Dialektik der Aufklärung*, a.a.O., S. 1.

11 Vgl. Ulrich Beck, *Risikogesellschaft. Auf dem Weg in eine andere Moderne*, Frankfurt am Main: Suhrkamp 1986.

12 Vgl. z.B. zum Rückgang der zivilgesellschaftlichen Organisierung in den USA Robert Putnam, *Bowling Alone. The Collapse and Revival of American Community*, New York: Simon & Schuster 2000.

13 Vgl. z.B. Pierre Bourdieu, *Gegenfeuer. Wortmeldungen im Dienste des Widerstandes gegen die neoliberale Invasion*, Konstanz: UVK 1998.

14 Vgl. Max Horkheimer, »Zur Kritik der instrumentellen Vernunft«, in: *Gesammelte Schriften*, Bd. 6: *»Zur Kritik der instrumentellen Vernunft« und »Notizen 1949-1969«*, Frankfurt am Main: Fischer Max 1991 [1967], S. 19-186.

15 Max Horkheimer, »Autorität und Familie«, in: *Gesammelte Schriften*,

Bd. 3: *Schriften 1931-1936*, Frankfurt am Main: Fischer 1988 [1936], S. 336-417, S. 372.

16 Axel Honneth, »Verwilderung des sozialen Konflikts. Anerkennungs-kämpfe zu Beginn des 21. Jahrhunderts«, in: *Strukturwandel der Aner-kennung. Paradoxien sozialer Integration in der Gegenwart*, herausge-geben von Ophelia Axel, Stephan Lindemann et al., Frankfurt am Main: Campus 2013 [2011], S. 17-39.

17 Elias, *Studien über die Deutschen*, a. a. O., S. 225. Die genannten Stan-dards haben allerdings auch barbarische Rückschläge erfahren, vor al-lem in der Zeit des Faschismus.

18 Elias, *Studien über die Deutschen*, a. a. O., S. 462 ff.

19 Vgl. Branko Milanovic, *Die ungleiche Welt. Migration, das Eine Prozent und die Zukunft der Mittelschicht*, Berlin: Suhrkamp 2016.

20 Elias, *Studien über die Deutschen*, a. a. O., S. 243.

21 Vgl. Norbert Elias und John L. Scotson, *Etablierte und Außenseiter*, Frankfurt am Main: Suhrkamp 1993 [1965].

22 Elias, *Studien über die Deutschen*, a. a. O., S. 463.

23 Sighard Neckel und Ferdinand Sutterlüty, »Negative Klassifikatio-nen. Konflikte umd die symbolische Ordnung sozialer Ungleichheit«, in: *Integrationspotenziale einer modernen Gesellschaft. Analysen zu ge-sellschaftlicher Integration und Desintegration*, herausgegeben von Wil-helm Heitmeyer und Peter Imbusch, Wiesbaden: VS 2005, S. 409-428.

24 Theodor W. Adorno, *Studien zum autoritären Charakter*, Frankfurt am Main: Suhrkamp 1995 [1950].

25 Vgl. Oliver Decker, Johannes Kiess und Elmar Brähler, *Die stabilisierte Mitte. Rechtsextreme Einstellung in Deutschland 2014*, Leipzig: Kom-petenzzentrum für Rechtsextremismus- und Demokratieforschung der Universität Leipzig 2014; online verfügbar unter: {http://re search.uni-leipzig.de/kredo/Mitte_Leipzig_Internet.pdf} (Stand Ja-nuar 2017).

26 Elias, *Studien über die Deutschen*, a. a. O., S. 414.

27 Vgl. Norbert Elias, *Die Gesellschaft der Individuen*, Frankfurt am Main: Suhrkamp 1991 [1987].

Globale Regression und postkapitalistische Gegenbewegungen
César Rendueles

In den Jahren seit 2008 ist jene Hegemonie zerbröckelt, die es den westlichen Wirtschaftseliten dreißig Jahre lang erlaubte, die Grenzen des politisch Legitimen zu definieren, also festzulegen, was wir für möglich, unmöglich, wünschenswert oder notwendig halten. Die ökonomische Krise hat die Art und Weise verändert, wie soziale Gruppen, die bis dahin das Gefühl hatten, ihre Interessen würden sich mit denen der globalen Eliten decken, den Kapitalismus der Gegenwart wahrnehmen. Heute sind sich sehr viele Menschen bewusst, dass die Möglichkeit des Scheiterns – der *désaffiliation* (Ausgliederung/Entkoppelung), um einen Begriff Robert Castels zu verwenden[1] – alle betrifft und nicht länger ein Privileg der Einwanderer, ehemaligen Industriearbeiter, unqualifizierten Hilfsarbeiter und anderer Verlierer der ersten Stunde der neoliberalen Globalisierung ist. Die unterschiedlichen Interpretationen dieses gemeinsamen Schicksals – ob als Nullsummenspiel, das die Opfer der Krise in Konkurrenz zueinander setzt, oder als Effekt einer allgemeinen Entwicklung, die alle gleichermaßen betrifft – liefern den Schlüssel zum Verständnis der politischen, gesellschaftlichen und kulturellen Erschütterungen der Gegenwart.

Es ist bemerkenswert, dass die vorherrschenden Analysen des aktuellen historischen Zyklus ausgeprägt ökonomistisch ausfallen, wie sich an der breiten Durchsetzung des Begriffs der »Großen Rezession« ersehen lässt.

Die Bemühungen, die Ereignisse seit 2008 – vom Arabischen Frühling und dem Sieg Syrizas bis zur Flüchtlingskrise und dem Brexit – mithilfe eines technischen Begriffs zu erklären, der in Lehrbüchern der Volkswirtschaftslehre dadurch definiert wird, dass »das Wirtschaftswachstum in mindestens zwei aufeinanderfolgenden Quartalen negativ ausfällt«, gleichen einem schlechten Witz. Die ökonomistische Interpretation der Krise ist außerdem ethnozentristisch und klassistisch. Die These, dass 2008 etwas Außerordentliches geschehen sei, dürfte für Hunderte Millionen Menschen, für die Finanz-Crashs und der Legitimationsverlust demokratischer Institutionen seit Jahrzehnten zum Alltag gehören, recht merkwürdig anmuten. Mexikaner oder Kolumbianer unter vierzig haben in ihrem Leben buchstäblich nichts anderes kennengelernt als ökonomische Krisen und politischen Zerfall. Und das trifft auch auf einen Teil der Bevölkerung der reichen Länder zu. Ich mache mit meinen Soziologiestudenten gelegentlich ein kleines Experiment. Ich erläutere ihnen zunächst die Kenngröße des relativen Armutsrisikos, das 2016 in Spanien etwas mehr als 22 Prozent der Bevölkerung betraf. Danach frage ich die Studenten, wie groß ihrer Meinung nach dieser Anteil vor dem Ausbruch der Krise war, also während der Hochphase des spanischen Wirtschaftswunders, als das Land zu den acht größten Ökonomien weltweit gezählt wurde. Fast alle beziffern den Anteil auf unter 10 Prozent. Tatsächlich jedoch galten bereits 2007 19,7 Prozent der spanischen Haushalte als armutsgefährdet: Die Ungleichheit ist nicht Folge der Rezession, sondern ihre Ursache.

Tatsächlich ist die Krise die historische Normalität des globalen Turbokapitalismus. Erstens weil es seit Anfang

der achtziger Jahre praktisch unablässig zu Crashs gekommen ist – unter anderem in Mexiko, in den USA, in
Japan, Finnland, Thailand, Indonesien, auf den Philippinen, in Spanien, Russland, Argentinien oder Island. Zweitens aber vor allem, weil diese Krisen – wie David Harvey
angemerkt hat – das neoliberale Projekt nicht infrage gestellt, sondern gestärkt haben.[2] Die von Deregulierung
und transnationaler ökonomischer Interdependenz verursachten Crashs wurden genutzt, um die Verhandlungsmacht der Arbeiter mithilfe politischer Reformen noch
weiter zu schwächen. Etwas Vergleichbares lässt sich auch
hinsichtlich der durch die Verwandlung des Lebens in
eine Ware verursachten sozialen Not feststellen: Seit Beginn der achtziger Jahre haben die Neoliberalen aggressi-
ve Strategien zur Verwaltung des psychischen Leids, des
Rückbaus öffentlicher Institutionen, der gesellschaftlichen Prekarisierung, des Abbaus kultureller Angebote
und der politischen Polarisierung entwickelt und ihr Projekt dadurch weiter gestärkt.

Die große Regression der Gegenwart markiert also
nicht in erster Linie den Anbruch einer neuen ökonomischen Ära als vielmehr das Ergebnis jener Strategie, die
die westlichen Eliten zur Überwindung der Akkumula-
tionskrise der siebziger Jahre gewählt hatten: der Rückkehr zu einem globalisierten Manchester-Kapitalismus,
die mit einem überwältigenden Sieg der herrschenden Klassen endete. Und in einem Gesellschaftssystem wie dem
Kapitalismus – der selbstexpansiv ist und jede Art von
Schranken niederzureißen sucht – führt ein überwälti-
gender Sieg stets zugleich ins Vorzimmer der Katastrophe.

Gegenbewegungen entstehen

Auf ganz ähnliche Weise interpretierte Karl Polanyi die große ökonomische, politische, soziale und spirituelle Krise der vierziger Jahre nicht als unvorhersehbare Anomalie, sondern als naheliegende Folge der allgemeinen Vermarktlichung, die sich, nachdem sie über Europa hinweggefegt war, gegen Ende des 19. Jahrhunderts als kolonialer Wirbelsturm über die ganze Welt ausgebreitet hatte.[3] Aus Polanyis Perspektive waren die beiden Weltkriege und der Aufstieg des Totalitarismus die logische Konsequenz von Spannungen, die sich im langen Jahrhundert der Pax Mercatoria und eines noch nie dagewesenen Wirtschaftswachstums herausgebildet und zugespitzt hatten.

Polanyi stellte nicht so sehr die Legitimität oder Gerechtigkeit als vielmehr die *Möglichkeit* des Wirtschaftsliberalismus infrage. Das Ideal des sich selbst regulierenden Marktes ist ein utopisches und selbstzerstörerisches Projekt, das faktisch mit keiner existierenden Form des menschlichen Zusammenlebens vereinbar ist. Ein freier Markt hat noch nie existiert und wird dies auch nie tun. Die Expansion der Markt- und Warenbeziehungen ging immer mit einer aggressiven Interventionspolitik des Staates einher, welche die systemischen Mängel des Marktes abzufedern und den Widerstand der Menschen gegen den ökonomischen Hurrikan zu brechen suchte.

Die historische Alternative, vor der wir heute stehen, ist mit Polanyi nicht die zwischen dem freien Markt und der kollektiven Intervention. Wir können nur zwischen verschiedenen Arten der politischen Vermittlung wählen; zwischen unterschiedlichen »Gegenbewegungen«, die ent-

Globale Regression und postkapitalistische Gegenbewegungen **237**

stehen, um die lebensbedrohlichen Wirkungen des Kapitalismus zu beschränken. Die Frage wird lauten, ob die politische Regulation darauf abzielt, die Privilegien der Eliten zu schützen und ob sie in diesem Sinne einen reaktionären, identitären und totalitären Charakter besitzt oder ob sie die Möglichkeit zur Stärkung von Demokratie und Aufklärung eröffnet.

Polanyi interpretierte die explosive politische Situation der Zwischenkriegszeit als das Ergebnis eines Kampfes zwischen verschiedenen postliberalen Projekten, die jeweils ihre eigene Version von Marktschranken durchzusetzen suchten. Auf der einen Seite gab es Prozesse, die Gramsci als »passive Revolution« bezeichnet hat: autoritäre Eingriffe, die einen aggressiven Umbau der Institutionen einschließlich der ökonomischen Regulation vorantrieben, um auf diese Weise das bestehende System sozialer Herrschaft zu bewahren. Auf der anderen Seite existierte ein ganzes Spektrum unterschiedlicher Demokratisierungsbewegungen, die die Märkte zurückzudrängen, die Ungleichheit zu verringern und die soziale Emanzipation zu stärken suchten.

Die Situation heute weist große Parallelen zu der politischen Polarisierung, der institutionellen Instabilität und dem kollektiven Hass auf, die Polanyi als Zeitzeuge erlebte. In gewisser Hinsicht leben wir bereits in postneoliberalen Gesellschaften. Das Ideal des freien Marktes ist ein politischer Zombie, der zwar noch Leid verursacht und unverständliche Laute von sich gibt, den aber bereits alle für tot halten. Überall in der Welt entstehen mächtige Gegenbewegungen als Reaktion auf die neoliberale Dystopie. Der größte Teil von ihnen lässt sich dem Bereich der extremen Rechten, des identitären Nationalismus, der

Fremdenfeindlichkeit, des religiösen Fundamentalismus und des reaktionären Populismus zuordnen. Die politischen Institutionen des Westens erscheinen nicht mehr als Mittler der demokratischen Deliberation, sondern verwandeln sich durch die Reduktion der politischen Debatten auf Sicherheitsfragen in Anabolika der Verrohung des öffentlichen Diskurses. Die Forderung nach einer »illiberalen Demokratie«, wie sie der ungarische Premierminister Viktor Orbán 2014 aufstellte, oder der Wahlsieg Donald Trumps 2016 sind Höhepunkte einer Entwicklung, die alle westlichen Länder mehr oder weniger stark betreffen. So wird bei der Kritik an Trumps Vorschlag, eine Mauer zwischen Mexiko und den USA zu errichten, geflissentlich ausgeblendet, dass an der einzigen Landgrenze zwischen der EU und Afrika – den spanischen Enklaven im Norden Marokkos – bereits seit vielen Jahren drei hintereinander errichtete, bis zu sechs Meter hohe und mit Nato-Draht gesicherte Metallzäune stehen, die Hunderten von Immigranten schwere Verletzungen zugefügt haben.

Glücklicherweise sind die reaktionären Gegenbewegungen nur ein Teil der Geschichte. Es gibt auch Alternativen, die sich Gleichheit und Demokratisierung auf die Fahnen geschrieben haben und nun das von der Wirtschaftskrise geöffnete Zeitfenster zu nutzen versuchen, um auf transnationaler Solidarität beruhende langfristige Veränderungen durchzusetzen. Während zu Beginn dieses Jahrhunderts Lateinamerika der Motor des globalen Antagonismus war, der die von den globalisierungskritischen Bewegungen nach den Protesten von Seattle 1999 formulierten Herausforderungen aufgriff,[4] gilt es heute, einige der Laboratorien der Gegenhegemonie in den semiperipheren Ländern Südeuropas unter die Lupe zu nehmen.

Von der europäischen Peripherie lernen

Tatsächlich hat die wirtschaftliche Rezession in Südeuropa eine explosive Wirkung entfaltet. Sie hat die liebenswürdige und konfliktfreie postmoderne Entpolitisierung, wie sie von Autoren wie Anthony Giddens oder Ronald Inglehart diagnostiziert und verteidigt worden war, in eine große Legitimationskrise verwandelt.[5] In Spanien etwa ist ein politisches Regime zerbrochen, das auf der Machtteilung zwischen zwei großen Parteien mit vor allem in sozialen Fragen (wie bei der Deregulierung des Arbeitsmarktes oder bei der Beschränkung der Umverteilungspolitik) weitgehend identischen Programmen beruhte.[6] Die Legitimität dieses Zweiparteiensystems stützte sich auf ein vom Immobilienboom getriebenes Wirtschaftswachstum, durch das sozialer Aufstieg und große Konsummöglichkeiten garantiert zu sein schienen. Es handelte sich dabei letztlich um eine Fata Morgana, denn die Arbeitslosenzahlen sowie die Indikatoren für soziale Ungleichheit blieben hoch, die Prekarisierung war nach wie vor weitverbreitet, und der Wohlfahrtsstaat sorgte kaum für eine Umverteilung des Reichtums. Nichtsdestotrotz stellte dieses Modell lange Zeit erfolgreich gesellschaftliche Kohäsion her.

Die Wirtschaftskrise hat diesen Konsens zum Einsturz gebracht. Der Traum des Immobilienbooms hat sich in einen Albtraum der Spekulation verwandelt. Die Lage ist von massiver Arbeitslosigkeit (in Spanien gibt es mehr als vier Millionen Arbeitslose, eineinhalb Millionen Familien sind ohne jedes Erwerbseinkommen), Armut (eines von drei Kindern ist von Armut oder sozialer Ausgrenzung bedroht) und Zwangsräumungen gekennzeichnet (eine halbe Million seit Beginn der Krise). Die unzähligen Fälle politischer Korruption werden von den spanischen Bürgern als Symptom einer tiefen institutionellen Krise verstanden, die durch den Filz zwischen ökonomischen und politischen Eliten verursacht worden ist. Das gesellschaftliche Unbehagen wurde im Frühjahr 2011 mit dem Ausbruch der 15M-Bewegung (den sogenannten *indignados*) und der darauf folgenden Protestwelle manifest. Aber die eigentliche politische Veränderung trat 2014 ein, als diese Bewegung die politischen Institutionen zu stürmen begann. Zunächst wirbelte Podemos die Parteienlandschaft durcheinander, als man bei den Wahlen zum Europaparlament aus dem Stand auf acht Prozent der Stimmen kam. Einige Monate später eroberten kommunale Listen, die nach der 15M-Bewegung von Basisinitiativen gegründet worden waren, die Rathäuser vieler Gemeinden. Die drei größten spanischen Städte – Madrid, Barcelona und Valencia – werden heute von solchen Initiativen regiert, die einen kritischen und klar antineoliberalen Charakter besitzen.

Dieses Entstehen einer antagonistischen Bewegung war überraschend, gibt Anlass zur Hoffnung und stellt, wie Owen Jones angemerkt hat, möglicherweise ein Modell der politischen Mobilisierung und Intervention dar, auf das auch andernorts zurückgegriffen werden könnte.[7] Im Unterschied zu der Situation in vielen anderen Ländern sind in Spanien als Reaktion auf die Krise bislang kaum fremdenfeindliche oder autoritäre Stimmungen erstarkt. Es ist nicht einfach zu erklären, warum sich die Gesellschaft in dieser Hinsicht als relativ immun erwiesen hat. Wahrscheinlich hat es mit verschiedenen

Globale Regression und postkapitalistische Gegenbewegungen 241

Faktoren zu tun: Da ist die noch frische Erinnerung an die Diktatur, die starke Solidarität in den Familien, die das ökonomische Leid teilweise aufgefangen hat, und die Integration eines Teils der extremen Rechten in die konservative Regierungspartei Partido Popular. Aber auch die Gründung neuer Bewegungen war entscheidend, da sie die traditionelle linke Rhetorik so veränderten, dass sie für eine Mehrheit der Menschen plausibel war, was die Empörung der Bevölkerung zugunsten von Demokratisierungsforderungen kanalisierte. Es ist sicher nicht übertrieben zu behaupten, dass Positionen, die bis dahin nur von randständigen sozialen Bewegungen vertreten worden waren, heute in die Mitte der Gesellschaft vorgedrungen sind. Feminismus, solidarische Ökonomie und partizipative Demokratie sind mittlerweile in gesellschaftlichen Debatten sehr viel präsenter als vor der Krise.[8]

Die Frage, die man sich stellen muss, lautet vor diesem Hintergrund, warum der politische Veränderungsprozess nicht schneller verlief und weiter reichte. Wie ist es möglich, dass sieben Millionen Spanier weiterhin eine konservative Regierung wählen, die die krassesten Sozialkürzungen seit dem Ende der Diktatur und unzählige Korruptionsfälle zu verantworten hat? Zum Teil liegt das mit Sicherheit daran, dass die Massenmedien eine brutale und erfolgreiche Kampagne zur Dämonisierung der neuen politischen Bewegungen organisiert haben. Zugleich muss man aber auch sehen, dass die Linke große Schwierigkeiten hat, in Bezug auf materielle Fragen, die für die Lebensrealität der Menschen eine große Rolle spielen, jenseits des ideologischen Diskurses politische Alternativen zu entwickeln, die von einer Mehrheit der Bevölkerung als attraktiv empfunden werden.

Die soziale Krise und die Grenzen
der »Mittelklassepolitik«

Der 15M-Bewegung, Podemos und dem Rest der spanischen Linken, die für eine soziale Transformation eintritt, ist es nicht gelungen, in die Fabriken, Büros und sonstigen Arbeitsplätze vorzudringen. Sie haben es nicht geschafft, eine Klassensolidarität zu entwickeln, die von gemeinsam erlebter Prekarisierung ausgeht, und jene Mikroidentitäten zu überwinden, die heute durch Immobilieneigentum und soziales wie kulturelles Kapital definiert sind.[9] Die Mobilisierung, die von der Empörung über die Krise, über Ungleichheit und Korruption gespeist wurde, hat nicht zu einem alternativen Gesellschaftsentwurf geführt, der der Mehrheit – jenseits der theoretisch oder ideologisch interessierten Akademiker und Aktivisten – eine realistische Option des guten Lebens aufzeigt, für die es sich lohnen würde, riskante politische Entscheidungen zu treffen. Wie in anderen Ländern wurde auch in Spanien der Widerstand gegen die mörderische Austeritätspolitik von den Mittelschichten getragen, deren Empörung nicht so sehr mit dem unmittelbar erfahrenen materiellen Leid als vielmehr mit einem »existenziellen« Unbehagen zu tun hatte, sprich mit dem Verlust sozialer Aufstiegschancen und der Aufkündigung alter gesellschaftlicher Versprechen. Dabei handelt es sich um einen sehr beschränkten, stark von Verlustängsten geprägten Motor der politischen Veränderung.

Es gibt eine alte marxistische These, an die es sich in unserem Zusammenhang vielleicht zu erinnern lohnt. Marx war der Ansicht, dass die Verlierer im Kapitalismus dazu prädestiniert sind, Akteure des politischen Wandels zu werden. Sie sind die Einzigen, die jenen moralischen Fortschritt vorantreiben können, der zwar allen Menschen zugutekäme, den die übrigen Gruppen jedoch nicht erstreiten werden, weil sie alle kurzfristige Eigeninteressen verfolgen. Zum Beispiel denken viele von uns, dass es in einer technologisch hoch entwickelten Gesellschaft möglich sein sollte, Arbeit nicht mehr als knappes Gut zu behandeln, um das wir konkurrieren müssen, sondern stattdessen nach politischen Alternativen zu suchen, die es uns erlauben, das Problem der Arbeitslosigkeit in eine Lösung zu verwandeln, nämlich in eine Quelle der Freizeit und der Aufwertung reproduktiver Arbeiten. Aber wir, die wir uns noch an prekäre Beschäftigung klammern, sind kaum bereit, die Kosten und Risiken eines Übergangs hin zu einem vernünftigeren System in Kauf zu nehmen, weil diese Veränderung uns kurzfristig große Nachteile bringen könnte. Wir sind fähig, uns einen solchen gesellschaftlichen Umbau vorzustellen und seine Vorteile anzuerkennen, aber um sie aktiv voranzutreiben, müssten wir uns in moralische Helden verwandeln, die bereit sind, sich selbst auf dem Altar der politischen Vernunft zu opfern. Wenn man hingegen zwanzig Jahre alt ist, die ganze Familie seit fünf Jahren arbeitslos ist und die Jugendarbeitslosigkeit in der Stadt bei siebzig Prozent liegt, wird es einem leichter fallen, sich die Zerstörung des heute existierenden Arbeitsmarktes als realistisches und nicht besonders radikales Vorhaben vorzustellen.

Die Konsequenz hieraus lautet, dass emanzipatorische Projekte dringend die soziale Abkapselung fortschrittlicher, häufig als theoretischer Radikalismus daherkommender Diskurse in der Mittelschicht durchbrechen müssen. Anders als die traditionelle operaistische Linke behauptet, handelt es sich dabei jedoch nicht um ein ideologisches Problem – der Entfremdung des Proletariats oder der Verkommenheit der »Kaviarlinken« –, sondern es geht um die gesellschaftlichen Voraussetzungen des politischen Wandels selbst. Die emanzipatorischen Projekte der Gegenwart agieren auf einem Terrain sozialer Verwüstung. Der eigentliche Sieg des Neoliberalismus bestand im Kahlschlag an der Zivilgesellschaft, also darin, dass er uns in eine fragile, individualistische und konsumorientierte Gesellschaft verwandelt hat.

1987 formulierte Margaret Thatcher in einem Interview den berühmten Satz: »There is no such thing as society.« Viele verstanden dies als Ausdruck eines methodologischen Individualismus. Doch tatsächlich handelte es sich um ein politisches Programm. Das haben viele neokommunitaristische Autoren wie Richard Sennett oder Christopher Lasch besser verstanden als die Marxisten.[10] Die globale Niederlage der Gewerkschaften in den achtziger Jahren zog nicht nur eine dramatische Schwächung der Verhandlungsmacht der Arbeiter nach sich, sondern bedeutete vor allem den krönenden Abschluss der Zerstörung einer Vielzahl sozialer Räume, die mit dem materiellen Überleben der unteren und mittleren Klassen verschränkt waren. Die oberen Klassen hingegen haben es verstanden, sich vor der postmodernen Individualisierung zu schützen, indem sie sowohl ihr soziales Kapital – beispielsweise durch den Besuch von Eliteschulen oder die Pflege von auf einem bestimmten Lebensstil beruhenden Netzwerken – als auch den Anschein eines eigenen, durch Luxuskonsum definierten kulturellen Projekts verteidigten. Die Erfolgsaussichten emanzipatorischer Ge-

genbewegungen werden heute davon abhängen, ob es ihnen gelingt, universalistische neue soziale Bindungen aufzubauen, bei denen der materielle Lebensunterhalt eine
Schlüsselrolle spielt: und zwar nicht nur die Lohnarbeit,
sondern auch die reproduktiven und Care-Tätigkeiten.

Die antrainierte globale Ohnmacht
und die Möglichkeit Europas

Ein zweites Problem für die aufkommenden gegenhegemonialen Bewegungen besteht in einem Phänomen, das
man als antrainierte globale Ohnmacht bezeichnen könnte. Der Kapitalismus der Gegenwart hat eine Dynamik in
Gang gesetzt, der es nicht etwa an Mechanismen der politischen Kooperation mangelt, sondern die gerade auf dem
Fehlen solcher Mechanismen basiert. In den westlichen
Demokratien stimmen die globalen Märkte mit ab, und
ihr Votum zählt mehr als das der Parlamente. Das aktu-
ellste Beispiel hierfür ist Griechenland. Als die Griechen
2015 den Fehler begingen, für die »falsche« Option zu
stimmen, brachte die EU eine sadistische Maschinerie
des finanziellen, politischen und medialen Krieges in Stellung, um dem gesamten Kontinent eine Lehre zu erteilen.
  Eine Demokratisierungsbewegung wird heute kaum
eine gesellschaftliche Mehrheit überzeugen können, wenn
es ihr nicht auch gelingt, realistische Instrumente zur
Rückeroberung der politischen Souveränität aufzuzeigen,
mit denen sich die antrainierte Ohnmacht überwinden
lässt. Ein solches Instrument wäre zweifelsohne die territoriale Erweiterung des politischen Interventionsrahmens
über die Grenzen des Nationalstaats hinaus; sprich, der

Aufbau transnationaler Bündnisse, die der globalen Plutokratie die Macht streitig machen könnten. Die gute Nachricht lautet, dass ein derartiges Vorhaben heute in Europa, anders als in Zeiten des klassischen Internationalismus, mehr ist als nur ein hehres Ziel, schließlich verfügen wir bereits über die Keimzelle kontinentaler Institutionen. Ja, das Streben der gegenhegemonialen Bewegungen nach einem transnationalen politischen Handlungsrahmen könnte sich als letzte Hoffnung für das europäische Einigungsprojekt erweisen, das seit Beginn der Krise einen rasanten Zerfallsprozess erlebt.

Die meisten Statements zur Verteidigung der Europäischen Union hören sich an wie ein Kontinentalnationalismus niedriger Intensität: verlogen, überholt und kitschig. Es sind Apologien des kulturellen Erbes Europas und unserer lächerlichen – an Zynismus grenzenden – Neigung, uns die Rolle der moralischen Weltpolizei anzumaßen. Tatsächlich ist Europa nicht deshalb wichtig, weil es sich um Europa handelt, sondern im Gegenteil, weil die kontinentale Union – trotz der Europa anhaftenden politischen, gesellschaftlichen und kulturellen Traditionen – einen Schritt zum Aufbau einer postkapitalistischen globalen Kooperation darstellen könnte. Es stimmt, dass diese Idee im offenen Widerspruch zur Architektur der europäischen Institutionen steht. Die EU versteht sich seit ihren Anfängen als erfolgreiche Umsetzung des Mottos »Frieden durch Freihandel«, einer alten, aus der Aufklärung stammenden Theorie, die davon ausgeht, dass der Handel dort eine Nähe zwischen den Völkern schafft, wo Politik und Kultur für Konflikte sorgen.[11] Unter dem Eindruck der Religionskriege, die Europa in einen Schlachthof verwandelt hatten, meinten Montesquieu und andere, ge-

Globale Regression und postkapitalistische Gegenbewegungen **247**

meinsame ökonomische Interessen könnten dabei helfen, identitären Zwist zu überwinden.

Fast vierzig Jahre lang schien die Realität diese Theorie zu bestätigen. Die EU war ein erfolgreiches Experiment und ein Beleg für die friedensstiftende Macht des Marktes, der der politischen Einigung den Weg bereiten sollte. In Wirklichkeit handelt es sich bei der Theorie jedoch um einen Mythos. Der Ökonomisierung der internationalen Beziehungen in Europa wirkte nämlich lange ein starker gesellschaftlicher Konsens entgegen, der die Arbeitskraft auf nationalstaatlicher Ebene zumindest teilweise vor ihrer Verwandlung in eine Ware schützte. Anders ausgedrückt: Bis Ende der siebziger Jahre entwickelte sich die europäische Freihandelsunion im Gleichschritt mit dem europäischen Wohlfahrtsstaat, und diese Gleichzeitigkeit war auch der Schlüssel des Erfolgs. Es war ein Prozess, der zudem auf die massive Unterstützung der USA zählen konnte, welche die keynesianische Politik richtigerweise als einen Schutzwall gegen die sowjetische Expansion verstanden. Nach dem Ende des Kalten Krieges hat sich die EU jedoch im selben Maße, wie der Wohlfahrtsstaat durch die neoliberale Hegemonie infrage gestellt wurde, immer deutlicher als hohle Finanzarchitektur erwiesen, bei der die Einführung einer Einheitswährung ohne die gleichzeitige Durchsetzung einer gemeinsamen Fiskal- und Sozialpolitik einem Selbstmord in Zeitlupe gleichkam. Die einzige Alternative zur Implosion der Europäischen Union bestünde heute darin, diesen historischen Irrtum zu überwinden, der dem Markt im Einigungsprozess Priorität einräumte. Nur die auf Demokratisierung drängenden Gegenbewegungen der südlichen Peripherie Europas sind in der Lage, ein solches Projekt voranzutreiben. Anders als die traditionellen politischen Parteien streben sie eine Ermächtigung des Volkes an, die der Diktatur der Märkte ein Ende setzen würde. Und im Unterschied zu identitären und neoprotektionistischen Projekten wie dem Brexit benötigen sie einen Rahmen erweiterter Souveränität, um die globalen, sich der nationalstaatlichen Kontrolle entziehenden ökonomischen Eliten herausfordern zu können. Das Zurückdrängen der Märkte auf europäischer Ebene würde außerdem die neoliberale Weltordnung massiv infrage stellen. Der britische Politikwissenschaftler Peter Gowan hat diese These bereits vor zwei Jahrzehnten formuliert.[12] Die europäische Union stellt die größte Ökonomie der Welt dar, und die sie bildenden Länder verfügen über solide demokratische Traditionen. Daher, so Gowan, wäre die EU in der Lage, eine postkapitalistische, auf Gerechtigkeit, Demokratie und Wohlfahrt abzielende Globalisierung anzuführen.

Jenseits der Rezession, jenseits des Kapitalismus

Das Vorhaben, das Prekariat mithilfe neuer Instrumente solidarischer Organisierung in eine gesellschaftsverändernde »Klasse für sich« zu verwandeln und ein internationales Bündnis von unten aufzubauen, muss als titanische, fast schon utopische Herausforderung erscheinen. In Wirklichkeit ist das aber der leichtere Teil des emanzipatorischen Projekts der Gegenwart. Noch schwieriger ist es, mit dem Konsensprinzip zu brechen, das heute bei den wichtigsten radikaloppositionellen Bewegungen vorherrscht.

Zweifelsohne stellt die Wiederaneignung des Demo-

Globale Regression und postkapitalistische Gegenbewegungen **249**

kratiekonzepts – als lebendiges und anspruchsvolles politisches Ideal – durch die sozialen Bewegungen einen der wichtigsten politischen Erfolge der letzten Jahrzehnte dar. Die Überwindung des traditionellen Verständnisses von antagonistischer Politik als eine heroische Tätigkeit, die nur von einer Handvoll ausgewählter, in allen erdenklichen theoretischen Spitzfindigkeiten bewanderter Superaktivisten ausgeübt werden kann, ist eine gute Nachricht. Die wichtigsten Klassenbewegungen weltweit sind gegenwärtig jene, die begriffen haben, wie radikal die Verteidigung der Normalität sein kann. Der Wunsch, ein mehr oder weniger konventionelles Leben führen zu können, eine Familie zu gründen, in dem Viertel, in dem man geboren wurde, zu wohnen, das zu lernen, wozu man sich berufen fühlt, den öffentlichen Institutionen vertrauen und sich in ihnen engagieren zu können – all das impliziert heute, die Welt, wie wir sie kennen, auf den Kopf zu stellen.

Gleichzeitig ist es aber richtig, dass, wie Anselm Jappe festgestellt hat, der Diskurs der »99 Prozent gegen das Eine Prozent« irreführend ist, weil er zu der Vorstellung führt, politische Veränderungen könnten harmonisch und ohne Konflikte vonstattengehen. Als würden wir mit Steuererhöhungen für Superreiche und einer Verbesserung öffentlicher Dienstleistungen bereits den Weg der gesellschaftlichen Transformation hin zu einem solidarischen und grünen Alternativkapitalismus, einem Neokeynesianismus des 21. Jahrhunderts beschreiten. Bisweilen stellen wir uns sogar den Postkapitalismus als eine Art Kapitalismus ohne Kapitalisten vor – als wäre unsere Gesellschaft von Solidarität bestimmt und als würden wir nur einige kleinere Korrekturen benötigen, um die (vor allem im IT-

Bereich) bestehenden Kooperationspraktiken ausweiten zu können. Das war nie richtig und stimmt heute, da wir vor apokalyptischen ökologischen Herausforderungen stehen, erst recht nicht. Noch viel mehr als die Misserfolge des Kapitalismus sollten wir seine Erfolge fürchten.

Richard Tawney sagte einmal, die authentische Sprache der politischen Transformation sei nicht die der Rechte, sondern die der Pflichten. Demokratie, schrieb er an anderer Stelle, »ist als politisches System instabil, solange es sich darauf beschränkt, nur ein politisches System zu sein. Sie sollte nicht nur eine Regierungs-, sondern eine Gesellschaftsform und eine Lebensweise sein, die sich in Einklang mit dieser gesellschaftlichen Form befindet.«[13] Ich glaube, dass dieser Gedanke eine tiefe Wahrheit enthält, wie sie auch von Simone Weil und anderen christlichen Sozialisten der Zwischenkriegszeit vertreten wurde. Vielleicht zeigt er uns einen Weg auf, um die beiden Sackgassen – die der revolutionären Epik und die der konsensorientierten Lähmung – zu meiden.

Bei einem großen Teil jener sich selbst als »verantwortungsbewusst« bezeichnenden Linken, die große politische Herausforderungen und Brüche scheuen, ist heute eine Nostalgie für die jüngere Geschichte, für die guten alten Zeiten von New Labour und der Globalisierung mit menschlichem Antlitz zu beobachten. Diese Haltung ist das perfekte Mittel zur Beschleunigung der ökonomischen, sozialen und politischen Krise. Die große Rezession ist weniger ein Bruch mit der Art und Weise, wie der Westen in den letzten vierzig Jahren organisiert war, als vielmehr das Ergebnis unterschiedlicher Bemühungen, mit denen die alte Ordnung so reorganisiert werden sollte, dass die Privilegien der herrschenden Klasse gewahrt blieben. Wenn wir die Katastrophe vermeiden wollen, müssen wir von der Radikalisierung der Normalität zur Normalisierung des Bruchs übergehen. Und das bedeutet, dass wir nicht nur mit einer Handvoll Profiteuren des globalen Finanzkasinos, sondern auch mit jenen Aspekten unseres eigenen Lebens in Konflikt treten müssen, die ihrerseits Bestandteil der kapitalistischen Barbarei sind.

Aus dem Spanischen von Raul Zelik

Anmerkungen

1 Robert Castel, *Die Krise der Arbeit. Neue Unsicherheiten und die Zukunft des Individuums*, Hamburg: Hamburger Edition 2011.

2 David Harvey, *Kleine Geschichte des Neoliberalismus*, Zürich: Rotpunktverlag 2007.

3 Karl Polanyi, *The Great Transformation. Politische und ökonomische Ursprünge von Gesellschaften und Wirtschaftssystemen*, Frankfurt am Main: Suhrkamp 1978 [1944].

4 James Petras, *The Left Strikes Back. Class and Conflict in the Age of Neoliberalism*, Boulder: Westview Press 1999.

5 Anthony Giddens, *Modernity and Self-Identity. Self & Society in the Late Modern Age*, Cambridge: Polity 1991; Ronald Inglehart und Christian Welzel, *Modernization, Cultural Change, and Democracy. The Human Development Sequence*, Cambridge: Cambridge University Press 2005.

6 Im Norden Europas ist der Mythos weitverbreitet, die spanische Wirtschaftskrise sei durch öffentliche Verschwendung und eine verantwortungslose Wirtschaftspolitik verursacht worden. Tatsächlich war Spanien bis 2007 ein Musterschüler der wirtschaftsliberalen Orthodoxie, und die öffentlichen Schulden des Landes lagen bei 35 Prozent des Bruttoinlandsprodukts (der deutsche Vergleichswert im selben Jahr betrug 60 Prozent). Die spanischen Staatsschulden schnellten erst nach Beginn der Krise in die Höhe, als die Regierung inmitten des Orkans an der Austeritätspolitik festhielt und sich dem mörderischen Spardiktat der Europäischen Union unterwarf.

7 Owen Jones, »There is a model for the new politics we need. It's in

Spain«, in: *The Guardian* (22. Juni 2016); online verfügbar unter: {https://www.theguardian.com/commentisfree/2016/jun/22/politics-spain-podemos-radical-europe-uk} (Stand Januar 2017).

8 Pew Research Global, »Emerging and developing economies much more optimistic than rich countries about the future« (Oktober 2014), online verfügbar unter: {http://www.pewglobal.org/files/2014/10/Pew-Research-Center-Inequality-Report-FINAL-October-17-2014.pdf} (Stand Januar 2017); Fundación BBVA, »Values and worldviews« (April 2013); online verfügbar unter: {http://www.fbbva.es/TLFU/dat/Presentacionvalues.pdf} (Stand Januar 2017).

9 Teile der europäischen Linken hegen den Verdacht, Podemos und andere neue Bewegungen in Spanien könnten sich in Richtung des rechtspopulistischen Spektrums bewegen. Dies ist, zumindest bislang, eine völlige Fehleinschätzung. Das Programm von Podemos hat starke Überschneidungen mit dem der traditionellen transformatorischen Linken. Die Bemühungen, die Wählerbasis durch eine ideologisch weniger stark besetzte Sprache – durch Begriffe wie »die da oben« und »die Kaste« (*la casta*) oder durch die Anrufung des Patriotismus – zu erweitern, hatten nur sehr begrenzten Erfolg. Alle Umfragen zeigen, dass die politische Identität (als Linke) für Podemos-Wähler nach wie vor eine Schlüsselrolle spielt.

10 Richard Sennett, *Der flexible Mensch. Die Kultur des Neuen Kapitalismus*, Berlin: Berlin Verlag 1998; Christopher Lasch, *The Minimal Self. Psychic Survival in Troubled Times*, New York: Norton 1984.

11 Albert O. Hirschman, *Leidenschaften und Interessen. Politische Begründungen des Kapitalismus vor seinem Sieg*, Frankfurt am Main: Suhrkamp 1987.

12 Peter Gowan, *The Globalization Gamble. The Dollar-Wall Street Regime and its Consequences*, London: Verso 1999.

13 Richard H. Tawney, *Equality*, London: Harper Collins 1931.

Die Wiederkehr der Verdrängten als Anfang vom Ende des neoliberalen Kapitalismus
Wolfgang Streeck

Der Neoliberalismus kam mit der Globalisierung, oder die Globalisierung mit dem Neoliberalismus; so begann die *große Regression*.[1] In den siebziger Jahren ging das Kapital der wiederaufgebauten Industriegesellschaften daran, sich aus der nationalen Nutztierhaltung herauszuarbeiten, in der es die Jahrzehnte nach 1945 hatte verbringen müssen.[2] Die Zeit war gekommen, von den leer gefegten Arbeitsmärkten, der stagnierenden Produktivität, den sinkenden Profiten und den immer anspruchsvoller werdenden Gewerkschaften des reif gewordenen, staatlich verwalteten Kapitalismus Abschied zu nehmen. Der Weg in die Zukunft, in eine neue Expansion, wie sie jedem Kapital Herzensanliegen ist, führte nach draußen: in die noch erfreulich unregierte Welt einer grenzenlosen globalen Ökonomie, in der Märkte nicht mehr in Staaten, sondern Staaten in Märkte eingeschlossen sind.

Die neoliberale Wende stand im Zeichen einer neuen Göttin namens TINA – *there is no alternative*. Die lange Reihe ihrer Priesterinnen und Priester reicht von Margaret Thatcher über Tony Blair bis Angela Merkel. Wer TINA dienen wollte, unter feierlichen Gesängen der vereinigten Ökonomen aller Länder, musste den Ausbruch des Kapitals in die Welt als ebenso naturgesetzliche wie gemeinnützige Notwendigkeit anerkennen und tatkräftig mithelfen, alle ihm entgegenstehenden Hindernisse aus dem Weg zu räumen. Heidnische Praktiken wie Kapitalverkehrskontrollen, Staatshilfen und dergleichen waren aufzuspüren und auszumerzen; niemand sollte sich mehr dem »globalen Wettbewerb« entziehen und sich in wie immer geartete nationale Hängematten legen können. Freihandelsabkommen sollten Märkte öffnen und sie vor staatlicher Einmischung schützen; an die Stelle nationaler Regierungen sollte »global governance« treten, Schutz vor Kommodifizierung war abzulösen durch Befähigung zur Kommodifizierung, und der Sozialstaat sollte dem Wettbewerbsstaat einer neuen Ära kapitalistischer Rationalisierung weichen.[3]

Spätestens Ende der achtziger Jahre war so der Neoliberalismus zur *pensée unique* geworden, Mitte-rechts wie Mitte-links. Die alten politischen Streitfragen galten als erledigt. Nun ging es um »Reformen« zur Steigerung der nationalen »Wettbewerbsfähigkeit«, und zwar überall um dieselben: flexiblere Arbeitsmärkte, verbesserte »Anreize« (positiver Art am oberen, negativer am unteren Ende der Einkommensverteilung), Privatisierung, Vermarktlichung als Waffe im Standort- und Kostenwettbewerb sowie als moralischer Härtetest. An die Stelle von Verteilungskämpfen trat die technokratische Ermittlung des wirtschaftlich Nötigen und zugleich Einzigmöglichen; Institutionen, Politiken und Lebensweisen waren an dieses anzupassen. Folgerichtig begleitet wurde all dies von einer Rückbildung der politischen Parteien – ihrem Rückzug als »Kartellparteien«[4] in die Staatsapparate – bei sinkenden Mitgliederzahlen und abnehmender Wahlbeteiligung, überproportional am unteren Rand der Gesellschaft. Seit Anfang der Achtziger kam ein Abschmelzen der gewerkschaftlichen Organisierung hinzu, zusammen mit einem dramatischen weltweiten Rückgang der Streikhäufigkeit – insgesamt, in anderen Worten, eine Demobilisierung des Beteiligungs- und Umverteilungsapparats der Nachkriegsdemokratie auf breitester Front, langsam, dafür umso sicherer und zunehmend zur Normalität werdend.

Die neoliberale Revolution als Prozess institutioneller und politischer Regression eröffnete ein neues Zeitalter der *postfaktischen Politik*.[5] Dies war nötig geworden, weil das Einheitsprogramm der neoliberalen Globalisierung weit davon entfernt war, den von ihm versprochenen Wohlstand für alle auch tatsächlich zu liefern.[6] Auf die Inflation der Siebziger und die mit ihrer harten Beendigung einhergehende Arbeitslosigkeit folgten die Staatsverschuldung der Achtziger und die Sanierung der Staatsfinanzen durch sozialpolitische »Reformen« in den Neunzigern, und auf letztere wiederum, als Ausgleich, die Eröffnung großzügiger Verschuldungsmöglichkeiten für die privaten Haushalte. Parallel dazu ging das Wachstum zurück, obwohl oder weil Ungleichheit und Verschuldung immer weiter zunahmen: kein *trickle-down*, stattdessen vulgärster *trickle-up*; zunehmende Spreizung der Einkommen zwischen Individuen, Familien, Regionen und, in der Europäischen Währungsunion, Nationen. Die versprochene Dienstleistungs- und Wissensgesellschaft erwies sich als weit kleiner als die untergehende Industriegesellschaft; so wuchs die Zahl der nicht mehr Gebrauchten, der Überschussbevölkerung des weiterziehenden Kapitalismus stetig an: wehr- und verständnislos dem Wandel des Steuerstaats zum Schulden- und anschließend zum Konsolidierungsstaat sowie den Finanzkrisen und den ihnen folgenden staatlichen Rettungsaktionen ausgesetzt, als deren Ergebnis sie sich in immer schlechteren Positionen wiederfanden.[7] »Global governance« half da nichts, so wenig wie die um ihretwillen von der kapitalistischen Wirtschaft abgekoppelte nationale demokratische Staatlichkeit. Damit dies nicht zur Gefahr wurde für die Schöne Neue Welt der Globalisierung, waren verfeinerte Methoden der Beschaffung von Konsens und der Desorganisation von Widerstand nötig, und in der Tat war der zu diesem Zweck entwickelte Instrumentenkasten zunächst bestechend effektiv.

Das »postfaktische Zeitalter«

Lügen, auch frechster Art, hat es in der Politik immer gegeben; man denke an Colin Powells PowerPoint-Präsentation im Weltsicherheitsrat, mit untrüglichen Bildbeweisen für die Existenz irakischer Massenvernichtungswaffen. Was Deutschland angeht, so erinnert sich der eine oder andere noch an die Behauptung eines mittlerweile verstorbenen, immer noch weithin als Sozialdemokrat von echtem Schrot und Korn verehrten Verteidigungsministers, wonach die auf Betreiben der USA nach Afghanistan entsandten deutschen Truppen dort (»am Hindukusch«) die Sicherheit Deutschlands verteidigten. Mit der neoliberalen Revolution und dem mit ihr verbundenen Übergang zur »Postdemokratie«[8] kam dann aber eine neue Art von politischem Betrug in die Welt, die *Expertenlüge*. Den Auftakt machte die Laffer-Kurve, mit der wissenschaftlich bewiesen wurde, dass Steuersenkungen zu höheren Steuereinnahmen führen.[9] Ihr folgte unter anderem der »Cecchini-Bericht« der Europäischen Kommission (1988), der den Bürgern als Belohnung für die für 1992 geplante

Die Wiederkehr der Verdrängten 257

»Vollendung des Binnenmarkts« einen Wohlstandszu-
wachs von fünf Prozent des europäischen Sozialprodukts,
eine Senkung der Konsumgüterpreise um durchschnitt-
lich sechs Prozent sowie »Millionen neuer Arbeitsplätze« und eine Verbesserung der öffentlichen Finanzen
um 2,2 Prozent des Sozialprodukts versprach. In den USA
einigten sich derweil Finanzexperten wie Bernanke, Green-
span und Summers darauf, dass die von rationalen Investoren aus eigenem Interesse und auf eigene Rechnung ge-
troffenen Vorsichtsmaßnahmen zur Stabilisierung immer
»freierer« und globalerer Finanzmärkte ausreichten und
staatliche Behörden nichts gegen Blasenbildungen unternehmen müssten, auch weil man mittlerweile in der Lage
sei, die Folgen geplatzter Blasen schmerzlos zu beseiti-
gen.

Gleichzeitig wurden die von den Parteien, Regierungen und PR-Spezialisten des Mainstreams verbreiteten
»Narrative«[10] und die mit ihnen begründeten Entscheidungen und Nichtentscheidungen immer absurder. Die
Durchdringung der Regierungsapparate durch frühere
und zukünftige Goldman-Sachs-Manager ging, in Anerkennung ihres unentbehrlichen Expertenwissens, weiter,
als wäre nichts geschehen. Obamas Justizminister, Eric
Holder, kehrte nach sieben Jahren, in denen kein einziger
der für 2008 mitverantwortlichen Bankmanager vor Ge-
richt gestellt worden war, in die auf die Verteidigung von
Bankmanagern spezialisierte Anwaltskanzlei in New York
zurück, aus der er gekommen war, zu einem fürstlichen
Millionengehalt. Und Hillary Clinton, die es zusammen
mit Mann und Tochter in den sechzehn Jahren nach ihrem Auszug aus dem Weißen Haus zu einem dreistelligen
Millionenvermögen gebracht hatte, unter anderem mit

Goldman-Sachs-Honoraren weit oberhalb sogar des Niveaus eines Larry Summers, trat im Wahlkampf als selbsternannte Repräsentantin der »hart arbeitenden«, in Wahrheit vom kapitalistischen Fortschritt längst zur Überschussbevölkerung degradierten »Mittelklasse« auf.

Aus Sicht des neoliberalen Internationalismus freilich, der die Verbreitung von Illusionen zur demokratischen Regierungskunst entwickelt hatte, begann das postfaktische Zeitalter nicht vor 2016, dem Jahr des Brexit-Referendums und der Zerschlagung des Clintonismus durch Donald Trump.[11] Erst nach dem Versagen der Postdemokratie – dem Ende der massenhaften Geduld mit den »Narrativen« einer Globalisierung, die in den USA zuletzt nur noch dem obersten Einen Prozent zugutegekommen war – verlangten die Verwalter des herrschenden »Diskurses« nach obligatorischen »Faktenchecks«; bedauerten sie die durch den Zangengriff der globalen Aufmerksamkeitsökonomie einerseits und der nationalen Einsparungen bei der (Aus-)Bildung andererseits verursachten »Defizite«; und verlangten sie als Abhilfe Eignungstests verschiedenster Art als Voraussetzung für die Ausübung des Wahlrechts.[12] Dass die Ungewaschenen, die sich so lange ihre Zeit kapitalismusförderlich mit den Facebook-Seiten von Kim Kardashian, Selena Gomez, Justin Bieber *e tutti quanti* vertrieben hatten, an die Wahlurnen zurückkehrten, erschien als Signal einer bedrohlichen Regression. Auch Ablenkungen vom Verfall der eigenen Gesellschaften mittels »humanitärer Interventionen« oder durch Wiederbelebung des Ost-West-Konflikts, diesmal mit Russland statt mit der UdSSR und über LGBTQ statt über Kommunismus, hatten sich plötzlich erschöpft. Wahrheit und Moral galten nichts mehr – und in England er-

Die Wiederkehr der Verdrängten

klärte gar ein konservatives Mitglied des Unterhauses auf die Frage, warum er entgegen dem Rat »der Experten« für einen Austritt aus der EU werbe: »People in this country have had enough of experts!«[13]

Moralisierung, Demoralisierung und die Wiederkehr der Verdrängten

Kennzeichnend für die »geistige Situation der Zeit« heute ist eine neuartige, wie aus heiterem Himmel über die demokratisch-kapitalistischen Gesellschaften gekommene *kulturelle Spaltung*. Strukturell liegt ihr ein seit Langem untergründig gewachsenes Unbehagen an der »Globalisierung« bei stetiger Zunahme der Zahl der »Globalisierungsverlierer« zugrunde – ein Prozess, der in den Jahren nach der Finanzkrise von 2008 eine kritische Schwelle erreichte, an der die Quantität der Betroffenheit in die Qualität offenen Protests umschlug. Dass dies so lange auf sich warten ließ, lag auch daran, dass diejenigen, die früher für die Betroffenen gesprochen hatten, spätestens in den neunziger Jahren dem Fanklub der Globalisierung beigetreten waren. Wer »Globalisierung« als Problem erlebte statt als Lösung, war so zunächst einmal ohne Vertretung. Die Hochphase der Globalisierung begünstigte vielmehr die Etablierung einer kosmopolitisch orientierten Bewusstseinsindustrie, die ihre Wachstumschancen darin sah, den Expansionsdrang kapitalistischer Märkte mit den libertären Werten der sozialen Revolution der sechziger und siebziger Jahre sowie deren utopischen Versprechen menschlicher Befreiung aufzuladen.[14] Dabei verschmolz die technokratische *pensée unique* des Neoliberalismus mit dem moralischen *juste milieu* einer internationalistischen Diskursgemeinschaft. Die so etablierte Lufthoheit über den Seminartischen dient heute als Operationsbasis in einem Kulturkampf besonderer Art, in dem die Moralisierung des global expandierenden Kapitalismus mit einer Demoralisierung derjenigen einhergeht, die ihre Interessen von diesem verletzt finden.

Nachdem die Wahlbeteiligung in den westlichen Demokratien jahrzehntelang zurückgegangen war, nimmt sie seit Kurzem jedoch wieder zu, vor allem bei den unteren Schichten. Die Wiederentdeckung der Demokratie als politisches Korrektiv kommt allerdings ausschließlich neuartigen Parteien und Bewegungen zugute, welche die nationalen politischen Systeme durcheinanderbringen. Von den längst miteinander verschwisterten und mit den Staatsapparaten verschmolzenen staatentragenden Parteien und ihren Verlautbarungsexperten werden sie deshalb als tödliche Gefahr für »die Demokratie« wahrgenommen und bekämpft. Der dabei eingesetzte, in kürzester Zeit in das postfaktische Faktenwissen eingeschleuste Kampfbegriff ist der des »Populismus«, mit dem rechte wie linke Strömungen und Organisationen belegt werden, die sich gegen die TINA-Logik »verantwortlicher« Politik unter Bedingungen neoliberaler Globalisierung sperren.

Der Begriff des Populismus hat eine lange Geschichte, die bis in die *Progressive Era* der Vereinigten Staaten in den zwanziger Jahren und auf die Progressive Party von Robert M. La Follette (1855-1925; 1924 trat er als Präsidentschaftskandidat an) zurückreicht. Später war Populismus eine eher neutrale Bezeichnung für die Ideologie vor allem lateinamerikanischer politischer Bewegungen,

Die Wiederkehr der Verdrängten

die sich als Opposition »des Volkes« gegen eine ebenso selbsternannte wie selbstbereichernde »Elite« verstanden.[15] Seit ein paar Jahren nun wird der Begriff weltweit von den Parteien und Medien des liberalen Internationalismus als polemische Sammelbezeichnung für die neue, auf nationale Alternativen zu der als alternativlos deklarierten Internationalisierung dringende Opposition eingesetzt. Die mit dem klassischen Populismus assoziierte Vorstellung von einem Volk, das sich in politischen Konflikten als handelnde Einheit konstituiert, um eine den »kleinen Leuten« feindlich gesinnte, ökonomisch einflussreiche und kulturell arrogante Minderheit von der Macht zu vertreiben, war sowohl links als auch rechts konnotiert; dies hat die Adoption des Begriffs durch die Globalisierungsgläubigen erleichtert, weil es die Möglichkeit bietet, Unterscheidungen zu vermeiden und Trump und Sanders, Farage und Corbyn sowie, in Deutschland, Petry und Wagenknecht in denselben propagandistischen Topf zu werfen.[16]

Der Riss zwischen denen, die andere als »Populisten« bezeichnen, und denen, die von ihnen als solche bezeichnet werden, ist heute die dominante politische Konfliktlinie in den Krisengesellschaften des Finanzkapitalismus. Das Thema, um das es geht, ist kein Geringeres als das Verhältnis von globalem Kapitalismus und staatlicher Organisation. Nichts polarisiert die kapitalistischen Gesellschaften von heute so sehr wie die hier stattfindenden Auseinandersetzungen über Notwendigkeit und Legitimität nationaler Politik, in denen Interessen und Identitäten verschmelzen und zu gegenseitigen Feinderklärungen von einer Intensität Anlass geben, wie man sie seit dem Ende des Kalten Krieges nicht mehr erlebt hat. In den resultierenden Glaubenskriegen, die jederzeit in moralische Vernichtungsfeldzüge übergehen können, werden empfindlichste Tiefenschichten sozialer und individueller Identität berührt, in denen über Achtung und Verachtung, Inklusion und Exklusion, Anerkennung und Exkommunikation entschieden wird.[17]

Charakteristisch für die Politik der Internationalisierung ist die Geschlossenheit, mit der die von den »Populisten« abfällig (und von sich selbst beifällig) als solche bezeichneten »Eliten« auf die neuen Parteien reagieren. Im einheitlichen internationalistischen Sprachgebrauch wird »Populismus« vor allem als kognitives Problem behandelt: Seine Anhänger sollen Menschen sein, die »einfache Lösungen« verlangen, weil sie die tatsächlich nötigen komplexen Lösungen (wie sie von den bewährten Kräften des Internationalismus unermüdlich und erfolgreich geliefert werden) nicht verstehen –, und ihre Vertreter sind Zyniker, die »den Leuten« die ersehnten »einfachen Lösungen« versprechen, obwohl es zu den komplexen Lösungen der Technokraten bekanntlich keine Alternative gibt. So kann man das Aufkommen der neuen Parteien durch eine *Große Regression bei den Kleinen Leuten*, manifestiert als Mangel an Bildung und Respekt für Gebildete, erklären und »Diskurse« über die wünschenswerte Abschaffung von Volksabstimmungen oder die Übertragung politischer Entscheidungen an unpolitische Experten und Behörden pflegen.

Im Alltag wird hieraus eine moralische und kulturelle Ausbürgerung der Antiglobalisierungsparteien und ihrer Anhänger. Der kognitiven Unmündigkeitserklärung folgt die moralische Denunziation von Forderungen nach nationaler Politik zum Schutz gegen Risiken und Nebenwirkungen der Internationalisierung; der einschlägige Kampfbegriff, der Erinnerungen an Rassismus und Krieg mobilisieren soll, heißt »Ethnonationalismus«. »Ethnonationalisten« sind nicht nur den moralischen, sondern auch den wirtschaftlichen Anforderungen der Globalisierung – dem »globalen Wettbewerb« – nicht gewachsen; ihre »Ängste und Sorgen«, so die Sprachregelung, »sind ernst zu nehmen«, aber nur sozialarbeiterisch. Protest gegen materielle und moralische Degradierung gerät unter Faschismusverdacht, zumal frühere Fürsprecher der plebejischen Klassen zur Globalisierungsfraktion übergewechselt sind und ihrer ehemaligen Klientel für die Artikulation von Protest gegen den kapitalistischen Modernisierungsdruck nur noch das unbehandelte sprachliche Rohmaterial vorpolitischer Deprivationserfahrungen zur Verfügung steht. So kommt es zu laufenden Verstößen gegen die geltenden Regeln zivilisierten öffentlichen Sprechens, die zur Ursache sowohl von Empörung »oben« als auch von Mobilisierung »unten« werden. Zugleich entziehen sich Internationalisierungsverlierer und -verweigerer moralischer Zensur, indem sie sich aus den öffentlichen Medien aus- und in »soziale« Medien einklinken, um mithilfe der globalisiertesten aller Infrastrukturen eigene Kommunikationskreise aufzubauen, in denen sie nicht befürchten müssen, sich von anderen elitär als kulturell und moralisch zurückgeblieben beleidigt zu finden.[18]

Abgeschnitten

Zu den Erstaunlichkeiten des Jahres 2016 gehört, wie Brexit und Trump nicht nur die liberale Öffentlichkeit, sondern auch ihre Sozialwissenschaften überrascht haben. Nichts dokumentiert die Spaltung der globalisierten Gesellschaften des Neoliberalismus besser als die Verblüffung ihrer Macht- und Diskurseliten über die Wiederkehr der Verdrängten, deren politische Apathie man als einsichtige Resignation deuten zu dürfen geglaubt hatte. Selbst die sprichtwörtlich »exzellenten« und entsprechend gut dotierten Universitäten der amerikanischen Ost- und Westküste hatten als Frühwarnsystem versagt. Mit »Meinungs«-Forschung mittels zwanzigminütiger Telefoninterviews ist über den Zustand der destabilisierten Krisengesellschaften der Gegenwart offenbar nichts mehr zu lernen. Die Zahl derer dürfte ständig zunehmen, denen Sozialforscher als Spione einer fremden Macht erscheinen, denen man aus dem Weg geht oder, wenn das nicht möglich ist, deren Missbilligung man vermeidet, indem man ihre Fragen so beantwortet, wie man glaubt, dass es erwartet wird. So werden die Illusionen der »Eliten« über den Zustand ihrer Gesellschaften pathologisch verfestigt. Nur wenige Sozialwissenschaftler scheinen heute noch nach unten durchzublicken; wer etwa Robert Putnams Buch *Our Kids: The American Dream in Crisis* gelesen hatte, konnte Trumps Wahlsieg nicht überraschend finden.[19]

Es wird lange brauchen, bis die verweltbürgerlichte Linke die Ereignisse von 2016 verstanden haben wird. In Großbritannien glaubten die verbliebenen Blair-Anhänger in der Labour Party, ihre früheren Wähler mit länglichen Aufzählungen der wirtschaftlichen Vorteile der Mitgliedschaft für einen Verbleib in der EU gewinnen zu können, ohne dabei die schiefe Verteilung dieser Vorteile in Rechnung stellen zu müssen. Darauf, dass es der Wählerschaft darum gehen könnte, die von ihr eingesetz-

Die Wiederkehr der Verdrängten 265

te Regierung stärker auf die Interessen ihrer Wähler zu verpflichten als auf internationale Vereinbarungen, kam eine von der Alltagserfahrung der absinkenden Gruppen und Regionen ihres Landes abgeschnittene liberale Öffentlichkeit nicht. Auch wollte es manchem Wähler wohl nicht einleuchten, dass internationale Solidarität unter Arbeitnehmern im 21. Jahrhundert die Pflicht beinhalten sollte, den eigenen Arbeitsplatz einem ungezügelten globalen Wettbewerb auszusetzen.

Interregnum

Was ist zu erwarten? Die Demontage der Clinton-Maschine durch Trump, der Brexit und das Scheitern Hollandes und Renzis, alle im selben Jahr, markieren eine neue Phase in der Krise des durch die neoliberale Revolution transformierten kapitalistischen Staatensystems. Für diese habe ich Antonio Gramscis Begriff des »Interregnums« vorgeschlagen:[20] eine Zeit von unbestimmter Dauer, in der eine alte Ordnung schon zerbrochen ist, eine neue aber noch nicht entstehen kann. Die alte Ordnung war die spätestens 2016 unter dem Ansturm der populistischen Barbaren zerbrochene Welt des globalisierten Kapitalismus, deren Regierungen ihre nationalen Demokratien postdemokratisch neutralisiert hatten, um nicht den Anschluss an die globale Expansion des Kapitalismus zu verlieren, wobei sie Forderungen nach demokratisch-egalitären Interventionen in kapitalistische Märkte auf eine zukünftige globale Demokratie vertrösteten. Wie die neue, erst noch hervorzubringende Ordnung aussehen wird, ist, was im Wesen eines Interregnums liegt, ungewiss. Bis es sie gibt, so Gramsci, ist mit »pathologischen Phänomenen der verschiedensten Art« zu rechnen.

Ein Interregnum im Sinne Gramscis bezeichnet eine Periode extremer Unsicherheit, in der gewohnte Kausalzusammenhänge außer Kraft gesetzt sind und jederzeit Unerwartetes, Gefährliches, grotesk aus dem gewohnten Rahmen Fallendes geschehen kann, auch weil disparate Entwicklungsstränge unversöhnt nebeneinander herlaufen, so dass sich ständig instabile Konfigurationen ergeben und Ketten *überraschender Ereignisse* an die Stelle *berechenbarer Strukturen* treten. Zu den Ursachen der neuen Unberechenbarkeit gehört, dass die politischen Klassen des neoliberalen Kapitalismus nach der populistischen Revolution gezwungen sind, wieder mehr auf ihre Staatsvölker zu hören. Nationale Demokratie kommt nach Jahrzehnten globalisierungsförderlicher institutioneller Austrocknung als Kanal für die Artikulation von Unzufriedenheit von unten erneut in Gebrauch. Die Zeiten eines planmäßigen Abbaus nationaler Verteidigungslinien gegen den Rationalisierungsdruck internationaler Märkte sind zu Ende. In Großbritannien wird es nach Trump ein zweites Brexit-Referendum nach EU-Vorbild – wir lassen so lange abstimmen, bis das Ergebnis stimmt – wohl nicht mehr geben. Eine neu aufgestellte Wählerschaft wird alternativlose wirtschaftliche Naturnotwendigkeiten ebenso wenig hinnehmen wie etwa Behauptungen über die Unmöglichkeit von Grenzkontrollen. Parteien, die auf *responsibility* gesetzt hatten, müssen wieder lernen, was *responsiveness* bedeutet,[21] oder sie werden anderen Parteien Platz machen müssen.

Die »One Nation«-Rhetorik der neuen britischen Premierministerin zeigt, dass dies Teilen des politischen Füh-

Die Wiederkehr der Verdrängten 267

rungspersonals nicht entgangen ist. Schon in ihrer Bewer-
bungsrede am 11. Juli 2016 tauchten Forderungen auf,
wie sie seit den achtziger Jahren nicht einmal mehr von
der Labour Party zu hören gewesen waren: Bekämpfung
der wirtschaftlichen Ungleichheit, gerechtere Besteuerung
hoher Einkommen, ein besseres Bildungssystem, Mitbestimmung der Arbeitnehmer im Unternehmen, Schutz
britischer Arbeitsplätze gegen Verlagerung ins Ausland,
alles zusammen mit einer Begrenzung der Einwanderung.
Dass der Austritt aus der EU jedenfalls zunächst die britische Politik daran erinnert hat, dass sie zuvörderst ihrer
Wählerschaft verantwortlich ist, zeigt auch Mays Rede
bei der Jahresversammlung der Confederation of British
Industry im November 2016, in der sie das Abstimmungs-
ergebnis durch »den Wunsch der Menschen nach einer
faireren Wirtschaft« erklärte.[22]

Mays neoprotektionistische Programmatik stellt die
sozialdemokratische Linke vor unbequeme Fragen. Auch
Trump könnte, wenn er seine industrie- und fiskalpoliti-
schen Versprechungen einzulösen versuchte, für die Linke zum Problem werden, und in der Tat hat ihm der kluge
Bernie Sanders schon mehrfach seine Unterstützung angeboten, sowohl für die Sanierung der in acht Jahren
Obama weiter heruntergekommenen alten Industrieregio-
nen als auch für ein »keynesianisches« Programm zum
Neuaufbau der nationalen Infrastruktur. Die hierfür nö-
tige Neuverschuldung, vor allem, wenn zugleich wie versprochen die Steuern gesenkt werden sollen, entspräche
den neokeynesianischen Rezepten, die von Politikern und
Ökonomen der gemäßigten Linken seit Langem favori-
siert werden (»Ende der Austerität«); gegen den Widerstand der Reste der Tea-Party-Fraktion ließe sie sich wohl

nur mithilfe der Demokraten durch den Kongress bringen. Ähnliches dürfte für den von Trump anscheinend erwogenen Einsatz von »Helikopter-Geld« gelten, für den die Kooperation der Zentralbank gewonnen werden müsste.

Allerdings wird auch eine post-globalistische, neoprotektionistische Politik im Sinne von Trump und May, und bald vielleicht auch von Le Pen oder Hamon, stabiles Wachstum, höhere und bessere Beschäftigung, einen Abbau der öffentlichen und privaten Verschuldung sowie Vertrauen in das Geld nicht sichern können. Der finanzialisierte Krisenkapitalismus der Gegenwart ist national von unten nicht regierbarer als international von oben: Er hängt am seidenen Faden einer »unkonventionellen« Geldpolitik, die mit negativen Zinsen und einer abenteuerlichen Expansion der Geldmenge, bewirkt durch den Aufkauf von Schuldverschreibungen durch die Zentralbanken, notorisch vergeblich versucht, so etwas wie Wachstum zu erzeugen. Die nach Ansicht der »Experten« komplementär erforderlichen neoliberalen »Strukturreformen« sind in den Ländern, in denen sie allenfalls noch etwas bewirken könnten, im Widerstand der Bevölkerung gegen eine ihnen diktierte »Globalisierung« ihrer Lebensverhältnisse steckengeblieben. Zugleich wächst die Ungleichheit, auch weil Gewerkschaften und Staaten ihre Macht an globale Märkte verloren oder abgegeben haben. Die ersatzlose Zerstörung nationaler Institutionen wirtschaftlicher Umverteilung und die aus ihr resultierende Überforderung der Geld- und Zentralbankpolitik als letztinstanzliche Wirtschaftspolitik haben den Kapitalismus unregierbar gemacht, »populistisch« ebenso wie technokratisch.

Innenpolitische Konflikte sind auch dort absehbar, wo

es um kulturelle Symbolik geht. Wird die von den »Populisten« betriebene Aufwertung der einheimischen Stämme eine Abwertung der im weitesten Sinn Zugewanderten erfordern? Und kann es der Linken gelingen, den aus ihrer Apathie Erwachten glaubhaft kulturellen Tribut zu zollen? Zu viele böse Worte sind gewechselt worden, abgesehen davon, dass eine Versöhnung die verbürgerlichten Anhänger in der kosmopolitischen Mitte verprellen könnte. Auch wären Trump, May und andere der Versuchung ausgesetzt, bei wirtschaftlichen Misserfolgen zur Ablenkung Kampagnen gegen ethnische und andere Minderheiten zu beginnen, subtiler oder weniger subtiler Art. Aufstände der Anständigen wie der Unanständigen wären die Folge.

Weniger dramatisch dürfte es zunächst auf internationaler Ebene zugehen. Die neuen nationalen Protektionisten haben, anders als Obama, Blair, Clinton, auch Sarkozy, Hollande und Cameron, vielleicht sogar Merkel als »letzte Verteidigerin des freien Westens«,[23] weltpolitisch keinerlei menschenrechtlichen Ehrgeiz, weder gegenüber China und Russland noch, soweit man sehen kann, in Afrika und im Nahen Osten. Wer im weitesten Sinn auf humanitäre Interventionen steht, mag das bedauern. Mangelnde russische Toleranz gegenüber Kulturschaffenden wie Pussy Riot wird bei den nach innen orientierten Regierungen der Zeit nach 11/9 jedenfalls keine missionarischen Reflexe auslösen. In den USA ist Victoria Nuland (»Fuck the EU«) nun doch nicht Außenministerin geworden, und die Menschenrechtsbasisgruppe im State Department ist auf ihre Lehrstühle zurückgekehrt. Pläne, die Ukraine in EU und Nato aufzunehmen und so den Russen ihren Schwarzmeerhafen zu entziehen, sind damit ebenso Schnee von gestern wie »Regimewechsel«-Projekte in Ländern wie Syrien. Der Versuch der USA, das postsowjetische Russland für einen neuen Kalten Krieg in Anspruch zu nehmen, wird abgebrochen. An die Stelle Russlands könnte allerdings China treten, das ein Präsident Trump dazu bringen muss, auf Marktanteile in den USA zu verzichten und trotzdem weiter Schuldscheine des amerikanischen Schatzamts zu kaufen und zu halten.

In dem unterstrukturierten Umfeld des einsetzenden Interregnums mit seinen dysfunktionalen Institutionen und chaotischen Kausalketten sind die in die staatlichen Machtapparate vordringenden »Populisten« eine Quelle zusätzlicher Ungewissheit. Der Beginn des Interregnums erscheint als bonapartistischer Augenblick: Alles ist möglich, aber nichts hat Folgen, schon gar nicht die gewollten, weil die Gesellschaft in der neoliberalen Revolution wieder zu einem »Sack Kartoffeln« geworden ist.[24] Die neuen Protektionisten werden die Krise des Kapitalismus nicht beenden; allerdings holen sie die Politik ins Spiel zurück und bringen ihr die zu Globalisierungsverlierern gewordenen Mittel- und Unterschichten nachhaltig in Erinnerung. Auch die Linke, oder was aus ihr geworden ist, weiß nicht, wie der Übergang aus dem unregierbar gewordenen Kapitalismus der Gegenwart in eine geordnetere, weniger gefährdete und gefährdende Zukunft aussehen könnte – siehe Hollande, Renzi, Clinton. Aber wenn sie überhaupt wieder eine Rolle spielen will, dann muss sie aus dem Scheitern von »global governance« und identitärer Ersatzpolitik Lehren ziehen. Zu diesen gehört, dass sie die absinkenden Außenseiter der selbsternannten »Wissensgesellschaft« nicht aus ästhetischen Gründen ihrem Schicksal und damit der Rechten überlassen darf; dass

Die Wiederkehr der Verdrängten 271

Kosmopolitismus auf Kosten der »kleinen Leute« selbst mit neoliberalen Drohungen in einer Demokratie auf die Dauer nicht durchsetzbar ist; und dass man den Nationalstaat nur *mit* seinen Bürgern öffnen kann und nicht *gegen* sie. Auf Europa bezogen heißt das: Wer zu viel Integration will, erntet Konflikt und endet mit weniger Integration. Der kosmopolitische Identitarismus des Führungspersonals des neoliberalen Zeitalters, zum Teil herausgewachsen aus dem linken Universalismus, erzeugt als Reaktion einen nationalen Identitarismus, und antinationale Umerziehungsmaßnahmen von oben produzieren einen antielitären Nationalismus von unten. Wer eine Gesellschaft wirtschaftlich oder moralisch unter Auflösungsdruck setzt, erntet traditionalistischen Widerstand, weil dem, der sich den Ungewissheiten internationaler Märkte ausgeliefert sieht, deren Kontrolle ihm allzu lange versprochen, aber nicht geliefert worden ist, der Spatz einer nationalen Demokratie in seiner Hand lieber ist als die Taube einer demokratischen Weltgesellschaft auf dem Dach.

Anmerkungen

1 Wie weiter unten noch deutlicher werden wird, verwende ich Begriffe wie diesen, die in kürzester Zeit zum festen Repertoire der politischen Rhetorik geworden sind, gegen den Strich.

2 Wolfgang Streeck, *Gekaufte Zeit: Die vertagte Krise des demokratischen Kapitalismus*, Berlin: Suhrkamp 2013.

3 Wolfgang Streeck, »Industrielle Beziehungen in einer internationalisierten Wirtschaft«, in: *Politik der Globalisierung*, herausgegeben von Ulrich Beck, Frankfurt am Main: Suhrkamp 1998, S. 169-202.

4 Peter Mair und Richard S. Katz, »Changing models of party organization and party democracy. The emergence of the cartel party«, in: *Party Politics* 1/1 (1995), S. 5-28.

5 Siehe oben, Fußnote 1.

6 Zum Folgenden Streeck, *Gekaufte Zeit*, a. a. O.

7 Oliver Nachtwey, *Die Abstiegsgesellschaft. Über das Aufbegehren in der regressiven Moderne*, Berlin: Suhrkamp 2016.

8 Colin Crouch, *Postdemokratie*, Frankfurt am Main: Suhrkamp 2008.

9 Zum Beitrag des Ökonomen Arthur B. Laffer zur reaganschen Steuer- und Staatsverschuldungspolitik siehe David A. Stockman, *The Triumph of Politics: How the Reagan Revolution Failed*, New York: Harper and Row 1986.

10 Das Wort ist erst kürzlich aus Literaturtheorie und Psychologie in die Politik eingewandert und hat dort rasend schnell Karriere gemacht. Kein Wunder; laut Wikipedia handelt es sich bei einem Narrativ um eine »sinngebende Erzählung, mit der Emotionen transportiert werden, die Orientierung gibt und Zuversicht vermittelt«; siehe den Wikipedia-Artikel unter: {https://de.wikipedia.org/wiki/Narrativ} (Stand Januar 2017). Besonders populär ist der Begriff in Bezug auf »Europa«, wo heute bei jeder schiefgelaufenen Abstimmung nach einem besseren »Narrativ« verlangt wird.

11 Am 15. November 2016 erklärte die Redaktion der Oxford Dictionaries »post-truth« zum Wort des Jahres. Dem schloss sich umgehend die Gesellschaft für deutsche Sprache an und erklärte »postfaktisch« zum deutschen »Wort des Jahres«: »Immer größere Bevölkerungsschichten« seien »in ihrem Widerwillen gegen ›die da oben‹ bereit, Tatsachen zu ignorieren und sogar offensichtliche Lügen bereitwillig zu akzeptieren. Nicht der Anspruch auf Wahrheit, sondern das Aussprechen der ›gefühlten Wahrheit‹ führt im ›postfaktischen Zeitalter‹ zum Erfolg.« Nach Jahrzehnten konstruktivistischer Hegemonie in den Literaturfakultäten (Narrative!) eine plötzliche Wiederentdeckung objektiver Wahrheit zum Zweck der Beleidigung nichtakademischer Mitbürger.

12 Die Ähnlichkeit mit den *literacy tests*, denen Bürger mit dunkler Hautfarbe einst in den Südstaaten der USA unterzogen wurden, ist nicht zu übersehen. Ein schönes Beispiel liefert Sandro Gaycken, laut Website »director of the Digital Society Institute, a strategic research institute for digital topics of the German DAX-companies«, am 29. November 2016 in einem Namensartikel in der *Frankfurter Allgemeinen Zeitung*: »Wir brauchen eine ›Gnosikratie‹. Wer wählen will, soll politische Kompetenz beweisen. [...] Dazu muss vor jeder Wahlkabine ein variierender Multiple-Choice-Text mit einer einfachen Frage aus jedem Bereich [Außen, Innen, Umwelt, Wirtschaft usw.] ausgefüllt werden. Wer besteht, darf wählen.«

13 Michael Gove, zitiert in: Henry Mance, »Britain has had enough of experts, says Gove«, in: *Financial Times* (3. Juni 2016); online verfügbar

unter: {https://www.ft.com/content/3be49734-29cb-11e6-83e4-abc
22d5d108c} (Stand Januar 2017).

14 Eine Facette der von Ève Chiapello und Luk Boltanski in *Der neue
Geist des Kapitalismus*, Konstanz: UVK 2003, beschriebenen Koopta-
tion von »1968« durch den sich an eine veränderte Gesellschaft anpas-
senden Kapitalismus.

15 Ernesto Laclau, *On Populist Reason*, London: Verso 2005; Chantal
Mouffe, *Agonistik. Die Welt politisch denken*, Berlin: Suhrkamp 2014.

16 Die »Populisten« zahlen in gleicher Münze zurück und beschreiben
alle Vertreter der TINA-Doktrin ungeachtet ihrer Herkunft als unun-
terscheidbar einheitliche Globalisierungs-»Elite«.

17 Interessant ist die internationale Dimension des Konflikts. Die *Internationale der Internationalisten* warnt vor einer *Internationale der Nationalisten*, die es im Namen der Demokratie gemeinsam zu bekämpfen gelte – und umgekehrt. Mitunter ist auch von einer *Autoritären
Internationale* die Rede, die von der *(Neo)Liberalen Internationale* in-
nen- wie außenpolitisch bekämpft werden müsse. (Nationalismus und
Autoritarismus werden so gleichgesetzt.) Tatsächlich äußern sich die
Führer der als populistisch bezeichneten Parteien in Europa, aber
auch Trump und der werdende Diktator der Türkei des Öfteren positiv über Russland.

18 Die AfD hat auf Facebook mehr Followers als jede andere deutsche
Partei.

19 Robert D. Putnam, *Our Kids: The American Dream in Crisis*, New
York u. a.: Simon and Schuster 2015.

20 Wolfgang Streeck, *How Will Capitalism End?*, London/New York:
Verso 2016, S. 35-46.

21 Peter Mair, »Representative versus responsible government«, MPIfG
Working Paper Nr. 09/8 (September 2009); online verfügbar unter:
{http://www.mpifg.de/pu/workpap/wp09-8.pdf} (Stand Januar 2017).

22 N.N., »May will niedrigste Unternehmenssteuern der G20«, in:
Frankfurter Allgemeine Zeitung (21. November 2016); online verfügbar
unter: {http://www.faz.net/aktuell/wirtschaft/wirtschaftspolitik/
theresa-may-will-niedrigste-unternehmenssteuern-der-g20-145374
68.html} (Stand Januar 2017).

23 Alison Smale und Steven Erlanger, »As Obama exits world stage, Angela Merkel may be the liberal West's last defender«, in: *The New York
Times* (12. November 2016); online verfügbar unter: {http://www.nyti
mes.com/2016/11/13/world/europe/germany-merkel-trump-elec
tion.html} (Stand Januar 2017).

24 Karl Marx, *Der achtzehnte Brumaire des Louis Napoleon*, in: ders. und
Friedrich Engels, *Werke* (= MEW), herausgegeben vom Institut für
Marxismus-Leninismus beim ZK der SED, Bd. 8, Berlin: Dietz 1960
[1852; 1869].

Lieber Präsident Juncker
David Van Reybrouck

Lieber Präsident Juncker,

die Europäische Union könnte schon sehr bald Geschichte sein. Austrittsreferenden, der Aufstieg des Populismus, der Wandel des transatlantischen Bündnisses, die neuen imperialen Ambitionen des benachbarten Russlands, das Scheitern des Arabischen Frühlings, die Flüchtlingskrise, Terrorismus, der weitverbreitete Vertrauensverlust in das politische Establishment ... Alle diese sozialen und politischen Entwicklungen der letzten Jahre haben zu einer Schwächung dessen geführt, was bisher wie ein umfassendes und stabiles Niveau der Organisation des öffentlichen Lebens erschien.

In einer historisch beispiellosen Entwicklung ist die Europäische Union in den letzten fünfzig Jahren zunehmend größer und mächtiger geworden. Was nach dem Zweiten Weltkrieg als ein Projekt der Eliten von zwei Staaten begann – »Lasst uns die Schwerindustrien Frankreichs und Deutschlands zusammenführen, so dass keiner von beiden sich wiederbewaffnen kann, ohne dass der andere davon Kenntnis nimmt« –, ist für fünfhundert Millionen Bürgerinnen und Bürger zu der wichtigsten Ebene politischer Entscheidungsfindung geworden. Ein wahrhaft außergewöhnliches Projekt!

Im November 2014 haben Sie, Herr Juncker, als Zwölfter das Amt des Präsidenten der Europäischen Kommission übernommen, der wichtigsten Institution der EU-

Exekutive neben dem Europäischen Rat. Vielleicht werden Sie auch der Letzte sein.

Vor einigen Jahren hat der in Brüssel lebende Künstler Thomas Bellinck, ein Freund von mir, für kurze Zeit ein dem europäischen Traum gewidmetes Museum eingerichtet. *Domo de Eŭropa Historio en Ekzilo* lautete der Name auf Esperanto: »Das Haus der europäischen Geschichte im Exil«. Haben Sie es besucht? Das Museum präsentierte sich als »die erste internationale Ausstellung über das Leben in der ehemaligen Europäischen Union«. Die Besucher reisten »mehr als ein halbes Jahrhundert in der Zeit zurück, an den Anfang des 21. Jahrhunderts«. Jahrzehnte nach seinem Zusammenbruch konnten sie sich die Relikte eines politischen Projekts anschauen. Das Museumsgebäude sah heruntergekommen und schäbig aus, nach der Art kleiner Institution, wie sie von Freiwilligen und Sammlern an Samstagnachmittagen betrieben wird: ein paar düstere Räume, vollgestopft mit bereits vergilbten Zeitungsartikeln aus dem Jahrzehnt nach 2010 und verstaubten Schaukästen. Das erste Exponat, das die Besucher bestaunen konnten, war eine verblasste Kopie der Urkunde über die Zuerkennung des Friedensnobelpreises, welcher der EU im längst vergessenen Jahr 2012 zugesprochen worden war. Das Museum, in Wirklichkeit eine sehr clevere künstlerische Installation, öffnete seine Türen in Brüssel, Wien, Athen, Rotterdam, Wiesbaden und zahlreichen anderen Städten.

Es mag wie eine witzige Übertreibung gewirkt haben, Herr Juncker, aber der Künstler meinte es bitterernst: Die EU, dieses bemerkenswerte Projekt, kann eines Tages Geschichte sein. Gute Kunst kann visionär sein, aber ich frage mich, ob Thomas Bellinck hätte vorhersehen kön-

Lieber Präsident Juncker

nen, wie schnell die große Regression vonstattengehen würde. Es mag sein, dass sich das Jahr 2016 im Rückblick als ein Wendepunkt erweisen wird.

Seit dem Brexit und der Wahl Donald Trumps haben wir Tausende von Echtzeitanalysen und -kommentaren gesehen. Wir haben viel darüber gelesen, was mit den Politikern, Parteien und sogar den Menschen nicht stimmt. Worüber wir überraschenderweise nichts gelesen haben, ist der Zustand unserer demokratischen Verfahren. Die Frage, ob Wahlen in ihrer jetzigen Form nicht vielleicht doch eine altmodische Methode sind, um aus dem Gemeinwillen eine Regierung und deren Politik zu bestimmen, diese Frage gilt immer noch als ketzerisch.

Da die große Regression eine ganze Reihe von Ursachen hat, werden unweigerlich viele verschiedene Gegenmittel erforderlich sein, um mit ihr fertigzuwerden. In diesem Brief konzentriere ich mich jedoch auf eine Dimension, die ich für besonders wichtig halte: die Art und Weise, wie wir Demokratie betreiben. Mich interessieren die praktischen Verfahren und die profanen Schnittstellen, die wir nutzen, um die Demokratie am Laufen zu halten. Das hat natürlich mit meinem Bildungshintergrund zu tun. Ich bin studierter Archäologe: Ich bin davon überzeugt, dass die praktischen Bedingungen der materiellen Welt nicht bloß von zweitrangiger Bedeutung sind, sondern die Welt konstituieren. Instrumente formen Resultate. Oder wie Winston Churchill es ausdrückte, als in Großbritannien über die Frage diskutiert wurde, in welcher Gestalt der im Krieg zerstörte Saal des Unterhauses im Palace of Westminster wiederaufgebaut werden sollte: »Wir formen unsere Gebäude, danach formen sie uns.«

Üblicherweise verfügen wir über zwei Werkzeuge, mit denen die Menschen ihr Mitspracherecht ausüben: Wahlen und Referenden. Doch handelt es sich bei diesen beiden tatsächlich um die besten Instrumente? Legen die Bürger wirklich ihre beste Seite an den Tag, wenn sie im dunklen Licht und hinter dem geschlossenen Vorhang der Wahlkabine wichtige Entscheidungen über die Zukunft ihrer Gesellschaft treffen, und zwar ohne in irgendeiner Weise dazu verpflichtet zu sein, sich zu informieren, oder die Möglichkeit zu haben, zunächst mit anderen zu diskutieren? Ist dieses alte Ritual des Wählens wirklich das Beste, was uns im 21. Jahrhundert einfällt, wenn es um kollektive Entscheidungsfindung geht? Sind dies die angemessensten Mittel, mit denen die Menschen ihre Träume und ihre politischen Präferenzen zum Ausdruck bringen können?

Ich bezweifle das stark. Und ich möchte zudem behaupten, dass wir die Art und Weise, wie wir Demokratie betreiben, aktualisieren müssen. Ich fordere eine Reform der Verfahren, um die Menschen wieder dazu zu bringen, sich am demokratischen Prozess zu beteiligen, und um einige der oben beschriebenen Symptome und Krankheiten zu heilen.

Bei einer Wahl können Sie Ihre Stimme abgeben, aber Sie geben sie auch für die nächsten vier Jahre weg. Dieses System der Delegation an einen gewählten Repräsentanten mag in der Vergangenheit, als die Kommunikationsströme langsamer und Informationen noch nicht im Überfluss vorhanden waren, notwendig gewesen sein. Doch mit der Art und Weise, wie die Bürger heute interagieren, hat es nichts mehr zu tun.

Müssen wir wirklich bei einem Verfahren bleiben, das

aus dem 18. Jahrhundert stammt? Insbesondere angesichts der Tatsache, dass es so häufig zu einem Spektakel der Versprechungen, des Sponsoring und der Tatsachenverdrehung verkommt? Sein Kreuz in ein Kästchen neben einem Namen zu setzen – ist das die beste Lösung, die wir uns im Zeitalter der Informationen, der Kommunikation und der immer besser werdenden Bildung ausdenken können? Wahlen sind die fossilen Brennstoffe der Politik: Einst befeuerten sie die Demokratie, inzwischen erzeugen sie eine ganze Reihe neuer Gefahren.

Referenden sind nicht viel besser. Bei einer Volksabstimmung fragen wir die Menschen direkt, was sie über etwas denken, wobei sie nicht dazu verpflichtet sind, sich darüber Gedanken zu machen – obwohl sie in den Monaten vor der Abstimmung sehr wahrscheinlich jeder vorstellbaren Form von Manipulation ausgesetzt waren.

Seit einigen Jahrzehnten nun werden Referenden als ein nützliches Mittel propagiert, um die Kluft zwischen Bürgern und Politikern zu überbrücken. Bei einer Volksabstimmung, so das Argument der Verfechter, können die Menschen einen Teil der inhaltlichen Macht, die sie in einer traditionellen repräsentativen Demokratie für einige Jahre abtreten, wieder für sich reklamieren. Die Bürger übertragen nicht ihre gesamte Kompetenz zur Entscheidungsfindung, sondern haben auch zwischen den Wahltagen bei bestimmten politischen Fragen ein Mitspracherecht. Allerdings haben die meisten der kürzlich abgehaltenen Referenden die Kluft zwischen den Regierenden und den Regierten nicht überbrückt. Vielmehr haben sich neue und sehr viel tiefere Gräben gerissen. Der Brexit, das niederländische Referendum über das Assoziierungsabkommen zwischen der Europäischen Union und der Ukraine, das Verfassungsreferendum in Italien, die Abstimmung über den Friedensvertrag mit der Farc-Guerilla in Kolumbien – sie alle haben uns eines gelehrt: Wenn die öffentliche Befragung auf eine Ja/Nein-Entscheidung reduziert wird, die in einer Wahlkabine getroffen werden soll, dann werden Länder durch Referenden nicht geeint, sondern noch tiefer gespalten.

Es will mir nicht in den Kopf, wie man über komplexe politische Themen – beispielsweise über die Mitgliedschaft in der EU oder eine Parlamentsreform – durch einen einzigen Hieb mit der stumpfen Axt eines Referendums entscheiden lassen kann. Ich verstehe einfach nicht, wie man eine Bürgerschaft, deren Kompetenz fraglich ist, mit einem rostigen Werkzeug in der Hand eine derartige Operation am Herzen der Verfassung vornehmen lassen kann.

Die Möglichkeit inhaltlicher Beteiligung stellt sicherlich eine Verbesserung gegenüber Wahlen dar. Doch Referenden erzeugen neue Schwierigkeiten. Erstens kann man gar nicht herausfinden, ob die Bürger informiert sind oder nicht. Selbst wenn im Vorfeld der Abstimmung eine faire und ausgewogene Kampagne ohne allerhand Lügen stattfindet (eine Seltenheit in unseren Tagen) oder wenn von der Regierung entsprechende Informationen bereitgestellt werden (wie es in der Schweiz der Fall ist), gibt es keine Garantie, dass diejenigen, die ihre Stimme abgeben, sich informiert haben.

Zweitens können wir nicht wissen, warum sich jemand für die eine oder die andere Option entschieden hat. Bei einem Referendum bekommt man oft eine Antwort auf eine Frage, die so gar nicht gestellt worden ist. Vielleicht wird über einen spezifischen politischen Vorschlag abgestimmt, aber ein wesentlicher Teil der Wählerschaft nimmt

Lieber Präsident Juncker

das zum Anlass, das Regierungshandeln insgesamt zu beurteilen. Mithin fungieren Referenden als Zwischen- oder gar vorgezogene Wahlen. Vollends grotesk wird die Angelegenheit, wenn Regierungschefs wie David Cameron oder Matteo Renzi ihr politisches Schicksal explizit an das Ergebnis eines Referendums knüpfen. Einmal abgesehen davon, dass sie ihre eigene Popularität gehörig überschätzen, stiften diese Spitzenpolitiker noch mehr Unklarheit, als ohnehin schon herrscht. In einem solchen Fall bekommt man eine Antwort auf eine Frage, die zwar ausdrücklich gestellt worden ist, die aber nicht zur Abstimmung stand.

Wenn es darum geht, den Menschen zu ermöglichen, ihre politischen Ideale zum Ausdruck zu bringen, sind Wahlen und Referenden also eher mangelhafte Instrumente. Sowohl der Brexit als auch der Sieg von Donald Trump haben uns auf schmerzhafte Weise den Weg vor Augen geführt, den sämtliche westlichen Staaten eingeschlagen haben: Sie alle reduzieren die Demokratie auf das Wählen.

Wenn wir uns weigern, unsere demokratischen Methoden einem Update zu unterziehen, stellt sich vielleicht irgendwann heraus, dass sie sich nicht mehr reparieren lassen. Das Jahr 2016 war für die Demokratie das schlechteste Jahr seit 1933. Die Wahl von Donald Trump ist keine Kuriosität, sondern das logische Resultat eines demokratischen Systems, welches das aus dem 18. Jahrhundert stammende Verfahren der Wahl mit dem Ideal des universellen Wahlrechts aus dem 19. Jahrhundert, der Erfindung der Massenmedien im 20. Jahrhundert und der Kultur sozialer Netzwerke aus dem 21. Jahrhundert kombiniert.

Im Zuge nach der Amerikanischen und der Französischen Revolution wurden Wahlen nicht eingeführt, um eine Demokratie zu errichten, sondern um eine »natürliche Aristokratie« zu ermöglichen, wie Thomas Jefferson, einer der Gründerväter der Vereinigten Staaten, es formulierte. Die Macht durfte nicht länger in den Händen der Menschen mit Titeln, Schlössern und Jagdrevieren liegen, sondern sollte denjenigen übergeben werden, die sich durch ihre intellektuellen Fähigkeiten und moralische Vortrefflichkeit hervorgetan hatten. Die englischen Wörter *elite* und *elections* sind etymologisch miteinander verwandt: Wahlen sind die Verfahren, durch die eine neue Elite ins Leben gerufen wird.

Der französische Philosoph Bernard Manin hat die aristokratischen Grundlagen der modernen repräsentativen Regierungsform herausgearbeitet.[1] Im 19. und im 20. Jahrhundert wurde das im Grunde aristokratische Verfahren der Wahl demokratisiert, indem man das Wahlrecht auf mehr und mehr Bevölkerungsgruppen ausweitete: auf Bauern, Fabrikarbeiter, Frauen, jüngere Menschen und Eingebürgerte. Doch handelte es sich dabei eher um eine quantitative denn um eine qualitative Demokratisierung. Immer mehr Menschen durften wählen, aber die große Mehrheit der Bürger hatte nach wie vor keine Stimme. Die einzige Möglichkeit, wie sich die Massen gegenüber den sie Regierenden äußern konnten, bestand darin, in regelmäßigen Zeitabständen ein Kreuz zu machen.

Im 20. Jahrhundert waren Massenmedien wie Zeitungen, Radio und Fernsehen die wichtigsten Kommunikationskanäle zwischen den Bürgern und den Politikern. Im letzten Viertel des Jahrhunderts fand eine bemerkens-

Lieber Präsident Juncker

werte Kommerzialisierung dieser Medien statt. Die Struktur und die Natur der öffentlichen Sphäre wandelten sich tiefgreifend. Der Bereich zwischen denen an der Spitze der Pyramide (den Machthabern) und denen am unteren Ende (dem Volk) wurde vor allem durch den Markt der Medien organisiert und weniger durch die Zivilgesellschaft.

Der Aufstieg des Web 2.0 zu Beginn des 21. Jahrhunderts brachte eine weitere fundamentale Veränderung mit sich. Die sozialen Netzwerke machten aus passiven Konsumenten von Informationen aktive Produzenten und Verteiler. Wurde die Demokratisierung der Informationen einst als ein phänomenaler Schritt hin zu mehr Gleichheit begrüßt, zeichnet sich mittlerweile ab, dass die gegenwärtige Entwicklungsphase des Internets weniger egalitär, offen und demokratisch ist, als man zuvor angenommen hatte. Die Informationen erreichen uns dank der geheimen Algorithmen zweier amerikanischer Großunternehmen. Facebook weiß, was uns gefällt, und versorgt uns mit mehr davon: Schritt für Schritt machen wir es uns gemütlich in unserer Filterblase. Dort kann sich dann jeder von uns mit gleichgesinnten »Freunden« austauschen. Wenn Leute von der Gegenseite es wagen, uns anzusprechen, wenn sie sich über etwas ärgern, das uns heilig ist, bezeichnen wir sie als »Trolle«. Von dem Ideal des herrschaftsfreien Dialogs zwischen Bürgern, die unterschiedliche Auffassungen vertreten, haben wir uns inzwischen recht weit entfernt.

Facebook errichtet unsichtbare Mauern zwischen uns; Google beliefert die jeweiligen Seiten dieser Mauern mit ungeprüftem Content. Das Unternehmen versteht sich als Plattform, die zutage fördert, was im Internet verfügbar ist, und nicht als eine prüfende Instanz, der es um die

Wahrheit der Informationen zu tun ist. Aus seiner Sicht ist die Leugnung des Holocaust eine genauso gültige Meinung wie das zweite Gesetz der Thermodynamik. Das hat zur Folge, dass Fake News (der heutige Ausdruck für das, was früher einmal schlicht »Lügen« genannt wurde) zu einem Definitionsmerkmal des Lebens in einer modernen Demokratie geworden sind. Sie werden von politischen Netzwerken absichtlich erzeugt und verbreitet, um die öffentliche Meinung zu beeinflussen und ein erhebliches Misstrauen gegenüber den traditionellen Medien zu säen, die dann nur noch als Lügenpresse gelten können.

Eine Mauer, zwei Welten. Wenn die Menschen auf der anderen Seite mit uns zu sprechen versuchen, dann können sie nur Trolle sein. Wenn wir versuchen, mit ihnen zu sprechen, dann können wir nur von der Lügenpresse sein. Mit diesen Haltungen im Kopf schnüren wir unsere Schuhe und machen uns auf den Weg zur Wahlkabine.

Überrascht es Sie, Herr Juncker, dass die Europäische Union auseinanderfällt?

Wir müssen dringend Räume schaffen, in denen die Bürger ungeachtet ihrer unterschiedlichen Überzeugungen on- und offline zusammenkommen können, wo sie Zugang zu verlässlichen Informationen haben, um auf sachkundige Weise darüber zu debattieren, wohin es mit der Gesellschaft gehen soll. Denn, um es offen zu sagen, diese Räume gibt es nicht mehr. Die öffentliche Sphäre schwindet, und unsere Demokratien leiden darunter. Wir nutzen alte Verfahren in vollkommen neuen Kontexten. Wir reisen in Pferdekarren aus dem 18. Jahrhundert durch den Lärm und das Gehupe auf einer verstopften Autobahn des 21. Jahrhunderts.

Unsere Weigerung, die Verfahren zu ändern, hat dazu

Lieber Präsident Juncker

geführt, dass politischer Aufruhr und Instabilität unsere Demokratien bestimmen. Der Brexit, Camerons kleine, aber schlecht durchdachte elektorale Zockerei, kann eine Kettenreaktion auslösen. Vielleicht entscheiden sich Länder wie Frankreich, die Niederlande und andere bald dazu, ebenfalls Referenden über den Verbleib in der EU abzuhalten. Der Austritt von zwei Gründungsmitgliedern wäre das Ende des europäischen Traums, des größten friedensstiftenden Projekts der Menschheitsgeschichte.

Zahlreiche westliche Gesellschaften leiden derzeit unter einem »Demokratiemüdigkeitssyndrom«. Die Symptome sind: Referendumsfieber, Parteiaustritte, schwache Wahlbeteiligung. Oder auch: Regierungsimpotenz und politische Lähmungserscheinungen – hervorgerufen durch unerbittliche Medien, weitverbreitetes öffentliches Misstrauen und populistische Aufstände. Der sogenannte World Values Survey malt ein dunkles Bild: Weniger als die Hälfte der jungen Europäer glaubt, dass es absolut wichtig sei, in einer Demokratie zu leben. Aber Demokratie ist nicht das Problem. Wahlen sind das Problem.

Das ist der Zustand des Kontinents, Herr Präsident. Wir fallen auseinander. Sie haben im September gesagt, dass sich Europa, »zumindest in Teilen, in einer existenziellen Krise« befinde. Aber wenn das so ist: Warum war dann die offizielle Reaktion so schwach? Warum sehen wir keine konzertierte und inspirierte Anstrengung, um dieser großen Krise zu begegnen? Warum erkennen wir nicht einmal die Anfänge einer neuen und kühnen Vision dessen, wofür diese Union stehen könnte?

Ich weiß, dass die Europäische Union immer besser darin war, langsame Verfahren abzuarbeiten, statt darin, schnelle Antworten zu geben. Die EU ist kein Staat, sondern ein komplexes Netzwerk aus Staaten, in dem diplomatischer Konsens wichtiger ist als charismatische Führerschaft. Aber wir haben für Sie gestimmt, Herr Präsident. War das nicht die Idee hinter den Wahlen 2014 mit den Spitzenkandidaten und den auf Euronews übertragenen Fernsehdebatten? Sollte Europa damit nicht ein Gesicht bekommen? Wollte man auf diesem Weg nicht sicherstellen, dass die überlegene Fraktion den Ratsvorsitz innehaben würde? Sie haben gewonnen. Nun müssen Sie die Führung übernehmen.

Bislang hat die EU nur mit der schlechtmöglichsten Antwort auf den Brexit reagiert: Man zuckte mit den Schultern und macht weiter wie bisher. Nun, die Leave-Kampagne habe ja eh nur aus Lügen bestanden, die EU müsse sich gar nicht selbst befragen. »Eine Kettenreaktion? Niemals.«

Bislang haben Sie auch auf die Wahlen in den USA nur die schlechtmöglichste Antwort gefunden: Sie geben Trumps Ignoranz die Schuld. »Wir werden zwei Jahre verlieren, solange Trump auf seinen Reisen die Welt kennenlernt, die er bislang nicht kennt.« Das mag stimmen, aber wer Leute wie Trump, Farage und Johnson Deppen und Lügner schimpft, die Wut und Ängste ihrer Wähler aber nicht ernst nimmt, gießt Öl ins Feuer. Sicher, ein Teil der Wut mag Einbildung und von den Populisten gefüttert worden sein, aber der andere Teil davon ist durchaus real und verdient Ihre absolute Aufmerksamkeit.

Wenn die Demokratie zu einem Kampf zwischen Trollen und Lügnern verkommt, dann wird die Europäische Union mehr und mehr zu einer Auseinandersetzung zwischen Bürgern und Unternehmen. Was einst als pazifistisches Projekt zur Zusammenführung nationaler Indus-

Lieber Präsident Juncker 287

trien begann, um einen erneuten bewaffneten Konflikt zu verhindern, ist zu einer Quelle zunehmender Spannung zwischen privaten Unternehmen und wütenden Bürgern geworden.

Es gibt wieder zwei Europas, es gibt sogar wieder zwei Deutschlands. Diesmal heißt es nicht Osten gegen Westen, nicht Kapitalisten gegen Kommunisten. Diesmal sind es die, die sich politisch repräsentiert fühlen, und jene, die das nicht tun, so lange jedenfalls, bis ein populistischer Führer auftaucht und alte Ressentiments weckt.

Martin Schulz, der im Januar 2017 aus dem Amt geschiedene Präsident des Europäischen Parlaments und ein Sozialdemokrat, rief kürzlich zu einem »Aufstand der Anständigen« auf und vergaß dabei offensichtlich, dass er damit große Teile des anderen Europas als »unanständig« dämonisierte, auf dieselbe unsäglich dämliche Weise, wie zuvor schon Hillary Clinton einen Großteil der Anhängerschaft ihres Konkurrenten Donald Trump als »Sammelbecken der Erbärmlichen« bezeichnet hatte. Seltsam, ich dachte immer noch, dass die Sozialdemokratie sich um die Abgehängten kümmern würde.

Für Guy Verhofstadt, den Spitzenkandidaten der Liberalen, lautet die Antwort auf Trump nicht, dass Europa mehr Demokratie braucht, sondern mehr Verteidigung. Als ob die größte Gefahr von außen käme. Nicht Russland stellt heute die größte Bedrohung für die EU dar, sondern die EU bedroht sich selbst am stärksten. Herman Van Rompuy, der frühere Präsident des Europäischen Rates, sagte kürzlich: »Ich muss immer lachen, wenn die Leute von demokratischen Defiziten sprechen. Zugegeben, die EU muss besser funktionieren, aber unsere Demokratie hat keine Probleme.«

Woher stammt dieses Gefühl der Überlegenheit, Herr Juncker? Hängt es vielleicht mit Ihrer Generation politischer Führungspersonen zusammen? Merken Sie alle es vielleicht gar nicht? Denn trotz aller ideologischen Differenzen scheinen Sie sich darin einig zu sein, dass die Menschen immer noch nicht so recht verstanden haben, wie gut Europa für sie ist. »Frieden und Wohlstand«, so wiederholen Sie alle fröhlich, »über siebzig Jahre lang«. Aber zieht dieses Mantra noch bei denen, die sich mit der Gewalt der Globalisierung und den Ungerechtigkeiten eines Weltwirtschaftssystems konfrontiert sehen, dessen Entwicklung Europa forciert hat? Können Sie sich eigentlich die Gewalt dieses Zeitalters vorstellen? Landwirte und Fabrikarbeiter verlieren aufgrund der Globalisierung ihre Jobs, bald werden die Angestellten aus der Mittelschicht aufgrund der Automatisierung ihre Jobs verlieren. Für mehr und mehr Europäer sieht die Zukunft düster aus. Und Sündenböcke lassen sich leicht finden. Muslimen kann man einfacher die Schuld geben als Robotern.

Wissen Sie, warum eine bestimmte Phase des europäischen Projekts beendet ist? Der Grund dafür ist, dass die Europäische Union in der Vergangenheit stets auf einem Konsens beruhte, einem Konsens, der unter den herrschenden Eliten erzielt und dann den wählenden Massen oktroyiert wurde. Aber in der Demokratie geht es nicht so sehr um Konsens als vielmehr um Konflikt. Und es geht nicht einmal darum, Konflikte zu lösen, sondern darum, mit ihnen zu leben zu lernen. Demokratie ist der Versuch, Konflikte zu bewältigen, bevor sie in Gewalt münden. An den Wurzeln der Demokratie wird der Konflikt also zelebriert, doch auf EU-Ebene haben wir davon nur sehr wenig gesehen. Europäische Gesetze glichen stets mehr einem Gentlemen's Agreement als Kompromissen, über die sich die Bevölkerungen erbittert gestritten hatten.

Der eigentliche Grund, warum die EU auseinanderfällt, liegt darin, dass zu viel die Bürger von »Brüssel« trennt. Es ist an der Zeit, dass sie mitreden dürfen, nicht durch Repräsentation, sondern durch Partizipation. Alle fünf Jahre einen Zettel in die Wahlurne werfen, das reicht nicht. Wo können Europas Bürger die bestmöglichen Informationen bekommen, um sich gemeinsam zu engagieren und gemeinsam über ihre Zukunft zu entscheiden? Wo können Bürger das Schicksal ihrer Gesellschaft in die Hand nehmen? Sicher nicht in einer Wahlkabine.

Wir sollten zurückkehren zu einem zentralen Prinzip der athenischen Demokratie: Wir sollten losen. Im alten Athen wurde ein Großteil der öffentlichen Ämter durch Losentscheid besetzt. Renaissancefürstentümer wie Venedig und Florenz losten ebenfalls und sorgten so über lange Zeit hinweg für Stabilität. Beim Losentscheid müssen nicht alle über etwas entscheiden, wovon nur wenige wirklich etwas verstehen, sondern die Idee besteht darin, dass ein zufällig ausgewählter Teil der Bevölkerung sich schlaumacht und dann eine sinnvolle Entscheidung fällt. Ein Querschnitt der Gesellschaft, der informiert ist, agiert vernünftiger als eine ganze Gesellschaft, die nicht informiert ist.

Mal ehrlich, Herr Juncker. Sie sollten die Europäer ernst nehmen. Warum die Massen erziehen, wenn man sie doch nicht sprechen lässt? Schauen Sie nach Irland. Irland ist die innovativste Demokratie Europas. Im Herbst 2016 wurden dort per Los hundert Bürger in eine sogenannte Bürgerversammlung gewählt. Irland ist ein Land, das seinen Bürgern traut, anstatt Angst vor ihnen zu haben. Im Lauf dieses Jahres soll die Bürgerversammlung über fünf Themen diskutieren, darunter Abtreibung, Volksabstimmungen und Klimawandel, und alle Experten einladen, die hilfreich sein könnten. Diese Bürgerversammlung ist die zweite dieser Art in Irland. Schon von 2012 bis 2014 wurden dort Bürger aufgerufen, der Politik Empfehlungen zu geben. Damals ging es unter anderem um gleichgeschlechtliche Ehen. Über den Vorschlag der Bürgerversammlung wurde schließlich in einem nationalen Referendum abgestimmt. Es war das erste Mal in der Geschichte der Moderne, dass eine Verfassungsänderung unter Teilhabe von zufällig ausgewählten Bürgern erfolgte. So funktioniert Demokratie im 21. Jahrhundert.

Warum sollte man nicht Ähnliches in der EU organisieren? Jedes EU-Mitgliedsland könnte jeweils hundert Bürger durch Los bestimmen, die vier Tage lang über eine einzige, große Frage beraten: Wie können wir die Europäische Union bis 2020 demokratischer machen? Die Teilnehmer, in Portugal genauso wie in Estland, bekämen gleich viel Zeit und dasselbe Informationsmaterial. Jedes Land dürfte zehn Empfehlungen formulieren. Nach drei Monaten würden jeweils zwanzig durch Los bestimmte Delegierte eines Landes in Brüssel zusammenkommen, um eine endgültige Liste der fünfundzwanzig wichtigsten Punkte einer zukünftigen Politik zu erstellen.

Es wäre sogar möglich, diese Liste einer öffentlichen Beurteilung auszusetzen, indem in einem Referendum über sie abgestimmt wird. Allerdings dürfte ein solches Referendum auf keinen Fall die Form einer traditionellen Ja/Nein-Frage haben. Vielmehr müsste es ein Multiple-Choice-Referendum sein. Auf den Stimmzetteln wären

Lieber Präsident Juncker

alle fünfundzwanzig Vorschläge verzeichnet. Die Wähler würden die drei Themen markieren, die sie für die wichtigsten halten. Alternativ dazu könnte man sie auch auffordern, jeden einzelnen Vorschlag auf einer Skala von eins bis fünf zu bewerten.

Multiple-Choice-Referenden kombinieren die besten Aspekte von Wahlen mit den besten Aspekten traditioneller Referenden: Wie bei einer Abstimmung über eine Ja/Nein-Frage geht es um inhaltliche Angelegenheiten (und nicht bloß um Namen), und wie bei Wahlen können sich die Bürger für eine Option unter mehreren entscheiden (anstatt nur für eine einzige).

EU-Politikern stünden beide Ergebnisse als Inspirationsquellen zur Verfügung: sowohl die Liste der fünfundzwanzig von der Bürgerversammlung als die wichtigsten erachteten Vorschläge als auch das Resultat des Multiple-Choice-Referendums.

Eine durch Los bestimmte Bürgerversammlung mit einem für alle offenen Referendum zu kombinieren ist ein hervorragendes Instrument, um die Demokratie zu verbessern: Auf diese Weise würden die Bürger am Prozess der Entscheidungsfindung beteiligt, würde informierter Meinungen der Vorrang gegenüber dem Bauchgefühl eingeräumt und Gesellschaften würden nicht gespalten, sondern geeint.

Das wäre eine echte Veränderung. Es wären die Bürger, die eine zukünftige Agenda bestimmen würden, und zwar von unten nach oben. Die Bürger bekämen eine aktive Rolle bei der Formung des neuen Europa. Es würde auch eine neue Dynamik zwischen den Mitgliedstaaten und Brüssel entstehen. Und noch wichtiger: Die zwei Europas, von denen vorhin die Rede war, würden wieder in einen echten Dialog treten, anstatt sich weiterhin im Netz zu beschimpfen.

Präsident Juncker, im September 2016 haben Sie gesagt, dass »die nächsten zwölf Monate entscheidend sind, um ein besseres Europa zu gestalten«. Sie sprachen sogar von »einem Europa, das den Bürger stärker macht«. Traurigerweise ging das bislang nicht über ein 5G-Mobilfunknetz und die Idee eines Freiwilligen-Korps hinaus. 5G erlaubt uns einen noch schnelleren Zugang zu unserer Filterblase, in der Fake News das Geschehen bestimmen. Und bei einem Korps, das nur aus Freiwilligen besteht, ist die Chance, dass ein Neonazi aus Deutschland, ein Flüchtling aus Syrien und ein Hipster aus einer der europäischen Großstädte miteinander in Kontakt kommen, ziemlich gering. Wie kann es eigentlich sein, dass Ihnen in einem solch schwierigen Moment so wenig einfällt? Die heutigen Herausforderungen sind größer: Wir müssen wieder Vertrauen in dieses einzigartige Projekt herstellen, und das geht nur, wenn wir die Bürger teilhaben lassen an der Debatte über die Zukunft ihrer Gesellschaft. Demokratie ist nicht nur die Herrschaft des Volkes und die Herrschaft für das Volk, sie ist auch die Herrschaft durch das Volk. Uns bleibt weniger als ein Jahr.

Aus dem Englischen von Lothar Gorris
und Christian Heilbronn

Anmerkungen

1 Bernard Manin, *Kritik der repräsentativen Demokratie*, Berlin: Matthes und Seitz 2007.

Die populistische Versuchung
Slavoj Žižek

Es kursieren gegenwärtig zwei falsche Verallgemeinerungen über die heutige Gesellschaft. Die erste besagt, dass wir in einer Ära des universalisierten Antisemitismus leben: Nach dem militärischen Sieg über den Faschismus könne die Rolle des (antisemitisch konstruierten) Juden inzwischen von jeder beliebigen Gruppe Fremder ausgefüllt werden, die als Bedrohung der eigenen Identität gilt – Latinos, Afrikaner und vor allem Muslime, die in der westlichen Gesellschaft zunehmend als die neuen »Juden« behandelt würden. Die andere falsche Verallgemeinerung lautet, der Fall der Berliner Mauer habe eine Vielzahl neuer Mauern hervorgebracht, die uns vom gefährlichen Anderen trennen sollen (die Mauer zwischen Israel und dem Westjordanland, die geplante Mauer zwischen den USA und Mexiko und so weiter). Das ist zwar richtig, doch es gibt einen zentralen Unterschied: Die Berliner Mauer stand für die gespaltene Welt des Kalten Krieges, und auch wenn sie als Grenze wahrgenommen wurde, welche die Einwohner der »totalitären« kommunistischen Staaten isolierte, so war sie ebenso ein Zeichen dafür, dass der Kapitalismus nicht die einzige Option darstellte, dass es eine Alternative zu ihm gab, gleichwohl eine gescheiterte. Die Mauern, die derzeit errichtet werden, sind dagegen Grenzen, deren Bau durch den Fall der Berliner Mauer (das heißt den Zusammenbruch der kommunistischen Ordnung) erst ausgelöst wurde – sie stehen nicht für die Spaltung zwischen Kapitalismus und

Kommunismus, sondern für die Spaltung, die der kapitalistischen Weltordnung grundsätzlich innewohnt. Nachdem der Kapitalismus über seinen äußeren Feind gesiegt und die Welt vereint hat, kehrt die Spaltung in einer hübschen hegelianischen Bewegung in seinem Innern wieder zurück.

Was die erste der oben genannten falschen Verallgemeinerungen angeht, so lässt sich eine ziemlich naheliegende Unterscheidung zwischen echtem Faschismus und dem einwandererfeindlichen Populismus von heute treffen.[1] Rufen wir uns dazu die Grundprämisse der marxistischen Kapitalismusanalyse ins Gedächtnis: Kapitalismus ist die Herrschaft der Abstraktion, das heißt, die gesellschaftlichen Verhältnisse werden von Abstraktionen durchdrungen, gelenkt und beherrscht. Dabei handelt es sich nicht um bloß subjektive Abstraktionen, die von unserem Geist vorgenommen werden, sondern um »objektive« Abstraktionen, die unsere soziale Wirklichkeit selbst beherrschen und die Marx als »Realabstraktionen« bezeichnet hat. Diese Abstraktionen gehören im Kapitalismus zu unserer sozialen Erfahrung. Wir erleben unser soziales Dasein unmittelbar als von undurchdringlichen Mechanismen gesteuert, die sich jeder Darstellung entziehen und keinem Individuum zugerechnet werden können – sogar die Kapitalisten, die an die Stelle der alten Herren traten, sind zu Sklaven von Mächten geworden, die außerhalb ihrer Kontrolle liegen. So ist es kein Wunder, dass die ideologische Prosopopöie gerade eine Blütezeit erlebt: Die Märkte sprechen wie lebendige Personen und verleihen ihrer »Sorge« darüber Ausdruck, was geschehen wird, wenn die Wahlen keine Regierung mit dem Mandat hervorbringen, den fiskalischen Sparkurs fortzusetzen.

Die populistische Versuchung 295

Die antisemitische Figur des »Juden« verkörpert diese Abstraktion, sie ist der unsichtbare Herr, der insgeheim im Hintergrund die Fäden zieht. Juden sind demzufolge vollständig in unsere Gesellschaft integriert, erscheinen in trügerischer Weise als zu uns gehörend; das Problem und die Aufgabe liegen somit darin, sie eindeutig zu identifizieren (denken wir an die vielen lächerlichen Versuche der Nazis, Rassenidentitäten exakt zu messen). Muslimische Einwanderer sind *nicht* die Juden von heute. Sie sind keineswegs unsichtbar, sondern nur allzu sichtbar, sie sind eindeutig nicht in unsere Gesellschaften integriert und niemand behauptet, dass sie im Hintergrund die Fäden ziehen – wenn hinter ihrer »Invasion Europas« eine geheime Verschwörung steckt, dann müssen Juden für sie verantwortlich sein, so wie es kürzlich in einer der größten rechten Wochenzeitungen Sloweniens zu lesen stand: »George Soros ist einer der verkommensten und gefährlichsten Menschen unserer Zeit«; er sei verantwortlich für »die Invasion der negroiden und semitischen Horden und damit für den Verfall der EU. [...] [A]ls typischer Vertreter des talmudischen Zionismus ist er ein Todfeind der westlichen Zivilisation, des Nationalstaates und des weißen europäischen Mannes.«[2] Sein Ziel sei die Formierung einer »Regenbogenkoalition aus gesellschaftlichen Randgruppen wie Schwulen, Feministinnen, Muslimen und arbeitsscheuen Kulturmarxisten«, die dann »eine Dekonstruktion des Nationalstaates« herbeiführen und »die EU in eine multikulturelle Dystopie der Vereinigten Staaten von Europa verwandeln« werde.

Und welche Kräfte stehen ihm entgegen? »Viktor Orbán und Wladimir Putin sind die weitsichtigen Politiker, die Soros' Machenschaften vollkommen durchschaut und das Treiben seiner Organisationen folgerichtig verboten haben.« Des Weiteren, so der slowenische Kommentator, sei Soros in seinem Werben für den Multikulturalismus nicht konsequent:

> Er propagiert ihn ausschließlich für Europa und die USA; was den Staat Israel angeht, ist er hingegen – meiner Meinung nach völlig zu Recht – mit dem dort herrschenden Monokulturalismus, dem latenten Rassismus und dem Bau einer Mauer einverstanden. Im Unterschied zur EU und zur USA verlangt er von Israel auch nicht, die Grenzen zu öffnen und »Flüchtlinge« aufzunehmen. Eine Heuchelei, die bezeichnend ist für den talmudischen Zionismus.

Neben dem verblüffend offenen Rassismus sind an diesem Text zwei Dinge bemerkenswert. Erstens bringt er Antisemitismus und Islamophobie zusammen: Die Bedrohung für Europa sind Horden muslimischer Flüchtlinge, doch hinter diesem chaotischen Phänomen stecken die Juden. Zweitens bezieht er im Streit innerhalb der europäischen Rechten um die Rolle Putins eine klare Position. Einerseits ist Putin schlecht und eine Bedrohung für Europa, insbesondere für die postkommunistischen Nachbarstaaten Russlands, weil er die EU mit seinen Machenschaften zu unterminieren versucht; andererseits hat er die mit dem westlichen Multikulturalismus und der Toleranz verbundenen Gefahren erkannt und verhindert, dass sein Land davon überschwemmt wird.

Nur vor diesem Hintergrund lässt sich Donald Trumps widersprüchliche Haltung gegenüber Russland begreifen. Während die Hardliner in der Republikanischen Partei Obama permanent attackierten, weil er eine zu lasche Haltung gegenüber Putin einnehme, die militärischen Aggressionen Russlands dulde (Georgien, Krim ...) und dadurch westliche Verbündete in Osteuropa gefährde, befürworten die Trump-Anhänger nun einen weitaus milderen

Die populistische Versuchung 297

Kurs gegenüber Russland. Das Problem dahinter ist: Wie
lassen sich die beiden ideologischen Gegensätze miteinander vereinen – der zwischen Traditionalismus und sä-
kularem Relativismus und der andere große ideologische
Gegensatz, von dem die gesamte Legitimität des Westens
und seines »Krieges gegen den Terror« abhängt: jener nämlich zwischen liberaldemokratischen Rechten des Einzelnen und dem religiösen Fundamentalismus, wie er vor allem im Islamfaschismus zum Ausdruck kommt? Hier
liegt die symptomatische Widersprüchlichkeit der US-
amerikanischen Neokonservativen begründet: Während
sie innenpolitisch den Kampf gegen den liberalen Säkularismus (Abtreibung, gleichgeschlechtliche Ehe etc.) befürworten, ihr Kampf also einer der sogenannten »Kultur
des Lebens« gegen die »Kultur des Todes« ist, vertreten sie
in der Außenpolitik ebenjene Werte dieser »Kultur des
Todes«.

Auf einer tiefen, oft verborgenen Ebene empfinden die
Neocons die Europäische Union als *den* Feind schlechthin. Im öffentlichen politischen Diskurs gelingt es ihnen,
diese Empfindung unter Kontrolle zu halten, sie bricht
sich jedoch in ihrem untergründigen obszönen Gegen-
stück, der extrem rechten, christlich fundamentalistischen politischen Sichtweise mit ihrer obsessiven Furcht
vor einer »Neuen Weltordnung« Bahn (Obama hat demnach geheime Absprachen mit den Vereinten Nationen getroffen, internationale Truppen werden in den USA intervenieren und alle echten amerikanischen Patrioten in
Konzentrationslager stecken – vor ein paar Jahren kursierten bereits Gerüchte, in der Prärie des Mittleren Westens wären schon hispanoamerikanische Truppen mit dem
Bau von Konzentrationslagern beschäftigt ...). Eine Mög-

lichkeit, dieses Dilemma zu lösen, ist die harte christlich fundamentalistische Linie, wie sie in den Werken von Tim LaHaye und Konsorten zum Ausdruck kommt. Dort wird der zweite Gegensatz dem ersten ganz klar und unmissverständlich untergeordnet. Der Titel eines Romans von LaHaye weist in diese Richtung: *The Europa Conspiracy* (*Die Europa-Verschwörung*). Der wahre Feind der USA sind nicht muslimische Terroristen – diese sind nur Marionetten, die insgeheim von den europäischen Säkularisten gelenkt werden, den wahren Kräften des Antichrist, die auf eine Schwächung der USA und die Errichtung einer neuen Weltordnung unter Führung der Vereinten Nationen aus sind ... In gewisser Weise liegen sie damit gar nicht mal so verkehrt: Europa ist nicht einfach nur ein geopolitischer Machtblock, sondern eine globale Vision, die letztlich mit Nationalstaaten unvereinbar ist. Diese Dimension der EU liefert uns den Schlüssel zur sogenannten europäischen »Schwäche«. Es gibt eine erstaunliche Korrelation zwischen der Einigung Europas und seinem globalen militärisch-politischen Machtverlust. Warum aber fühlen sich die Vereinigten Staaten beunruhigt, wenn doch die Europäische Union mehr und mehr zu einem machtlosen staatenübergreifenden Bündnis wird, das auf den Schutz Amerikas angewiesen ist? Erinnern wir uns etwa an die Hinweise dafür, dass die USA bei dem irischen Referendum über die Ratifizierung des Vertrages von Lissabon das Nein-Lager finanziell unterstützte ...

Dieser Minderheitenmeinung gegenüber steht die vorherrschende liberaldemokratische Position, die den Hauptfeind in den verschiedenen Spielarten des Fundamentalismus sieht und den christlichen Fundamentalismus in den

Die populistische Versuchung　　　　　　　　　　　　299

USA als eine beklagenswerte hausgemachte Version des
»Islamfaschismus« betrachtet. Allerdings ist die Vorherrschaft dieser Ansicht in Gefahr. Was bis vor Kurzem
noch eine reine Meinung randständiger Verschwörungs-
theoretiker war, die irgendwo im Untergrund der sozialen Netzwerke ihr Unwesen trieben, ist mittlerweile zur
hegemonialen Haltung im öffentlichen Raum geworden.
Trump und Putin unterstützten den Brexit, und beide
vertreten jene extrem konservativ-nationalistische Politik, welche die Interessen ihres Landes an die erste Stelle
setzt und das vereinte Europa als ihren größten Feind an-
sieht – und beide haben recht. Europas Problem ist, seinem Erbe angesichts der Bedrohung durch die konser-
vativ-populistischen Angriffe treu zu bleiben, und der
erste Schritt zur Wahrung dieses Erbes besteht darin,
die tieferen Ursachen für Trumps Erfolg zu erforschen.
Donald Trump ist das perfekte Beispiel eines »Zwei-See-
len-Kapitalisten«, dessen Prototyp die Titelfigur des Films
Citizen Kane darstellt. Als dessen Vormund Thatcher,
ein Vertreter des Großbankenkapitals, Kane vorwirft,
er verschwende sein Geld, um eine Zeitung zu finanzie-
ren, die für die Habenichtse spreche, erwidert dieser:

> Das Dumme ist, dass Sie vergessen, dass Sie mit zwei Leuten sprechen.
> Als Charles Foster Kane, der 82 364 Aktien dieser Gesellschaft besitzt –
> woraus Sie ersehen können, dass ich über meinen Anteil ganz gut Be-
> scheid weiß –, bin ich Ihrer Auffassung. Dieser Charles Foster Kane
> ist ein Schurke, man müsste seine Zeitung unmöglich machen und da-
> für sorgen, dass er boykottiert wird. Wenn es Ihnen glücken sollte, ein
> Komitee gegen ihn zu gründen, tragen Sie mich mit 1000 Dollar als
> Mitglied ein. […] Andererseits bin ich der Herausgeber des *Inquirer*.
> Und als der ist es meine Pflicht – unter uns, es ist mir sogar eine
> Freude –, dafür zu sorgen, dass die verdammt ehrlich und hart arbei-
> tende Bevölkerung nicht von einer Handvoll Blutsauger ausgebeutet
> wird, […] bloß weil sich niemand für sie interessiert. Unter uns möchte
> ich Ihnen noch etwas verraten, Mr Thatcher. Ich werde mich um sie

kümmern. Ich habe Geld, ich habe Grundbesitz. Wenn ich mich nicht um die Minderbemittelten kümmere, dann wird es ein anderer tun. Vielleicht einer ohne Geld und ohne Grundbesitz [...], dann wünsch' ich Ihnen viel Glück.

Der letzte Satz macht auf prägnante Weise deutlich, was am Auftreten des Milliardärs Trump als Stimme der Besitzlosen nicht stimmt: Seine strategische Funktion besteht darin, dafür zu sorgen, dass die Besitzlosen sich nicht selbst helfen ... Trump ist somit keineswegs einfach nur inkonsistent. Was als Inkonsistenz erscheint, bildet gerade den Kern seines Projekts. Ein Nachklang dieser Inkonsistenz sind die zwei Reaktionen auf Trumps Erfolg, die wir beide als inakzeptabel und letztlich selbstzerstörerisch zurückweisen sollten. Die erste ist die arrogante Faszination für die Dummheit der einfachen Wähler, die offenbar nicht begriffen haben, dass sie gegen ihre eigenen Interessen stimmten und Trumps oberflächlicher Demagogie auf den Leim gingen; die zweite ist der Aufruf zum sofortigen Gegenangriff (»Keine Zeit zum Philosophieren, wir müssen handeln ...«), der seltsam an Trumps eigene antiintellektuelle Haltung erinnert. Judith Butler hat klug bemerkt, Trump biete, wie es bei jeder populistischen Ideologie der Fall sei, den Menschen »eine Gelegenheit, nicht zu denken, eine Gelegenheit, nicht denken zu müssen. Denken bedeutet, an eine sehr komplexe globale Welt zu denken, und er macht alles sehr, sehr einfach.«[3] (Butler ist sich natürlich vollkommen darüber im Klaren, dass im Falle Hillary Clintons, die sich als jemand inszenierte, der sich in den Verwicklungen der Realpolitik bestens auskennt, der Rückgriff auf die »Komplexität« nicht weniger falsch war, denn er diente unter anderem dazu, linke Forderungen zu verwässern.)

Die populistische Versuchung 301

Die vorherrschende linksliberale Reaktion auf Trump ist die Klage darüber, dass der von Figuren wie ihm und vergleichbaren einwandererfeindlichen Populisten in Europa ausgenutzte Volkszorn eine »Regression der politischen Kultur« zur Folge habe – demagogische Vulgaritäten, die noch vor wenigen Jahren im öffentlichen Raum nicht geduldet worden wären, seien mittlerweile zu Gemeinplätzen geworden und stellten eine »klare und drängende Gefahr« für unsere Demokratie dar. Die andere, nicht weniger jämmerliche Reaktion der Linken auf die wachsende populistische Wut ist eine Variation des alten Themas »Wenn du sie nicht schlagen kannst, verbünde dich mit ihnen!« – von Griechenland bis Frankreich entwickelt sich bei den Überresten der »radikalen Linken« ein neuer Trend: die Wiederentdeckung des Nationalismus. Dahinter steckt der Gedanke, dass der überall um uns herum zu beobachtende Volkszorn zeige, dass die Menschen aufgewacht sind, dass sie ihre Unzufriedenheit zum Ausdruck bringen, und dass das, was die führenden Medien als gefährlichen Umschwung brandmarken, im Grunde eine eindrucksvolle Rückkehr des Klassenkampfes auf die Bildfläche sei. Die Aufgabe der Linken bestehe darin, die liberale Furcht zu überwinden und diese Wut anzunehmen, um sie vom rechten Rassismus in den direkten sozioökonomischen Kampf umzuleiten. Der Feind ist demnach nicht der Fremde, sondern die herrschende Klasse, die Finanzoligarchie und so weiter. Aus dieser Sicht sind die mit den Namen »Trump« und »Sanders« verknüpften Bewegungen zwei Formen des Populismus, zwei Formen der Wiedereinführung einer antagonistischen, gegen das Establishment gerichteten Leidenschaft in die Politik. (Es ist natürlich absurd, sich Trump, einen

Milliardär, der sämtliche gesetzlichen Schlupflöcher aus-
nutzt, ernsthaft als »Establishment-Gegner« vorzustellen – aber das ist das Paradox, das dem Populismus von
Anfang an innewohnt.)

Jede der beiden Positionen hat etwas für sich. Einerseits
sollte man gute Manieren in der Politik nie unterschätzen;
eine vulgäre öffentliche Rede deutet per definitionem auf
eine tiefer liegende politische Orientierungslosigkeit hin.
Andererseits ist es richtig, dass die rechtspopulistische
Wut eine verzerrte Form des Klassenkampfes darstellt –
wie dies schon im Faschismus der Fall war. Allerdings
enthält auch jede der beiden Positionen grundsätzliche
Fehler: Die liberalen Kritiker des neuen Populismus erkennen nicht, dass der Volkszorn kein Zeichen der Primitivität der einfachen Leute ist, sondern ein Indiz für
die Schwäche der hegemonialen liberalen Ideologie selbst,
die es nicht mehr schafft, »Konsens zu fabrizieren«, so
dass man Zuflucht zu einer »primitiveren« Funktionsweise von Ideologie nehmen muss. Und die linken Befürworter des Populismus erkennen nicht, dass »Populismus«
keine neutrale Form ist, die sich wahlweise mit rechts-
faschistischen oder linken Inhalten füllen lässt: Schon
auf der Formebene konstruiert der Populismus den Feind
als äußeren Eindringling und leugnet damit innere gesellschaftliche Antagonismen.[4] Aus diesem Grund kann man
feststellen, dass es – auch wenn sich Populismus und das
Abdriften des öffentlichen Diskurses in die Vulgarität natürlich nicht notwendig überschneiden – doch so etwas
gibt wie einen natürlichen Hang des Populismus zu vul-
gärer Vereinfachung und personalisierter Aggression.

Die populistische Linke akzeptiert allzu voreilig die
Grundprämisse ihres Gegners: Universalismus ist out

und wird als lebloses politisches und kulturelles Pendant zum »wurzellosen« globalen Kapital und seinen technokratischen Finanzexperten oder bestenfalls noch als Ideologie von Sozialdemokraten à la Habermas abgetan, die für einen globalen Kapitalismus mit menschlichem Antlitz eintreten. Der Grund für diese Wiederentdeckung des Nationalismus liegt auf der Hand: Es ist der Aufstieg des rechtsnationalistischen Populismus in Westeuropa, der inzwischen die stärkste politische Kraft zum Schutz der Interessen der Arbeiterklasse und zugleich diejenige Kraft ist, die es noch am ehesten schafft, echte politische Leidenschaften zu entfachen. Also überlegt man sich, warum die Linke dieses Feld nationalistischer Leidenschaften der radikalen Rechten überlassen soll. Warum nicht »*la patrie* vom Front National zurückfordern«? Könnte die radikale Linke nicht dieselben nationalistischen Leidenschaften als machtvolles Instrument gegen die zentrale Tatsache unserer heutigen Weltgesellschaft in Anschlag bringen – die zunehmend ungehinderte Herrschaft des wurzellosen Finanzkapitals? Sobald wir diesen Horizont akzeptieren, wird die Kritik an der Brüsseler Technokratie und daran, dass die nationale Souveränität von anonymen Brüsseler Bürokraten beschnitten wird, die Kritik also, die das Hauptmerkmal der heutigen radikalen Rechten ist, zu einem Grund für linken Patriotismus – in Griechenland äußert sich das in dem Streit zwischen dem ehemaligen Finanzminister Yanis Varoufakis und dem Ökonomen Costas Lapavitsas, der Varoufakis' Initiative DiEM25 (kurz für: Democracy in Europe Movement 2025) wegen ihres leblosen Paneuropäismus verhöhnt, der sich von vornherein auf das Terrain des Gegners einlasse.

Die theoretische Hauptvertreterin eines linken Populismus ist Chantal Mouffe.[5] Laut ihrer Diagnose unseres Dilemmas resultiert die Niederlage der Linken in erster Linie aus ihrer mangelnden Kampfbereitschaft, der stets allein rationalen Argumentation und ihrem leblosen Universalismus, also aus dem Ende der alten leidenschaftlichen ideologischen Auseinandersetzungen, für das beispielhaft die Namen Giddens, Beck und Habermas stehen. Dieser postpolitische Dritte Weg hat der agonistischen Logik des »Wir gegen die anderen«, wie sie von fremdenfeindlichen Rechtspopulisten wie etwa Marine Le Pen in Frankreich erfolgreich genutzt wird, nichts entgegenzusetzen; folglich muss man zu seiner Bekämpfung einen Linkspopulismus in Stellung bringen, der zwar die populistischen Grundkoordinaten beibehält (die agonistische Logik des »Wir gegen die anderen«, des »Volkes« gegen eine korrupte Elite), diese aber mit linken Inhalten füllt: »Die anderen« sind keine armen Geflüchteten oder Migranten, sondern das Finanzkapital, die technokratische Staatsbürokratie und so weiter. Dieser Populismus geht über den alten Antikapitalismus der Arbeiterklasse hinaus und versucht, wie etwa Podemos in Spanien, viele verschiedene Kämpfe zusammenzubringen, vom Umweltschutz bis zum Feminismus, vom Recht auf Arbeit bis zu freier Bildung und Gesundheitsfürsorge und so weiter. Aber ist eine solche Formel der agonistischen Politisierung, der leidenschaftlichen Konfrontation gegenüber einem leblosen Universalismus nicht eben gerade zu formell? Lässt sie nicht die große Frage außer Acht, die im Hintergrund lauert: Warum hat die Linke die agonistische Logik des »Wir gegen die anderen« überhaupt aufgegeben?

Es gibt ein Merkmal, das sich sowohl im politisch kor-

Die populistische Versuchung 305

rekten Respekt gegenüber partikularen Identitäten als
auch im fremdenfeindlichen Hass auf andere zeigt und
das in diesem Zusammenhang unbedingt zu beachten
ist: die Furcht, dass eine partikulare Identität von der
namenlosen Universalität einer neuen Weltordnung ver-
schluckt wird. Wenn konservative Nationalisten erklären, sie wollten für ihre eigene Nation (für Deutsche,
Franzosen, Briten …) lediglich dasselbe Recht auf Identität, das sexuelle oder ethnische Minderheiten für sich in
Anspruch nehmen, dann steckt in dieser Forderung, so
heuchlerisch sie auch ist, dennoch ein berechtigtes Argument, nämlich, dass es notwendig ist, *alle* Formen von
Identitätspolitik, rechte ebenso wie linke, zu überwinden.
Was wir ganz grundlegend ablehnen sollten, ist die Perspektive, dass viele verschiedene lokale Emanzipationskämpfe
(ethnisch, sexuell, religiös, rechtlich …) allmählich zu
einer stets fragilen »Äquivalenzkette« (um Ernesto Laclaus
Ausdruck zu verwenden) verknüpft und dadurch vereint
werden. Universalität ist nichts, das aus einem langen und
geduldigen Prozess hervorgehen soll, sondern etwas, das
immer schon als Ausgangspunkt jedes echten emanzipatorischen Prozesses, ja als dessen Beweggrund da ist.

Formell besteht das Problem darin, wie die zwei Ach-
sen »Universalität versus patriotische Zugehörigkeit«
und »Kapitalismus versus linker Antikapitalismus« miteinander kombiniert werden können. Alle vier Möglichkeiten sind bereits besetzt. Es gibt den globalen multikul-
turellen Kapitalismus, es gibt eine universalistische Linke,
es gibt eine globalisierungsfeindliche patriotische Linke,
und es gibt den Kapitalismus mit lokalen ethnischen beziehungsweise kulturellen »Besonderheiten« (China, Indien …). Die letzte Kombination gewinnt zunehmend

an Bedeutung und beweist, dass der globale Kapitalismus mit partikularen kulturellen Identitäten bestens koexistieren kann. Außerdem dürfen wir nicht die regelrecht hegelianische Paradoxie der heutigen allgemeinen Klasse der Manager und der akademischen Eliten vergessen. Solche Eliten treten in jeder partikularen Gemeinschaft (Nation) als distinkte Gruppe auf, die durch ihren gesamten Lebensstil von der Mehrheit isoliert ist – ein Literaturprofessor aus Manhattan hat mehr mit einem Literaturprofessor in Paris oder gar Seoul gemeinsam als mit einem Arbeiter aus Staten Island. Die Erscheinungsform einer allgemeinen Klasse, die über partikulare Nationen hinausreicht, ist eine extreme Partikularität innerhalb ihrer Nation – Universalität spaltet eine partikulare Identität von innen her.

Aus diesem Grund müssen wir den Fokus vom populistischen großen bösen Wolf weg auf das eigentliche Problem verlagern: die Schwäche der gemäßigten »rationalen« Position selbst. Der Umstand, dass sich die Mehrheit nicht von der »rationalen« kapitalistischen Propaganda überzeugen lässt und sich lieber einer populistischen antielitären Haltung anschließt, sollte nicht als Beispiel für die Primitivität der Unterschicht abgetan werden. Die Populisten haben die Irrationalität jenes rationalen Ansatzes durchaus richtig erkannt, ihre Wut auf gesichtslose Institutionen, die in nicht transparenter Weise ihr Leben regulieren, ist vollkommen berechtigt. Die Lehre aus dem Phänomen Trump lautet, dass die größte Gefahr für die wahre Linke darin liegt, sich auf einen strategischen Pakt mit dem liberalen Clinton-Lager einzulassen, um die von Trump verkörperte große Gefahr abzuwenden. Aus dieser Lehre ergeben sich auch langfristige Konsequenzen,

Die populistische Versuchung   307

denn die Geschichte von Donald und Hillary geht weiter.
In der zweiten Episode wurden die Namen der beiden in
Marine und François geändert. Nun, da François Fillon
zum Kandidaten der französischen Rechten bei der kommenden Präsidentschaftswahl ernannt worden ist und es
(so gut wie) sicher ist, dass es im zweiten Wahlgang ein
Stechen zwischen ihm und Marine Le Pen geben wird,
hat unsere Demokratie ihren (vorläufigen) Tiefpunkt erreicht. Natalie Nougayrède schrieb in ihrer Kolumne im
Guardian, François Fillon sei »eine ebenso große Bedrohung für die liberalen Werte wie Marine Le Pen«:

> Es ist kein Zufall, dass Fillon öffentlich von Putin gelobt wurde. Das
> geschah nicht nur, weil der Kreml hofft, einen französischen Präsiden-
> ten als Verbündeten in der Außenpolitik zu finden. Es geschah auch,
> weil Putin in Fillon Züge seiner eigenen ultrakonservativen Ideologie
> erkennt. Nach dieser Weltsicht haben liberale fortschrittliche Werte
> die westlichen Gesellschaften in einen Zustand der »Dekadenz« ver-
> setzt, eine Folge sexualpolitischer Entscheidungen und der Einwan-
> derung. Denken Sie nur daran, dass die russische Propaganda Europa
> als »Gayropa« bezeichnet hat.[6]

Wenn der Unterschied zwischen Clinton und Trump der
zwischen liberalem Establishment und rechtspopulistischer Wut war, so schrumpft dieser Unterschied im Fall
von Le Pen und Fillon auf ein Minimum zusammen. Beide sind Kulturkonservative, in Wirtschaftsfragen ist Fillon dagegen ein reiner Neoliberaler, während es Le Pen
weit mehr um die Wahrung von Arbeiterinteressen geht.
Fillon repräsentiert die schlimmste Kombination, die es
derzeit gibt – ökonomischen Neoliberalismus gepaart mit
sozialem Konservatismus. Das einzige Argument für Fillon ist rein formell: Er steht *der Form nach* für ein verein-
tes Europa und eine minimale Distanz zur populistischen
Rechten.

In diesem Sinne ist Fillon stellvertretend für die immanente Dekadenz des Establishments selbst – hier sind wir nach einem langen Prozess aus Niederlagen und Rückzügen gelandet: Zuerst musste die radikale Linke geopfert werden, weil sie angeblich den Bezug zu unseren heutigen, postmodernen Zeiten mit ihren neuen »Paradigmen« verloren hatte. Dann wurde die gemäßigte sozialdemokratische Linke geopfert, weil auch sie den Sinn für die Notwendigkeiten des neuen globalen Kapitalismus verloren hatte. Und jetzt, im letzten Abschnitt dieser traurigen Geschichte, wird selbst die gemäßigte liberale Rechte (Alain Juppé) geopfert, weil sie den Bezug zu den konservativen Werten verloren hat, auf die wir uns berufen müssen, wenn wir, die zivilisierte Welt, Le Pen schlagen wollen. Jede Ähnlichkeit mit jener alten Geschichte aus der NS-Zeit, als man erst untätig zuschaute, wie die nationalsozialistischen Machthaber die Kommunisten abholten, dann die Juden, dann die gemäßigten Linken, dann Vertreter der liberalen Mitte und schließlich sogar ehrbare Konservative ... ist rein zufällig. Das *einzig* Angemessene, was man in einer solchen Situation tun kann, ist offensichtlich, nicht zur Wahl zu gehen.

Die heutige liberale Linke ist, wie auch die populistische Rechte, in einer Politik der Furcht gefangen: Furcht vor Einwanderern, Feministinnen und so weiter auf der einen, Furcht vor fundamentalistischen Populisten und so weiter auf der anderen Seite. Als Erstes sollte man an dieser Stelle den Schritt von der Furcht zur Angst* vollziehen. Furcht bezieht sich immer auf ein äußeres Objekt, das als Bedrohung der eigenen Identität wahrgenommen

---

* Im Original deutsch.

Die populistische Versuchung   309

wird, während Angst entsteht, wenn wir gewahr werden, dass etwas mit unserer Identität nicht stimmt, die wir vor der befürchteten äußeren Bedrohung schützen wollen. Furcht treibt uns dazu, das äußere Objekt zu vernichten; um mit der Angst fertigzuwerden, müssen wir uns dagegen selbst verändern. Man ist versucht, hier Gramscis berühmtes Diktum über die »Krankheitserscheinungen« umzukehren, die auftauchen, wenn das Alte stirbt und das Neue noch nicht zur Welt kommen kann: Wenn eine Ordnung herrscht, werden die Schrecken und Krankheitserscheinungen normalisiert, im Prozess des Übergangs jedoch, wenn die alte Ordnung vergeht und die neue noch nicht da ist, werden die Schrecken als solche sichtbar, sie werden denormalisiert, und in solchen Momenten der Hoffnung werden große Taten möglich.

Die Dringlichkeit der gegenwärtigen Situation darf auf keinen Fall als Entschuldigung dienen – gerade dringliche Situationen *sind* Zeiten zum Nachdenken. Wir sollten uns hier nicht scheuen, Marx' elfte These über Feuerbach umzukehren: Bis jetzt haben wir versucht, unsere Welt zu schnell zu verändern, es kommt aber heute darauf an, sie selbstkritisch neu zu interpretieren und unsere eigene (linke) Verantwortung zu überprüfen. Was wir aktuell tun sollten, da wir noch im Bann von Trumps Sieg stehen (der, das sollten wir nicht vergessen, nur einer in einer ganzen Reihe von ähnlichen bösen Überraschungen war), ist dies: Wir müssen sowohl den Defätismus als auch den blinden Aktionismus zurückweisen und stattdessen »lernen, lernen, lernen« (wie Lenin gesagt hätte), was zu diesem Fiasko der liberaldemokratischen Politik geführt hat. In seinen *Beiträgen zum Begriff der Kultur* stellt der große Konservative T. S. Eliot fest, dass es Augenblicke gibt, in denen man nur die Wahl zwischen Ketzerei und Unglauben hat und in denen eine Religion nur durch eine sektiererische Abspaltung von ihrem toten Hauptkörper am Leben zu erhalten ist.[7] Darum geht es heute: Die US-Wahlen von 2016 haben Fukuyamas Traum endgültig zum Platzen gebracht, sie bedeuten die finale Niederlage der liberalen Demokratie und die einzige Möglichkeit, Trump wirklich zu besiegen und von der liberalen Demokratie noch zu retten, was sich zu retten lohnt, ist eine sektiererische Abspaltung vom toten Hauptkörper der liberalen Demokratie, kurz, das Gewicht von Clinton auf Sanders zu verlagern – die nächsten Wahlen sollten zwischen Trump und Sanders stattfinden.

Die Bausteine des Programms dieser neuen Linken sind relativ leicht vorstellbar. Der einzige Weg, um dem »Demokratiedefizit« des globalen Kapitalismus entgegenzuwirken, wäre ganz offensichtlich die Einrichtung einer transnationalen Instanz – hat Kant nicht schon vor mehr als zweihundert Jahren angesichts des Aufkommens der Weltgesellschaft die Notwendigkeit einer über die Nationalstaaten hinausgehenden Rechtsordnung erkannt? »Da es nun mit der unter den Völkern der Erde einmal durchgängig überhand genommenen (engeren oder weiteren) Gemeinschaft so weit gekommen ist, daß die Rechtsverletzung an einem Platz der Erde an allen gefühlt wird: so ist die Idee eines Weltbürgerrechts keine fantastische und überspannte Vorstellungsart des Rechts«.[8] Damit sind wir freilich beim »Hauptwiderspruch« der neuen Weltordnung: der strukturellen Unmöglichkeit, eine globale politische Ordnung zu finden, die der globalen kapitalistischen Wirtschaft entsprechen würde. Was wäre denn, wenn eine weltweite Demokratie oder eine repräsentative

Die populistische Versuchung

Weltregierung nicht nur aufgrund empirischer Beschränkungen, sondern aus strukturellen Gründen unmöglich ist? Das strukturelle Problem (die Antinomie) des globalen Kapitalismus liegt in der Unmöglichkeit (und gleichzeitigen Notwendigkeit) einer zu ihm passenden soziopolitischen Ordnung. Die globale Marktwirtschaft lässt sich nicht unmittelbar als liberale Weltdemokratie mit weltweiten Wahlen organisieren. Das »Verdrängte« der globalen Ökonomie kehrt in der Politik wieder: archaische Fixierungen, partikulare substanzielle (ethnische, religiöse, kulturelle) Identitäten. Die Spannung zwischen einer ungehinderten weltweiten Warenzirkulation und den zunehmenden gesellschaftlichen Spaltungen bestimmt unser gegenwärtiges Dilemma – während die Waren immer freier zirkulieren, werden die Menschen durch neue Mauern voneinander getrennt.

Trump verspricht die Aufkündigung der großen Freihandelsabkommen, die Clinton befürwortet hat, und die linke Alternative zu beiden sollte eine neue und andere Art von internationalen Abkommen sein. Solche Abkommen müssten eine Kontrolle über die Banken vorsehen, Umweltstandards festlegen, Arbeiterrechte, Gesundheitsfürsorge, den Schutz sexueller und ethnischer Minderheiten berücksichtigen und so weiter. Die große Lehre aus dem globalen Kapitalismus ist, dass Nationalstaaten es alleine nicht schaffen – nur eine neue politische Internationale wäre vielleicht in der Lage, das globale Kapital im Zaum zu halten. Ein alter antikommunistischer Linker sagte mir einmal, das einzig Gute an Stalin sei gewesen, dass er den westlichen Großmächten richtig Angst eingejagt habe, und dasselbe ließe sich auch über Trump sagen: Das Gute an ihm ist, dass er den Liberalen richtig Angst eingejagt hat. Die westlichen Mächte lernten damals ihre Lektion, sie richteten den Blick selbstkritisch auf ihre eigenen Unzulänglichkeiten und entwickelten den Wohlfahrtsstaat – werden unsere linken Liberalen imstande sein, etwas Ähnliches zu tun?

Trumps Sieg hat eine völlig neue politische Situation hervorgebracht, die Chancen für eine radikalere Linke in sich birgt. Jetzt ist die Zeit, hart zu arbeiten, um eine radikale politische Linke zu formieren – oder, um es mit Mao zu sagen: »Es herrscht große Unruhe unter dem Himmel; die Lage ist ausgezeichnet.«

Aus dem Englischen von Frank Born

Anmerkungen

1 Ich stütze mich hier auf Alenka Zupančič, »AIMO« (in slowenischer Sprache), in: *Mladina* (Winter 2016/2017).

2 Dieses und die folgenden Zitate stammen aus Bernard Brščič, »George Soros ist einer der verkommensten und gefährlichsten Menschen unserer Zeit« (in slowenischer Sprache), in: *Demokracija* (25. August 2016), S. 15.

3 Scott MacLeod, »Global trouble. American philosopher Judith Butler discusses American vulgarity, Middle East upheaval, and other forms of the global crisis«, in: *The Cairo Review of Global Affairs* (Herbst 2016); online verfügbar unter: {https://www.thecairoreview.com/q-a/global-trouble} (Stand Januar 2017).

4 Für eine konzeptuelle Kritik des Umgangs der Linken mit dem Populismus siehe das sechste Kapitel meines Buches *In Defense of Lost Causes*, London: Verso 2009.

5 Für eine kurze Darstellung ihrer Position siehe Chantal Mouffe, »Pour un populisme de gauche«, in: *Le Monde* (20. April 2016), S. 22.

6 Natalie Nougayrède, »François Fillon is as big a threat to liberal values as Marine Le Pen«, in: *The Guardian* (28. November 2016); online verfügbar unter: {https://www.theguardian.com/commentisfree/2016/nov/28/francois-fillon-threat-liberal-values-marine-le-pen-france} (Stand Januar 2017).

Die populistische Versuchung 313

7 Vgl. T.S. Eliot, *Beiträge zum Begriff der Kultur*, Frankfurt am Main: Suhrkamp 1949.

8 Immanuel Kant, *Zum ewigen Frieden. Ein philosophischer Entwurf*, in: ders., *Werke in zwölf Bänden*, Bd. 11: *Schriften zur Anthropologie, Geschichtsphilosophie, Politik und Pädagogik 1*, herausgegeben von Wilhelm Weischedel, Frankfurt am Main: Suhrkamp 1977, S. 216.

Die Beiträgerinnen und Beiträger

Arjun Appadurai, geboren 1949 in Mumbai, ist Goddard Professor of Media, Culture and Communication an der New York University und derzeit Gastprofessor am Institut für Europäische Ethnologie an der Humboldt-Universität zu Berlin. Zuletzt erschien sein Buch *Banking on Words: The Failure of Language in the Age of Derivative Finance* (Chicago: The University of Chicago Press 2015).

Zygmunt Bauman, geboren 1925 in Posen, gestorben 2017 in Leeds, lehrte zuletzt an der University of Leeds. Er erhielt zahlreiche Auszeichnungen, darunter den Theodor-W.-Adorno-Preis der Stadt Frankfurt am Main (1998) und den Prinz-von-Asturien-Preis (2013). Im Suhrkamp Verlag erschien 2016 *Die Angst vor den anderen. Ein Essay über Migration und Panikmache*.

Donatella della Porta, geboren 1956 in Catania, ist Professorin für Politikwissenschaft und Direktorin des Centre of Social Movement Studies an der Scuola Normale Superiore in Florenz. Zuletzt erschien ihr Buch *Social Movements in Times of Austerity: Bringing Capitalism Back into Protest Analysis* (Cambridge: Polity 2015).

Nancy Fraser, geboren 1947 in Baltimore, ist Henry A. and Louise Loeb Professor of Political and Social Science und Professorin für Philosophie an der New School in New York. 2013 erschien ihr Buch *Fortunes of Feminism: From State-Managed Capitalism to Neoliberal Crisis* (London/New York: Verso).

Heinrich Geiselberger, geboren 1977 in Waiblingen, arbeitet seit 2006 als Lektor im Suhrkamp Verlag.

Eva Illouz, geboren 1961 in Fès, ist Professorin für Soziologie an der Hebräischen Universität von Jerusalem und an der EHESS in Paris. Sie schreibt regelmäßig für die israelische Tageszeitung *Haaretz*. In der edition suhrkamp erschien zuletzt *Israel. Soziologische Essays* (es 2683).

Ivan Krastev, geboren 1965 in Lukovit, ist Vorsitzender des Centre for Liberal Strategies in Sofia und Permanent Fellow am Institut für die Wissenschaften vom Menschen in Wien. Seit 2015 schreibt er regelmäßig Analysen für die internationale Ausgabe der *New York Times*. In der edition suhrkamp erscheint 2017 sein Buch *Europadämmerung* (es 2712).

Bruno Latour, geboren 1947 in Beaune, ist Professor am Institut d'études politiques de Paris (Sciences Po). Er erhielt zahlreiche Auszeichnungen, u. a. 2013 den Holberg-Preis. Im Suhrkamp Verlag erschien zuletzt *Cogitamus* (eu 38).

Paul Mason, geboren 1960 in Leigh, ist ein englischer Autor und vielfach ausgezeichneter Fernsehjournalist. Er arbeitete lange für die BBC und Channel 4 News und schreibt regelmäßig für den *Guardian*. Im Suhrkamp Verlag erschien 2016 *Postkapitalismus. Grundrisse einer neuen Ökonomie*.

Die Beiträgerinnen und Beiträger

Pankaj Mishra, geboren 1969 in Jhansi, ist ein indischer Essayist, Literaturkritiker und Schriftsteller. Er schreibt u. a. für die *New York Times*, die *New York Review of Books* und den *Guardian*. 2014 wurde er mit dem Leipziger Buchpreis zur Europäischen Verständigung ausgezeichnet. Bei S. Fischer erscheint 2017 *Das Zeitalter des Zorns. Eine kurze Geschichte der Gegenwart von Rousseau bis zum IS*.

Robert Misik, geboren 1966 in Wien, ist Journalist und politischer Schriftsteller. Er schreibt unter anderem für *die tageszeitung* sowie die Magazine *Falter* und *Profil* und betreibt den Videoblog »FS Misik« auf der Website der Tageszeitung *Der Standard*. 2009 erhielt er den österreichischen Staatspreis für Kulturpublizistik. Zuletzt erschien sein Buch *Kaputtalismus. Wird der Kapitalismus sterben, und wenn ja, würde uns das glücklich machen?* (Berlin: Aufbau Verlag 2016).

Oliver Nachtwey, geboren 1975 in Unna, ist Soziologe an der Technischen Universität Darmstadt und forscht zu Arbeit, Ungleichheit, Protest und Demokratie. Er schreibt regelmäßig für verschiedene Tages- und Wochenzeitungen sowie Online-Portale. In der edition suhrkamp erschien zuletzt *Die Abstiegsgesellschaft. Über das Aufbegehren in der regressiven Moderne* (es 2682).

César Rendueles, geboren 1975 in Girona, lehrt Soziologie an der Universidad Complutense de Madrid. In der edition suhrkamp erschien zuletzt sein Essay *Soziophobie. Politischer Wandel im Zeitalter der digitalen Utopie* (es 2690).

Wolfgang Streeck, geboren 1946 in Lengerich, ist Soziologe. Von 1995 bis 2014 war er Direktor am Max-Planck-Institut für Gesellschaftsforschung in Köln. Seine Forschungsgebiete sind vergleichende politische Ökonomie und Theorien institutionellen Wandels. Er schreibt regelmäßig für die *New Left Review*. Im Suhrkamp Verlag erschien zuletzt eine erweiterte Ausgabe von *Gekaufte Zeit. Die vertagte Krise des demokratischen Kapitalismus* (stw 2133).

David Van Reybrouck, geboren 1971 in Brügge, ist Schriftsteller, Dramatiker, Journalist, Archäologe und Historiker. 2011 gründete er die Initiative G1000, die sich in Belgien, den Niederlanden und in Spanien für demokratische Innovationen einsetzt. *Kongo. Eine Geschichte* wurde vielfach ausgezeichnet, u. a. mit dem NDR Kultur Sachbuchpreis 2012. Sein Buch *Gegen Wahlen. Warum Abstimmen nicht demokratisch ist* (Göttingen: Wallstein 2016) erhielt europaweit große Aufmerksamkeit. In der edition suhrkamp erschien zuletzt *Zink* (2017).

Slavoj Žižek, geboren 1949 in Ljubljana, lehrt an der European Graduate School, am Birkbeck College der University of London und am Institut für Soziologie der Universität von Ljubljana. Zuletzt erschien sein Buch *Absoluter Gegenstoß. Versuch einer Neubegründung des dialektischen Materialismus* (Frankfurt am Main: S. Fischer 2016).

Textnachweise

Eine kürzere Fassung des englischen Originaltextes von Nancy Fraser erschien am 2. Januar 2017 unter dem Titel »The end of progressive neoliberalism« auf der Website des Magazins *Dissent*: {https://www.dissentmagazine. org/online_articles/progressive-neoliberalism-reactiona ry-populism-nancy-fraser} (Stand Januar 2017). Eine deutsche Übersetzung der auch in diesem Band abgedruckten längeren Fassung erschien in den *Blättern für deutsche und internationale Politik* (2/2017, S. 71-76).

Der Text von Pankaj Mishra erschien am 8. Dezember 2016 in englischer Sprache unter dem Titel »Welcome to the age of anger« auf der Website des *Guardian*: {https://www.theguardian.com/politics/2016/dec/08/welcome-age-anger-brexit-trump} (Stand Januar 2017).

Der offene Brief David Van Reybroucks an Jean-Claude Juncker erschien ursprünglich im November 2016 in zahlreichen europäischen Medien. Die deutsche Fassung wurde in *Der Spiegel* (47/2016) abgedruckt. Für dieses Buch hat der Autor den Text deutlich erweitert und aktualisiert.